오십,
중용이 필요한
시간

'내 인생의 사서四書' 시리즈

고전을 소개하기로 했을 때 처음에 『논어』에서 시작했다가 『중용』으로 이어지고 다시 『대학』과 『맹자』를 준비하면서 사서 시리즈를 생각하게 되었다. 『논어』는 복잡한 삶에서 지켜야 할 고갱이를 말한다. 『중용』은 이리 치이고 저리 흔들리는 삶에서 중심을 잡아 평범함의 가치를 새삼 느끼게 한다. 『대학』은 삶을 이끌어가는 생각의 집을 짓기 위해 갖추어야 할 설계도를 간명하게 그리게 한다. 『맹자』는 세상이 나와 다르더라도 꿋꿋하게 내 길을 걸어가는 기개를 말한다.

이처럼 사서를 따로 읽고 또 겹쳐 읽으면 『논어』에서 보지 못한 것을 『중용』에서 볼 수 있고 또 『논어』에서 본 것을 『중용』에서 다시 만날 수 있다. 『맹자』에 없는 것을 『대학』에서 만날 수 있고 『맹자』에서 본 것을 『대학』에서 재회할 수 있다. 사서는 따로 있는 것이 아니라 서로 함께 있으면 서로가 빛이 나게 도와주는 역할을 한다. 『중용』에 그치지 않고 다른 세 권으로 책읽기를 넓혀간다면 동양 고전에서 말하는 '사상 자원'을 제대로 만날 수 있다. 우리는 사서를 통해 유학의 고전에 묻혀 있는 사상 자원을 캐내서 삶의 여정과 그 여정을 통해 일군 생각의 집을 더 풍성하고 아름답게 일구게 될 것이다.

오십, 중용이 필요한 시간

기울지도 치우치지도 않는 인생을 만나다

신정근 지음

21세기북스

저자의 글
삶의 중심을 잡는 것, 그것이 중용이다

나이는 공짜가 없다.

  주위 사람을 두루 살펴보면 대체로 20, 40, 60대처럼 짝수 연령대에 생각이 많이 바뀌어 버거워한다면 10, 30, 50, 70대처럼 홀수 연령대에는 몸이 크게 바뀌어 힘이 든다.

  마흔과 쉰이 같지 않다. 마흔 이전에 몸 어디 한 군데가 다치거나 아파서 크게 고생할 수가 있다. 심하면 수술을 받기도 한다. 쉰에 접어들면 몸의 한두 곳이 아니라 여러 곳이 동시에 아프기도 하고 돌아가면서 하나씩 애를 먹인다. 다리가 뻐근하다가 좀 나으면 허리가 아프고 허리가 좀 나으면 어깨가 아픈 식이다. 병원 출입이 잦아진다. 그래서 그런지 쉰이 넘으면 점차로 마음먹기가 어려워진다. 내가 어떻게 될지 모르니 스스로 주저하고 스스로 믿지를 못하기 때문이다. 이래서 공자가 50대를 무얼 할지 못할지 가리는 지천명知天命의 나이라고 했는지 모르겠다.

  무슨 일을 하더라도 나이에 따라 시작하는 방식이 다르다. 10대에는 호기로 움직이는지라 뭐가 뭔지도 모르고 덮어놓고 시작한다. 20대는 객기가 넘치는지라 무슨 일이 생겨도 해결할 수 있다는 자신감으로 시작한다. 30대는 경험이 쌓이는지라 일을 하다 보면 길이 생기리라 믿으며 시작한다. 40대는 지혜가 제법 쌓인지라 겁이 없으니 나름대로 결과가 잘

되리라 확신하며 시작한다. 50대는 몸이 서서히 애를 먹이는지라 조금 있다가 생각해보고 답을 한다며 새로운 일의 시작을 주저하기 시작한다. 이는 내가 그렇게 변해온 모습이다.

60대는 몸의 움직임이 둔해지므로 남이 하는 일에 훈수를 둘 뿐 자신이 직접 뭔가를 하기가 부담스럽다. 이러니 자연히 남에게 하는 잔소리가 늘어난다. 70대는 건강한 사람과 골골하는 사람이 확연히 나뉘므로 몸의 사소한 변화에도 심장이 덜컹거리니 무얼 하자는 말도 꺼내기 어렵다. 80대는 이제 갈 날이 얼마 남지 않았다는 말을 입에 달고 살므로 뒤로 물러나서 지켜보려고 한다. 90대는 혼자 다니기가 점점 어려워지므로 사소한 일도 몇 번씩 확인하고 다짐을 받고서 움직인다. 이는 80줄에 들어선 나의 어머니와 90을 넘긴 반자의 어머니를 보며 확인하는 모습이다.

초판 『마흔, 논어를 읽어야 시간』(2011)을 쓰고 나서 팔 년의 시간이 흘렀다. 이 책을 출간한 이후에 금방 『오십, 중용이 필요한 시간』을 한달음에 쓸 듯했다. 그래서 출판사에 『중용』을 써보겠다고 호기 있게 말했지만 돌아보니 벌써 8년의 시간이 지났다. 더불어 나도 40대를 훌쩍 넘어서 50대 중반에 자리하게 되었다.

왜 그렇게 오래 뜸을 들여야 했을까? 지나고 나서 생각해보니 나이가 숫자로 50이 되었다고 해서 생각이 자동으로 50이 되는 게 아니다. 아무래도 50이 무엇인지 맛보고 알아차리기에 시간이 좀 필요했던 모양이다. 이제 몸과 마음으로 '50앓이'를 몇 차례 하고 나니 조금 아는 듯하지만 아직도 모르는 것이 더 많다. 하기야 나잇값에 어디 선불이 있을까? 늘 후불이지. '실시간'보다 '뒷북' 체험이 제격이리라. 어찌 보면 50의 나이만이 아니라 다른 나이도 그렇고 나만 그런 게 아니라 인간이 원래 그런지 모른다.

이 책을 쓰면서 '나는 왜 50에 다른 책이 아니라 『중용』을 연결 지으려고 했을까?'라는 의문을 품었다. 실마리는 두 가지다. 하나는 『중용』이 도덕 설교를 늘어놓은 책이라 생각하기 쉽지만 극단의 시대에 삶의 중심 잡기와 관련되기 때문이다. 둘째, '중용'이 대충 고민하다 어물쩍하게 타협하는 결론이 아니라 치열하게 고민하고 인간의 한계 안에서 내리는 최선의 결론을 나타내기 때문이다.

우리 사회의 1970~1980년대는 민주 대 독재의 대결이 진행되다 민주화가 승리를 거두었다. 거리에서 시위하다 학생과 시민이 경찰에 쫓기면 거리의 상인도 숨겨주고 누구라도 먹을 것을 나눠주었다. 당시 정부에서 시위가 '불법'이라고 규정했지만 사람들은 민주주의가 실현해야 할 가치이자 제도라고 생각했기 때문이다. 이제 민주주의는 여남소노女男少老를 떠나 누구라도 인정하는 보편적 가치를 지니게 되었다.

2000년을 넘기면서 민주화가 삶의 모든 미시적 영역까지 실현되지는 못했지만 거시적으로 성취되었다고 여겨졌다. 이에 우리 사회는 보편적 가치에 따라 모두가 뭉치기보다 이해와 권리에 따라 헤쳐 모이는 다원주의의 현상을 보였다. 아울러 시류에 따라 특정한 가치를 둘러싸고 논쟁이 벌어지면 다양한 목소리가 공존하는 대화 상황보다 진영의 주의 주장을 대변하는 극단의 논리가 대세를 이루었다. 극단의 논리가 성행하면서 진영에 따라 선악을 달리하는 추종과 혐오의 언어가 판을 치게 되었다.

극단의 논리와 극혐의 언어는 '중용'이 등장하게 된 시대적 배경이었다. 전국 시대에 이르러 반대파를 향해 죽음으로 보복을 실천하는 자객이 용자勇者로 추앙되고 사소한 논리적 허점을 파고들어 진위를 뒤바꾸는 궤변이 달변으로 환호를 받았다. 이러한 극단의 상황에서 하루하루를 성실하게 살아가며 내면에서 솟는 진실을 그대로 말하는 보편적 가치는 존중을 받을 수 없었다. 자극적인 언어와 극단적인 행동이 세인의 관심을 끌었다. '중용'은 바로 이렇게 진영의 논리가 득세한 극단極端과 극혐極嫌 또는 극호極好의 시대에 삶의 중심을 잡고자 제시되었다.

따라서 중용은 내가 무엇을 해야 할 때 끝까지 고민하지도 모든 방안을 검토하지도 않고 어느 지점에 멈춰 서서 일을 서둘러 마치는 얼치기도 아니고 그냥 대충 넘어가려는 어물쩍도 아니다. 모든 가능성을 고려하지 않고 자신만이 옳고 다른 쪽이 무조건 나쁘다고 큰소리를 치는 것도 중용의 길이 아니다. 중용은 인간의 진실에 따라 모든 것을 걸고서 뚜벅뚜벅 걸어가는 도전하는 길이다. 중용은 0과 1 사이의 수많은 지점을 하나씩 검토하고서 최선이라면 익숙한 길로 갈 수도 있고 낯선 길로 갈 수도 있다. 이런 점에서 중용은 사람이 기우뚱하다가도 중심을 잡게 하는 삶의 무게추다.

차례

저자의 글 삶의 중심을 잡는 것, 그것이 중용이다   4

일러두기   14

1강 극단 치우친 세상에서 어떻게 살 것인가

01 | **괴벽** | 해괴한 주장을 하고 괴상한 짓을 벌이다 _소은행괴_   18

02 | **무모** | 싸우다 죽더라도 꺼리지 않다 _사이불염_   21

03 | **무지** | 뭘 먹어도 맛을 아는 이가 드물다 _선능지미_   25

04 | **요행** | 위험을 무릅쓰면서 행운을 바라다 _행험요행_   29

05 | **자만** | 어리석으면서 무조건 제 고집을 피우다 _우호자용_   33

2강 발각 모든 것은 결국 알려진다

06 | **합체** | 잠시라도 떨어질 수 없다 _불가유리_   40

07 | **조신** | 혼자 있는 상황에서 삼가다 _신독_   43

08 | **누적** | 그만두지 않으면 오래간다 _불식즉구_   47

09 | **선지** | 완전한 진실은 신묘하게 들어맞는다 _지성여신_   51

10 | **결합** | 사물의 몸을 이루므로 세계에서 빠뜨릴 수 없다 _체물불유_   54

3강 곤란 중용대로 살아야 하는 이유

11 | **포기**	서민이 중용대로 살지 않은 지 참 오래되었네_ 민선능구	62
12 | **지속**	한 달도 충실하게 중용을 지킬 수 없다_ 불능월수	65
13 | **위험**	서슬 푸른 칼날을 밟는 것이 더 쉽다_ 백인가도	69
14 | **중단**	중간쯤에 이르러 주저앉다_ 반도이폐	73
15 | **삼재**	사람이 천지와 나란히 서다_ 여천지삼	77

4강 단순 사실 쉬운데 어렵다고 생각할 뿐이다

16 | **부부**	도의 실마리를 부부 관계에서 찾다_ 조단호부부	84
17 | **근처**	도는 사람에게서 멀리 떨어져 있지 않다_ 도불원인	87
18 | **상보**	말과 행동이 서로 돌아보게 하자_ 언고행행고언	91
19 | **비근**	먼 곳을 가려면 반드시 가까운 곳부터_ 행원자이	95
20 | **사전**	일은 미리 대비하면 제대로 풀린다_ 사예즉립	98

5강 중심 마음 근육의 중심 잡기

21 | **천명** | 하늘이 명령한 것이 사람의 본성이다 _ 천명지위성   106

22 | **근원** | 지각할 수 없는 절대 중심 _ 미발지중   109

23 | **중심** | 치우치지도 기울어지지도 않다 _ 불편불의   113

24 | **생득** | 나면서 알고 편안하게 움직이다 _ 생지안행   117

25 | **성찰** | 안으로 돌이켜봐도 허물이 없다 _ 내성불구   121

6강 균형 삶 근육의 중심 잡기

26 | **중립** | 가운데 서서 기울어지지 않다 _ 중립불의   128

27 | **공정** | 윗자리에 있으며 아랫사람을 깔보지 않다 _ 재상위불릉하   131

28 | **용기** | 부끄러워할 줄 아는 것은 용기에 가깝다 _ 지치근용   135

29 | **증거** | 증거가 없으니 믿지 않네 _ 무징불신   139

30 | **병행** | 나란히 자라나더라도 서로 해치지 않는다 _ 병육이불상해   142

7강 중용 삶에 중용이 들어오는 순간

31	**시중**	군자는 중용을 때에 맞춘다_ 군자시중	150
32	**집중**	사태의 두 극단을 다 고려하라_ 집기양단	153
33	**명심**	가슴에 꼭 품고서 절대로 놓지 않는다_ 권권복응	157
34	**증험**	보통 서민에게 타당성을 묻다_ 징저서민	161
35	**담백**	담박하지만 물리지 않는다_ 담이불염	165

8강 진실 나와 우리를 움직이는 진실의 힘

36	**진실**	진실이란 하늘의 길이다_ 성자천도	172
37	**변화**	부분에 간절하면 진실해지리라_ 곡능유성	175
38	**종시**	진실하지 않으면 존재가 있을 수 없다_ 불성무물	179
39	**자타**	진실은 나를 이루고 남도 이루도록 한다_ 성기성물	182
40	**덕성**	덕성을 존중하고 학습으로 이끌다_ 존덕성도문학	186

9강 정직 진실을 삶의 틀로 담아내라

41	**구경**	스스로 균형을 잡고 현자를 우대하다_수신존현	194
42	**격려**	잘하면 우대하고 못하더라도 기회를 주다_가선이긍불능	197
43	**지선**	진실하려면 옳고 그름에 밝아야 한다_성신명선	201
44	**학행**	널리 배우고 돈독하게 실천하라_박학독행	205
45	**노력**	남이 열 번에 성공하면 나는 천 번을 한다_인십기천	208

10강 효성 죽음을 통해 삶을 돌아보다

46	**성복**	재계하고 정갈한 태도로 성대하게 차려입다_재명성복	216
47	**계승**	뜻을 잇고 일을 풀어나가다_계지술사	219
48	**제사**	고치고 늘어놓고 펼치고 올린다_수진설천	223
49	**동락**	함께 술을 권하며 빠짐없이 어울리다_여수체천	227
50	**치국**	손바닥 위에 올려놓은 듯_여시저장	231

11강 감응 진실하면 이루어지는 것들

51	생물	각자의 자질에 따라 생명력을 북돋우다_ 인재이독	238
52	수명	덕이 높은 자는 하늘의 부름을 받는다_ 대덕수명	241
53	효과	정치는 사람에 달려 있다_ 위정재인	245
54	모범	사상적 근원을 전하고 시대의 문법을 세우다_ 조술헌장	248
55	확장	하늘과 짝이 되다_ 배천	252

12강 포용 가장 평범한 것이 가장 소중한 것이다

56	생동	솔개가 하늘을 날고 물고기가 연못에서 헤엄치다_ 연비어약	260
57	중정	위엄 있고 점잖고 곧고 바르니 존경받는다_ 재장중정	263
58	은은	비단옷 입고 홑옷을 걸치네_ 의금상경	267
59	신중	방구석에서조차 부끄럽지 않네_ 불괴옥루	271
60	비교	덕은 새털처럼 가볍다_ 덕유여모	275

감사의 글   280

일러두기

1 『중용』의 원문 번역은 신정근, 『중용, 극단의 시대를 넘어 균형의 시대로』(사계절, 2018, 4쇄)에 따른다. 이 책은 『중용, 극단의 시대를 넘어 균형의 시대로』의 자매편으로 함께 읽으면 서로 장점을 키우고 단점을 메울 수 있다.

2 원문을 해설하면서 '입문入門'(문에 들어섬), '승당升堂'(당에 오름), '입실入室'(방에 들어섬), '여언與 言'(함께 말하기)의 단계를 설정하여 빠른 걸음으로 진행하면서도 정확하며 깊이 있는 이해가 가능하도록 했다. '입문'에서는 해당 구절의 현대적인 맥락을 소개하고, '승당'에서는 『중용』 원문의 독음과 번역을 곁들여서 제시하며, '입실'에서는 『중용』 원문에 나오는 한자어의 뜻과 원문 맥락을 풀이하고, '여언'에서는 『중용』을 현대 맥락에서 되새겨볼 수 있는 방안을 제시하고 있다. 이 네 단계는 『마흔, 논어를 읽어야 할 시간』의 틀을 그대로 사용한다.

3 『중용』을 모두 60가지 주제로 나눠 원문의 의미를 정확하게 풀이해 일상생활의 해당 상황에서 응용할 수 있도록 만들었다. 이를 위해 『중용』 전문을 열두 가지 범주, 12강綱(극단, 발각, 곤란, 단순, 중심, 균형, 중용, 진실, 정직, 효성, 감응, 포용)으로 분류하고 12강을 각각 다섯 가지의 세부 주제, 즉 60조목條目으로 나누었다. 이 책은 내가 『중용』의 순서를 따라가는 것이 아니라 나의 관심사에 따라 『중용』을 끌어올 수 있도록 만든 것이다.

4 이해와 식별의 편리를 위해 원문을 네 글자로 압축해 표제어를 제시했는데, 이를 위해 『중용』 원문에다 강조점을 찍었다. 표제어는 단순 명쾌해야 하므로 원문의 번역과 다르다.

5 『중용』은 글자 수가 3500여 자로 분량이 『논어』의 3분의 1에 해당된다. 되도록 많은 원문을 다루고자 했지만 전부를 다루지 못했다. 출처를 밝힐 때 『중용장구』 33장 체제에 따른다.

6 12강과 60조목은 시대의 맥락에서 『중용』 저술의 동기를 살피고 점차로 과거와 현재 그리고 미래의 삶과 접점을 이룰 수 있는 관점에서 원문을 살펴본다.

7 『중용』의 해석에서 정현과 공영달의 『예기주소禮記注疏 중용』, 주희의 『중용장구中庸章句』, 정약용의 『중용자잠中庸自箴』과 『중용강의보中庸講義補』, 캉유웨이康有爲의 『중용주中庸注』를 중심으로 다른 주석을 참조했다. 이들은 『중용』의 구조를 체계적으로 밝히고 각자 대안적 사유를 꿈꾼 인물로 나름의 특성이 있다.

8 이 책의 표제어가 『마흔, 논어를 읽어야 할 시간』의 표제어와 유사할 경우 그 표제어의 조목을 표시하여 함께 읽도록 안내했다. 이는 심화 독서의 방법이므로 『마흔, 논어를 읽어야 할 시간』을 읽은 독자라면 한 번 시도해볼 만하다. 이를 통해 『논어』와 『중용』의 연계를 파악할 수 있다.

1강 극단

**치우친 세상에서
어떻게 살 것인가**

1강에서는 『중용』이 쓰인 시대적 배경을 '극단'에 주목해서 살펴보고자 한다. 고대와 현대를 바라보는 시선은 여러 가지다. 고대가 단순하다면 현대는 복잡하다. 고대가 농업 위주라면 현대는 정보화 위주다. 이러한 대차대조표는 계속 작성할 수 있다. 고대는 전원에서 목가적으로 생활한다면 현대는 도시에서 경쟁적으로 생활한다. 이러한 비교는 핵심 개념을 기준으로 고대와 현대의 차이를 극명하게 드러낸다는 점에서 유용하기도 하고 효율적이기도 하다.

그러나 이러한 비교를 아무런 제한 없이 진행하면 고대와 현대의 특성을 왜곡하게 된다. 고대가 현대에 비해 사회 구성이 단순하다는 것에 지나치게 초점을 맞추면 모든 사람이 점점이 흩어진 전원에서 피리를 불며 소를 몰고 농부들이 어울려서 밭을 매는 장면을 연상할 수 있다. 이러한 목가적 전원이 고대에도 있었지만 그것이 고대의 전부라고 할 수 없다.

같은 맥락에서 『중용』을 들추기 전에 그 내용을 이렇게 예상할 수 있다. 부드럽고 온순한 사람이 나오며 심신의 수양과 절제를 강조하고 있으리라. 이러한 예상은 『중용』을 펼치는 순간부터 산산이 깨진다. 『중용』은 서주西周 시대의 안정기 뒤에 나타난 춘추 전국 시대의 사회상을 반영하듯 이전에 볼 수 없었던 새로운 인간 군상과 그들이 보이는 특성을 예리하게 집어내고 있다.

예를 들면 이렇다. 복수를 위해 숯덩이를 삼키고 변장한 사람이 나오고, 이곳저곳 전장을 다니며 무기를 깔고 덮고 자면서 죽음을 대수롭지 않게 여기는 무사가 나오고, 늘 음식을 먹고 마시면서도 무슨 맛인지 모르는 사람도 나오고, 위험한 일을 마다하지 않고 대박의 요행을 바라는 소인도 나오고, 생각이 꽉 막혀서 무조건 자기 생각대로 하겠다고 설치는 사람도 나온다.

『중용』은 이러한 인간 군상이 벌이는 뜨거운 세상을 "해괴한 주장을 늘어놓고 괴상한 짓을 벌이는" "소은행괴素隱行怪"라고 이름 지었다. 그렇게 사람은 스스로 타인을 공격하고 해칠 수 있는 무기가 되어갔다. 의뢰인에 따라 시비를 바꾸는 변론가 등석과 주군의 복수를 위해 제 몸을 희생하는 예양처럼, 유명해지기 위해 범죄를 저지르거나 상식과 동떨어진 해괴한 주장을 되풀이하는 사람이 『중용』에 이미 등장하는 것이다. 베트남전을 다룬 영화 〈플래툰〉(1986)에서 사람이 살상의 대상이 되는 것, 그리고 684 북파 부대를 다룬 영화 〈실미도〉(2003)에서 사람이 살인 기계처럼 이용되는 것과 별반 다르지 않다.

『중용』에서는 '소은행괴'의 세상에서 사람이 어떻게 살아야 하는지를 진지하게 고민한다. 사람이 서로 자신만이 옳다고 제 목소리를 높이며 살 것인지 아니면 뭐가 옳고 그른지 구별하고 살 것인지 따져봐야 했다. 『중용』에서는 일단 자신만이 옳다며 큰소리치고 자신의 이익을 위해 미친 듯이 질주하는 세상을 제동할 필요가 있다고 보았다.

1강에서는 중용이라는 가치가 전쟁의 시대를 풀어가는 덕목으로 간주되는지를 살피고자 한다. 세상이 이렇게 '소은행괴'로 질주하여 시대가 극단으로 흐르는 징표를 보이고 있는데, 손 놓고 그저 바라볼 수는 없었다. 사람들이 더 괴상해지고 괴팍해지는 이유가 도대체 무엇이며 그런 방향으로 질주하는 세상의 속도를 어떻게 늦추어야 하는지 길을 찾고자 했다. 중용은 광기에 사로잡혀 도로를 마구 휘젓는 무기화된 사람을 멈추게 하는 제동 장치였다. 1강을 통해 삶의 제동 장치로서 『중용』의 내용을 가늠해보자.

01 괴벽

해괴한 주장을 하고 괴상한 짓을 벌이다

소은행괴素隱行怪(11장)

입문   길 가는 수많은 사람을 보면 하나같이 다들 반듯하다. 깔끔하게 차려입고 다들 자신이 가고자 하는 방향대로 멀쩡하게 잘 가고 있다. 지나가는 사람을 그냥 살펴보는 것이 아니라 일로 사람을 만나고 관계를 트고 보면 세상에 참 별의별 사람이 많다. 물론 그런 판단을 하는 기준은 '내'가 되겠지만 '세상에 이런 사람도 있구나!'라는 생각이 절로 든다.

  유치원생 구십 명에게 계란 네 개를 풀어 '국'을 만들고 사과 일곱 개로 간식을 준 원장, 첫 만남에서 반말을 예사로 하는 사람, 만사를 자기중심적으로 생각하는 사람, 대단치도 않은 일에 몹시 흥분하는 사람, 실제 가진 것보다 더 떠벌리는 사람, 다른 사람을 험담하고 자신을 올리는 사람, 밥 산다고 해놓고 산 적이 없는 사람, '내로남불'의 사람 등등이 있다.

  하루가 멀다 하고 언론에 보도되는 사건 사고를 보면 별의별 사람이 더 많다. 인터넷의 발달로 실시간으로 전해지는 여러 나라의 소식을 접하다 보면 '세상에 이런 일이……'라며 입을 다물지 못하는 일이 빈번하다. 우리나라에서 외제 중고차를 몰고 다니며 후진하거나 차선을 변경하는 차량을 노려 고의로 사고를 내서 수리비와 합의금을 챙기는 일도 있다. 이 년 반 사이에 스물네 차례나 사고를 일으켜서 1억 4000만 원을 챙겼다니 혀를 내두를 일이다(〈MBC〉 2019.8.26.).

  홍콩 〈사우스차이나모닝포스트SCMP〉의 보도에 따르면 유엔 본부가 뉴욕에서 시안西安으로 이전한다고 광고하면서 투자회사를 설립하여 투

자금 200만 위안(3억 4196만 원 상당)을 가로챈 이들도 있다. 이들은 유엔 본부가 이전하면 대운하를 비롯하여 새로운 인프라 사업이 시작되고 세계 최고층 빌딩이 들어선다며 칠십여 명을 상대로 사기를 친 것이다(〈News1〉 2019.8.21). 대동강 물을 팔아먹은 김선달이 다시 살아났다고 할 판이다. 『중용』에는 어떤 사람이 나오는지 살펴보기로 하자.

승당 공자가 말했다. 듣도 보도 못한 해괴한 주장을 찾아내고 납득하기 어려운 극단적인 길을 버젓이 실행하여 그것으로 후세에 칭찬받고 기리는 대상이 된다고 한다. 나는 이런 짓을 결코 하지 않을 것이다.

子曰 : 素隱行怪, 後世有述焉, 吾弗爲之矣.
자 왈 소 은 행 괴 후 세 유 술 언 오 불 위 지 의

입실 소素는 그대로 둬도 좋다는 쪽과 다른 글자로 바꿔야 의미가 통한다는 쪽으로 나뉜다. 주희는 소素 자를 색索 자로 바꾸어 풀이했다(『중용장구』). 정약용은 소素를 뚜렷한 까닭 없다는 뜻으로 보아 글자를 바꿀 필요가 없다고 본다(『중용자잠』 2). 여기서는 부질없다는 뜻으로 새긴다. 은隱은 숨다, 떠나다, 사사로이 하다, 한쪽으로 치우치다는 뜻이다. 괴怪는 기이하다, 의심스럽다는 뜻이다. 우리가 이해할 수 없는 언행을 보이거나 출중한 성적을 내는 사람더러 '괴물'이라고 부르는 맥락과 비슷하다.

술述은 설명하다, 말하다, 다루다는 뜻이다. 요즘 말로 언론에서 보도하고 조명하여 많은 사람이 관심을 기울이는 대상이 되다는 맥락이다. 불弗은 아니다는 뜻이다.

여언　원래 이 구절은 전국 시대 사람들이 도道에서 멀어지고 극단적인 일로 나아가는 사회 현상을 다루고 있다. 사람은 하루하루 성실하게 일해서 먹고살며 한 번씩 휴가를 다니면서 삶의 재미를 느낀다. 이게 특별하지 않은 보통 사람들의 소소한 일상이다. 하지만 현실에는 남에게 피해를 주며 돈을 버는 사람, 엽기적인 범죄를 저질러 희대의 사건으로 언론에 오르내리는 사람이 적지 않다. 전국 시대에 들어 고대 사회를 장기간 지탱해온 사회 질서가 무너지기 시작했다. 이 틈에 상식을 넘어서고 평범을 거부하는 사람들이 숱하게 등장했다.

예컨대 전국 시대에 등석鄧析은 익사한 시신을 두고 의뢰인의 요구에 따라 자신의 입장을 손바닥 뒤집듯이 바꾸었다. 유가족에게는 시신을 싸게 인도할 방법을, 시신을 수습한 사람에게는 비싼 값을 받고 시신을 넘길 방법을 제안했다. 예양豫讓은 자신이 모시던 지백智伯이 진晉나라의 내분으로 인해 죽자 숯을 삼켜 자신의 목소리를 바꿔서 조양자趙襄子에게 복수하고자 했디(『사기』「자객열전」). 이처럼 전국 시대에 등장한 다양한 군상을 『중용』에서는 '소은행괴'로 포착하고 있다. 우리는 공감과 죄책감이 없는 사람을 '사이코패스'라고 부르는데, 이도 '소은행괴'와 그리 거리가 멀어 보이지 않는다.

사람은 늘 같은 것에 지치면 색다른 것에 눈이 가고 괴상한 것에 솔깃해진다. 하지만 색다른 것은 잠시 사람의 주의와 관심을 끌 수 있지만 오래 붙잡아두지 못한다. 색다른 것을 일상으로 살아가기가 부담스럽기 때문이다. 결국 쉽게 찾을 수 있고 늘 겪는 평범한 것으로 돌아가기 마련이다. 여행이 화려해서 좋게 보이지만 결국 집에서 편안함을 느끼는 것과 마찬가지다. 집에는 여행이 주는 묘미가 없지만 여행에 비할 수 없는 안

락함이 있기 때문이다.

　음식도 같은 것을 늘 먹다 보면 싫증이 난다. 색다른 것을 찾기도 한다. 늘 먹던 것은 잠깐 싫증이 날 수 있지만 결국 그 맛을 찾게 되고, 색다른 것은 한때나마 먹지만 계속 찾을 수는 없다.

　나는 음식을 가리는 편이 아니라 어디를 가도 그곳 음식을 즐겨 먹었다. 중국을 한 달에 두세 차례 갈 때가 있었다. 처음에는 기름진 중국 음식을 잘 먹었지만 두 번째부터는 먹으려고 해도 잘 넘어가지 않았다. 돌아오는 비행기 안에서 고추장에 밥을 비벼 먹으니 얼마나 반갑고 맛이 있던지 한 그릇을 눈 깜짝할 사이에 다 먹었다.

　『중용』하면 평온하고 차분한 이야기가 나오리라 예상할 수 있다. 『중용』은 극단이 판을 치는 '소은행괴'의 세상에서 주위에 널려 있고 누구라도 실천할 수 있는 평범의 가치를 재조명하고 있다. 쉰의 나이도 조명이 쏟아지는 특별特別하고 화려함보다 공기처럼 편안하고 일상처럼 부담 없는 보통普通에 다시 눈이 가는 때다. 보통이 결국 오래가기 때문이다. 『중용』과 쉰의 나이는 평범함에서 잘 어울린다.

02 무모

싸우다 죽더라도 꺼리지 않다

사이불염死而不厭(10장)

입문　전쟁이 왜 무서울까? 언제 어디서 죽을지 모르기 때문이다. 국가의 운명을 책임지는 지도자라면 국민이 전쟁의 소용돌이에 휩쓸리지 않도록 막고 생명과 재산을 지키는 데 최선을 다해야 한다. 하지만 『중용』이 태어난 시대는 전쟁을 피하고자 해도 피할 수 없는 시대였다. 오죽했으면 싸우는 나라들의 시대, 즉 전국戰國 시대라고 했을까?

전국 시대라고 해서 꼭 부정적인 관점으로만 볼 필요는 없다. 전쟁이 한 나라의 운명에 큰 영향을 미치고 사회의 중요한 요소가 되면서 새로운 현상이 나타났다.

대대로 장군 집안이라고 해서 반드시 군공을 세우라는 법이 없고 일반 평민이라고 해서 전쟁에서 실력을 발휘하지 못한다고 할 수 없다. 이로 인해 평민 중에 군공을 세워 벼락출세하는 일이 일어났다. 신분 상승을 꾀할 새로운 공간이 생겨난 것이다.

그렇다고 해서 전국 시대가 신분 해방의 순기능만 한 것은 아니다. 전쟁이 장기화되고 일상화되자 '죽음'에 대한 사고도 바뀌었다. 1강 1조목에서 살펴본 예양이 목숨을 걸고 지백의 복수에 나서자 조양자가 그 이유를 물은 적이 있다.

이때 예양은 자신의 정조를 다음처럼 말했다.

> 사는 자신을 알아주는 사람을 위해 죽고, 여자는 자신을 좋아하는 사람을 위해 꾸민다(사위지기자사士爲知己者死, 여위열기자용女爲悅己者容.『사기』「자객열전」).

이러한 예양의 정조를『효경』에 나오는 말과 비교해보면 격세지감을 느낄 정도로 완전히 다르다.

몸과 머리카락 그리고 피부는 모두 부모에게 물려받았으니 다치거나 못쓰게 해서는 안 되는데, 이게 효도의 시작이다(신체발부身體髮膚, 수지부모受之父母, 불감훼손不敢毀損, 효지시야孝之始也.『효경』「개종명의開宗明義」).

격세지감을 느낄 만큼 세상이 달라졌다는 말이다.『중용』에서는 바로 예양이 대변하는 '소은행괴'의 세상을 평범한 일상으로 바꾸는 대안을 제시하고자 했다.

승당　일정치 않은 숙영지에서 병기와 갑옷을 깔고 자며 싸우다 죽더라도 걱정하지 않는 것이 북쪽 지역에서 말하는 강자다. 강자라면 마땅히 여기에 머물러야 한다.

> 衽金革, 死而不厭, 北方之强也, 而强者居之.
> 임 금 혁　사 이 불 염　북 방 지 강 야　이 강 자 거 지

입실　임衽은 옷깃, 옷섶, 여미다는 뜻으로 많이 쓰이지만 여기서는 요, 까는 침구, 깔다는 맥락으로 쓰인다. 금金은 창과 칼처럼 쇠로 만든 병기를 가리킨다. 혁革은 가죽으로 만든 갑옷을 가리킨다. 염厭은 싫다, 꺼리다는 뜻이다.

　북방北方은 당시 황하 문화권에서 황하의 중하류 지역을 가리킨다. 반면 남방南方은 장강 유역을 가리킨다. 강强은 굳세다, 힘세다는 뜻이다. 여기서 남방의 강과 북방의 강이 구분되는 용례를 보면 강은 지역마다 숭상하는 강자의 특징을 가리킨다고 할 수 있다.

여언   원래 이 구절은 어떤 이가 강자인지를 묻는 제자 자로子路의 질문에 공자가 답하는 과정에서 나온 것이다. 공자는 당시 화두로 떠오른 강자를 나름대로 분류하고 자신이 생각하는 진정한 강자를 대안으로 제시하고 있다(6강 26조목 '중립불의' 참조). 우리도 과거에 단정함과 우아함을 강조하다가 근래에 방부제 얼굴, 꿀 피부, 조각 미인, 섹시미, 초콜릿 복근처럼 몸꼴을 강조하면서 이 시대의 아름다움이 무엇인지에 대한 논의가 뜨겁게 진행되고 있다.

공자는 강자를 남방의 강자, 북방의 강자, 자신이 생각하는 진정한 강자로 세분한다. 위 내용은 북방의 강자를 서술하는 구절에 해당한다. 여기저기 전장을 돌아다니며 상황에 따라 땅에 무기를 이불인 양 깔고 자며 불시에 전투가 벌어지면 싸우니 자신의 운명이 어찌 될 줄 모른다. 북방의 강자는 이러한 운명을 두려워하지 않고 꿋꿋하게 버텨나간다. 남방의 강자는 너그럽고 부드러워서 무도한 사람에게 복수를 하지 않는다(관유이교寬柔以敎, 불보무도不報無道). 남방은 포용과 인내를 바탕으로 다른 사람을 승복시키는 신사의 특성을 보인다. 북방은 복수를 앞세우고 남방은 포용을 앞세운다. 이도 커다란 차이다.

공자는 북방, 남방의 강자와 다른 자신이 생각하는 강자를 말한다. "나라에 도道가 통할 때 가난한 날의 뜻을 버리지 않으니 굳세구나, 꿋꿋함이여!" 공자는 강자의 특성이 반드시 도와 연관된다는 점을 밝히고 있다. 강자가 도를 지키지 않으면 혼란의 원인이 될 수 있다. 이는 "용맹하지만 예의를 지키지 않으면 혼란해진다"(용이무례즉란勇而無禮則亂)는 『논어』「태백」2(191)의 내용과 일맥상통한다.

여기서 우리는 북방 강자의 '사이불염死而不厭'을 공자가 긍정하는 강자의 '지사불변至死不變'과 비교해볼 만하다. 둘 다 죽음 앞에 당당하다는 공통점을 보여준다. 하지만 북방의 강자는 복수심과 공명심에 마음의 뿌리를 내리고서 죽음의 위기에 조금도 흔들리지 않는다. 반면 공자의 강자는 도에 바탕을 두고 죽음에 이르러도 삶의 향배를 바꾸지 않는다. 이처럼 같은 듯하면서도 확연히 다른 사람이 전국 시대의 공간에 속속 나타나고 있었다.

사람은 끊임없이 욕망을 실현하고자 하지만 얼마 지나지 않아 그만두기 쉽다. 강한 의지가 식어버린 욕망을 다시 움직이게 할 수 있다. 이때 북방의 강자는 전통이나 가치가 아니라 공명과 복수의 의지에 힘입어 포기할 줄 모르고 죽음을 두려워하지 않게 됐다. 이들이 전국 시대에 나타난 괴물이다.

03 무지

뭘 먹어도 맛을 아는 이가 드물다

선능지미鮮能知味(04장)

입문 사람의 활동은 먹는 것과 관련이 많다. 열심히 일하는 것도 먹고살기 위해서고 자식 교육에 열을 올리는 것도 자식이 잘 먹고 잘살았으면 하는 바람을 이루기 위해서다. 오죽했으면 『사기』「역생 육가열전酈生陸賈列傳」에서 "지도자는 백성을 하늘로 여기고 백성은 먹는 것을 하늘로 여긴다"(왕자이민위천王者以民爲天, 민이식위천民以食爲天)라고 했을까?

이때 천天은 지도자와 백성이 생명을 유지하는 데 가장 중요한 힘을 발휘할 수 있다.

먹는 문제가 이렇게 중요한데, 정작 우리는 살면서 허리끈 풀어놓은 채 시간을 의식하지 않고 마음 편하게 식사를 한 적이 얼마나 있을까? 대부분 짧은 시간에 허겁지겁 먹고 끼니를 때우는 식사를 한다. 아침에는 출근 시간에 쫓겨 음식을 제대로 씹지 않고 우걱우걱 삼키고, 점심때는 회사 업무 시간 안에 쫓기듯 헐레벌떡 식사를 끝낸다. 그러니 밥을 먹으면서 입으로 들어가는지 코로 들어가는지 모른다.

어떻게 보면 우리는 음식을 제대로 먹는 것이 아니라 쑤셔 넣는다고 할 수 있다. 이렇다 보니 우리는 음식을 먹으면서도 그 맛을 제대로 즐기지 못하고 주린 배를 채울 뿐이다.

그런데 공자는 이 이야기를 왜 끄집어내는 걸까? 『중용』 본문으로 들어가서 그 맥락을 살펴보자.

승당   공자가 말했다. 도가 현실에서 실행되지 않고 있는데, 나는 그 이유를 알고 있다. 지혜로운 자들은 도에 지나치고 어리석은 자들은 도에 미치지 못하기 때문이다. 도가 세상에서 밝게 드러나지 않고 있는데, 나는 그 이유를 알고 있다. 현명한 자들은 도에 지나치고 못난 자들은 도에 미치지 못하기 때문이다. 사람이라면 누구나 음식을 먹고 마시지만 그 맛을 제대로 가리는 이가 적다.

子曰:道之不行也,我知之矣.知者過之,愚者不及也.
자왈　도지불행야　아지지의　지자과지　우자불급야
道之不明也,我知之矣.賢者過之,不肖者不及也.人
도지불명야　아지지의　현자과지　불초자불급야　인

> 莫不飮食也, 鮮能知味也.
> 막 불 음 식 야 선 능 지 미 야

입실　도道는 '걸어가는 길'에서 '사람이 걸어가야 할 길'로 추상화되면서 이치, 원리를 가리키게 됐다. 여기서 도는 사회 질서와 정치 원리를 나타낸다. 과過는 지나다, 실수하다는 뜻으로 많이 쓰인다. 여기서 과는 일정한 기준을 넘어서서 문제가 되는 상황을 가리킨다.

　급及은 미치다, 이르다는 뜻으로 많이 쓰인다. 여기서 급은 일정한 기준에 미치다는 뜻이다. 현대 중국어에서 승급의 최소 기준을 넘기면 '지거及格'라고 하는 것과 비슷하다. 반면 불급不及은 일정한 기준에 미치지 못하다는 뜻이다. 이렇게 보면 과와 불급은 모두 일정한 기준을 충족하지 못하기 때문에 '과유불급過猶不及'의 꼴로 많이 쓰인다(『마흔, 논어를 읽어야 할 시간』 3강 70조목 참조).

　음飮은 마시다, 음료라는 뜻이다. 식食은 밥, 먹다라는 뜻이다. 선鮮은 형용사로 곱다, 뚜렷하다, 깨끗하다는 뜻으로 많이 쓰이고, 부사로 빈도가 드물다, 적다는 뜻으로 쓰인다. 미味는 맛, 뜻, 맛보다는 뜻이다.

여언　원래 이 구절은 해야 할 도리에 지나치거나 모자라는 현상을 음식을 먹고도 그 맛을 제대로 모르는 상황에 견주고 있다. 최근 젊은 세대의 각광을 받고 있는 중국의 '마라麻辣'가 들어간 음식은 먹자마자 맵고 얼얼하다고 느껴진다. 이 밖에도 달다, 짜다, 시다는 사실을 금방 느낀다. 공자는 이와 반대로 사람이 음식을 먹고 마시지만 그 맛을 아는 사람이 드물다고 말한다. 이러한 공자의 말은 처음에는 알 듯 말 듯 묘하게 여겨지지만 좀 생각해보면 이해하지 못할 것도 없다.

몸이 몹시 아프면 뭐라도 먹어야 하니 음식을 억지로 목구멍으로 넘기기는 하지만 맛을 잘 느끼지 못한다. 정신이 딴 데에 팔리면 젓가락을 움직이지만 뭘 먹는지 의식하지 못한다. 아울러 배가 아주 고프면 음식을 빨리 먹느라 제대로 씹지도 않고 그냥 넘겨버린다.

아프거나 정신이 팔린 경우랑 굶주린 경우는 차이가 있다. 전자는 맛을 모르고 많이 먹지도 못한다. 반면 후자는 맛을 모르면서도 필요 이상으로 많이 먹는다. 전자는 음식을 먹고 마시지만 맛을 모르고 정량에 모자라게 먹는다. 후자는 음식을 먹고 마시지만 맛을 모르고 정량보다 훨씬 많이 먹는다. 결국 전자와 후자 모두 음식을 마시고 먹지만 맛을 제대로 즐기지 못한다.

공자는 마시고 먹는 음식과 맛을 제대로 즐기는 음미吟味의 관계를 바로 위의 도와 그 도를 실행 또는 존중하는 관계에 연결시키고 있다. 도는 사람과 사람 사이에 지켜야 할 이치를 나타낸다. 이 이치는 모두에게 일관되게 적용되는 획일적인 규정이 아니라 지역마다 사람마다 얼마간의 재량을 허용하는 융통성이 있다. 예컨대 같은 인사라도 기분 좋게 하는 것과 기분 나쁘게 하는 것은 확연히 다르다. 첫 만남부터 대뜸 반말을 하거나 몸을 툭툭 친다면 인사를 하지 않는 것보다 못하다. 기분 좋은 인사는 만남이 더욱 발전적인 형태로 나아가는 데 도움을 준다.

공자는 도를 실행하는 행도行道와 도를 밝히는 명도明道에서 일정한 기준에 부합하지 못하는 사례로 두 가지를 제시하고 있다. 지혜로운 자는 지나치고 어리석은 자는 미치지 못하며, 현명한 자는 지나치고 못난 자는 미치지 못한다. 지자知者와 우자愚者 그리고 현자賢者와 불초자不肖者는 모두 행도와 명도에서 적도適度를 지키지 못하고 있다. 이것은 바로 사람이 음식을 너무 적게 먹거나 많이 먹어서 맛을 제대로 즐기지 못하는 것과 비슷하다.

아프거나 굶주리면 적절하게 먹지 못하기 쉽다. 밥맛이 없으니 적게 먹고 배가 너무 고프니 많이 먹는다. 이와 마찬가지로 지자와 우자 그리고 현자와 불초자는 각자 자신의 처지에 빠져 있으니 그것만을 타당하다고 믿는다. 지자는 자신이 다 알고 있다고 생각하여 행도에서 적도를 넘어서고, 현자는 자신이 다 할 줄 안다고 생각하여 명도에서 적도를 넘어선다. 결국 맛을 모르는 것이다.

04 요행 위험을 무릅쓰면서 행운을 바라다
행험요행行險徼幸(14장)

입문 사람이 여럿 모여서 음식을 시키는 경우가 많다. 예컨대 피자를 사서 나누어 먹으면 아무리 정확하게 나눈다고 해도 남의 몫이 커 보이고 내 몫이 작아 보인다. 이때 자신이 다른 사람보다 더 많이 먹고 싶은 사람이 있을 수 있다. 그 사람은 내기를 해서 이기는 사람이 먹고 싶은 만큼 선택할 수 있게 하자고 제안한다. 물론 내기에 진다면 아주 조금밖에 먹지 못하거나 아예 먹지 못할 수도 있다. 앞에 먹는 사람이 얼마나 먹느냐에 따라 뒷사람의 몫이 정해지기 때문이다.

주말이면 많은 사람이 '고배당'을 기대하고 과천 경마장을 찾는다. 이십 년간 경마장을 드나든 어떤 사람은 칠 년 전에 3000원으로 180만 원을 번 것을 제외하면 높은 배당을 받은 적이 없다고 말했다. 그럼에도 언젠가 고배당의 행운이 자신에게 닥쳐올 것이라 믿으며 주말이면 경마장을 찾는다고 한다(《세계일보》, 2019.9.22.).

피자 먹기 내기나 경마장에서 고배당을 기대하는 것은 우리 주위에서 쉽게 볼 수 있는 현상이다. 이 현상은 위험률이 높지만 요행에 기대하는 심리에 바탕을 두고 있다. 『중용』에서는 착실하게 조금씩 벌어 아껴 쓰는 삶을 가볍게 여기고 위험이 높은 일에 행운을 기대하는 현상을 어떻게 볼까? 원문 속으로 들어가보자.

승당 자기주도적인 군자는 지금의 자리를 본래적인 것으로 여기고 그것의 바깥을 자기 것으로 바라지 않는다. 부귀한 처지에 놓이면 그대로 처신하고, 빈천한 상황에 놓이면 그대로 살고, 외국에서 살게 되면 그대로 살고, 환란의 상황에 놓이면 그것에 맞춰 살아간다. 자기주도적인 군자는 어디를 가더라도 스스로 만족하지 않는 상황이 없다. …… 그러므로 자기주도적인 군자는 편안한 자기 자리에 머물러서 일이 되어가는 형편을 느긋하게 살펴본다. 이기적인 소인은 위험을 무릅쓰면서 행운을 바란다.

君子素其位而行, 不願乎其外. 素富貴, 行乎富貴. 素
군자소기위이행 불원호기외 소부귀 행호부귀 소
貧賤, 行乎貧賤. 素夷狄, 行乎夷狄. 素患難, 行乎患難.
빈천 행호빈천 소이적 행호이적 소환난 행호환난
君子無入而不自得焉. …… 故君子居易以俟命, 小人
군자무입이부자득언   고군자거이이사명 소인
行險以徼幸.
행험이요행

입실　소素는 희다, 평소, 명주 등 다양한 의미로 쓰인다. 주희는 현재로, 정약용은 바탕하다로 풀이한다. 두 사람의 풀이는 다르지만 의미는 통한다. 현재의 위치는 지금의 자리에 바탕을 두고 있기 때문이다. 원願은 바라다, 희망하다는 뜻이다.

　부귀富貴와 빈천貧賤에서 부빈은 잘살고 못사는 경제적 측면을, 귀천은 높고 낮은 신분의 측면을 가리킨다. 이적夷狄은 만맥蠻貊과 함께 옛날에는 오랑캐로 풀이했지만 인종 차별적인 어감이 있으므로 이민족으로 옮기면 충분하다. 환난患難은 근심과 재난을 가리킨다.

　易은 바꾸다는 뜻이면 '역'으로 읽고 편안하다, 한가롭다는 뜻이면 '이'로 읽는다. 여기서는 후자의 맥락으로 쓰인다. 사俟는 기다리다는 뜻이다. 험險은 높다, 위태롭다는 뜻으로 앞의 이易와 반대된다. 요徼는 구하다, 바라다, 막다, 샛길이라는 뜻이다.

여언　원래 이 구절은 '내'가 처한 상황이 만족스럽지 않을 때 어떻게 할까 하는 내용을 다루고 있다. 오늘날 내가 바라는 자리를 요구하고 그 요구가 받아들여지지 않을 때 그 자리를 바로 떠나는 사람이 많을 것이다. 한시도 바라지 않는 자리에 있으면 불편하고 자존감이 떨어진다고 생각하기 때문이다. 그것이 바로 '내'가 주체로서 나의 인생을 선택하고 결정하는 길이라고 생각한다.

　이런 사고를 반영하듯 요즘처럼 취업하기 어려운 때에도 취직하고 일 년 미만에 퇴사하는 사람이 적지 않다고 한다. 조금 참다 보면 회사에서 자신에게 맞는 일을 찾을 수 있다고 생각하는 사람도 있겠지만, 퇴사하는 사람은 맞지도 않은 직장을 왜 버텨야 하느냐고 반문한다.

이러한 조기 퇴사는 삶에서 위험률을 높인다. 어떤 직장이라도 다녀보고 취업하는 경우는 드물다. 물론 인턴을 하면서 직장 생활의 맛을 볼 수는 있지만 인턴과 현업은 차이가 큰 만큼 인턴 경험만으로 회사를 다녔다고 할 수는 없다. 따라서 직장에서 자신의 만족도를 중시할 경우 어려운 취업 관문을 뚫고 입사에 성공하더라도 자신이 그 회사에 얼마나 오래 다닐지 모른다. 이렇게 되면 삶의 예측 가능성이 낮아지고 위험률이 높아진다.

백종원이 출연하는 〈골목식당〉을 보면 오랜 준비와 연구 끝에 음식점을 여는 경우도 있지만 맛있다는 가족과 친구들의 말만 믿고 창업을 하는 경우도 적지 않은 듯하다. 후자도 막연히 성공할 것이라는 행운을 믿고 높은 위험률을 감수하는 것이다. 이러한 삶이 『중용』에서 말하는 '행험요행'과 완전히 같다고 할 수는 없지만 비슷한 점이 있다.

『중용』에서는 조금 다른 이야기도 한다. 자기주도적 삶을 살아가는 군자라면 먼저 자신이 있는 자리에서 할 수 있는 일을 하고 그 밖의 다른 일에 신경 쓰지 않는다. 사람이 한평생을 살다 보면 돈 많고 잘나가는 부귀, 실패해서 가난하고 별 볼일 없는 빈천, 인종과 언어가 다른 외국 생활, 근심과 재난으로 어려움을 겪는 환난 중 다양한 상황에 놓일 수 있다.

이때 바라는 상황이면 만족하여 도취하고, 바라는 상황이 아니면 저주하고 분풀이할 대상을 찾으며 살 수는 없다. 내가 놓이는 상황마다 충실하게 살다 보면 거기서 배울 것은 배우면서 경험을 풍부하게 하고 주위 사람을 이해하며 삶의 근육을 키울 수 있다. 이에 자신이 처한 상황에 압도되어 어찌할 줄 모르며 아등바등하지 않는다. 자신은 상황에 놓여 있지만 그 상황에서 일정한 거리를 두고 자신을 조금씩 가꾸며 인생을 살찌울 수 있다. 이것이 바로 '행험요행'과 구별되는 '거이사명居易俟命'의 삶이라고 할 수 있다.

05 자만

어리석으면서 무조건 제 고집을 피우다
우호자용愚好自用(28장)

입문　신학기에 학교에 입학하거나 취업에 성공하여 첫 직장에 출근하는 사람에게 기분이 어떠냐고 물으면 다들 좋고 즐겁다고 말한다. 아울러 새로운 사람을 만나는 만큼 관계를 터가야 하는데 서로 맞지 않을까 걱정된다고 한다. 외국에 처음 나갈 때도 마찬가지로 걱정이 앞선다. 다른 나라 사람을 잘 모르는데 만나야 하니 걱정이 앞서게 된다.

　이때 나라가 다르더라도 다 같은 사람이니 통하는 데가 있지 않겠느냐고 생각하면 상식을 신뢰하게 된다. 관계를 터가기에 마음이 편하다. 반면 내가 외국인이라고 속이지 않을까라고 생각하면 괜히 사람을 의심하게 된다. 의심이 많으면 관계를 넓히기가 여간해서 쉽지 않다. 후자의 경우라면 옆에서 아무리 좋은 말을 해도 '자신이 믿는 대로' 하겠다며 고집을 피우기 쉽다.

　이렇게 되면 '자신이 생각하는 대로'만 생각하고 '자신이 하고 싶은 대로'만 하게 되니 외국에 있어도 자신의 나라에 있는 것과 다를 바가 없다. 사는 곳은 넓어졌지만 생각은 조금도 늘어나지 않은 셈이다. 오히려 자기 식으로 생각하여 스스로 더 단단해졌을지언정 시야는 더 좁아진다.

승당　공자가 말했다. 어리석으면서 자기 방식대로 하기를 좋아하고 보잘것없으면서도 자기 고집대로 끌고 가기를 좋아하고, 현재의 시공간을 살면서 과거의 규율을 회복시키려고 한다. 이 같은 자는 재앙이 자신에게 미치리라.

子曰：愚而好自用, 賤而好自專, 生乎今之世, 反古之
자왈　우이호자용　천이호자전　생호금지세　반고지
道, 如此者, 災及其身者也.
도　여차자　재급기신자야

입실　우愚는 어리석다, 고지식하다, 바보라는 뜻이다. 호好는 좋아하다는 뜻이다. 여기서 호는 마음이 기울어지거나 호의를 가지다는 뜻이 아니라 어떤 상황에 놓일 때마다 어떤 식으로 하다는 성향을 가리킨다. 사전의 풀이에는 없지만 이때 호는 고집을 피우다는 뜻에 가깝다. 자自는 스스로를 뜻한다. 여기서 자는 뒤의 용用 자, 전專 자와 결합하여 다른 사람과 의견을 나누지 않고 자기 식대로만 하려고 하는 성향을 가리킨다. 천賤은 신분이 낮다는 뜻인데, 여기서는 상대적으로 지위가 낮다는 문맥을 나타낸다. 전專은 오로지, 마음대로 하다, 독차지하다는 뜻이다. 반反은 되돌리다, 뒤집다는 뜻이다. 재災는 재앙, 불행을 뜻한다.

여언　원래 이 구절은 공자가 '자신의 시대를 어떻게 구원할 것인가?'

라는 문제 상황을 언급하는 내용이다. 고대의 순임금과 주공은 특별한 지위에 올라 도를 실현할 수 있었지만 공자는 지위를 얻지 못하여 기량을 펼칠 수 없었다. 이에 조선 후기의 정약용은 『중용강의보』에서 공자처럼 위태로운 나라에서 벼슬하고 어지러운 조정에 있으면서 자신의 이상만을 추진하려고 하면 어려운 상황을 맞이할 수 있다고 보았다.

반면 근대의 캉유웨이는 『중용주』에서 옛날과 지금은 시대가 다르므로 오늘날 세상에서는 오늘의 이치를 운용해야지 과거의 제도를 답습하면 효과도 없을 뿐 아니라 재앙이 생긴다고 경고한다. 이처럼 두 사람은 '우호자용'의 맥락을 전혀 달리 풀이하고 있다.

이 구절을 공자가 처한 상황에만 한정시킬 필요는 없다. 누구라도 일을 하다 보면 혼자 할 수 없기에 주위 사람과 관계를 맺을 수밖에 없다. 이때 '내'가 무엇을 하려고 제안하면 주위 사람이 두 손을 들고 반기는 경우라면 더 말할 나위 없이 좋다. 이러한 조직에서 무슨 일을 한다면 과정 자체가 참으로 즐겁고 신날 것이다.

하지만 현실은 그렇지 않다. '내'가 무슨 제안을 해도 곧이곧대로 듣기보다 왜곡하고 오해하기 쉽다. 심지어 정반대로 해석하는 경우도 있다. 사정이 이렇다 보니 '내'가 주위 사람을 설득하여 함께 같은 방향으로 나아가기가 정말로 어렵다. 이때 두 가지 유형이 나올 수 있다.

첫째, 진실형이다. '내'가 하려는 것이 다른 어떤 목적 때문이 아니라 진실하다는 점을 강조한다. 이를 통해 처음에 반대하는 주위 사람을 하나씩 설득하여 함께 나아간다. 이때 '나'는 설득 과정을 낭비라 생각하지 않고 생각이 다른 사람을 합의에 도달하게 하려면 꼭 거쳐야 하는 절차로 생각한다.

둘째, 독불장군형이다. '내'가 하려는 것이 타당하고 옳기 때문에 설득 과정은 불필요할 뿐 아니라 시간 낭비라고 생각한다. 이에 따라올 사람은 따라오고 그렇지 않으면 떠나라는 식으로 행동한다.

'우호자용'은 바로 독불장군 유형의 리더십을 말하고 있다. 아무리 잘났다고 하더라도 혼자서 주위의 모든 사람을 능가할 수는 없다. 자신만이 타당하고 옳다고 생각하면 결국 자신 이외의 다른 것을 보지 못한다. 이게 바로 어리석은 사람이다. 어리석은 사람은 과거 자신이 거둔 성공에 도취되어 그 사이에 흐른 시간이라는 변수를 적극적으로 고려하지 않는다.

그렇게 자신이 과거에 성과를 거둔 방식만을 밀어붙이면 결과가 뻔하다. 대형 프로젝트를 그런 식으로 진행하면 개인의 실패에 한정되지 않고 단체의 명운을 뒤흔들게 된다. 이것이 바로 재앙을 불러오는 일이다. 『중용』에서 '자용自用'과 '자전自專'을 반드시 부정적으로 본다고 해석할 필요는 없다. 리더라면 어떤 상황에서 주위의 도움과 오랜 검토를 거치고서 자용과 자전이라는 외로운 결단을 해야 하기 때문이다. 그것이 리더의 역할이기 때문이다.

『중용』은 자용과 자전을 하지 말라는 것이 아니다. '자용' 앞에 '우愚', '자전' 앞에 '천賤'이라는 제한이 달려 있는 조건에 유의해야 한다. 자신의 생각에 갇혀 있으면서 '자용'하고 전체를 보지 못하고 작은 임무를 수행하면서 '자전'하려고 하면 문제가 생긴다는 것이다. 주위와 소통하며 '우'를 벗어나고 전체를 조망하여 '천'을 벗어나고서 '자용'과 '자전'하지 않는다면 우유부단하고 무능력할 뿐이다.

2강 발각

모든 것은 결국
알려진다

2강에서는 사람이 하는 일을 다른 사람이 모르고 세상에 알려지지 않을 듯해도 결국 모든 것이 드러난다는 점을 이야기한다. 사람은 '투명 인간'의 욕망을 가지고 있다. 특히 금기를 어기면서도 절대로 들통이 나지 않는 상황을 꿈꾼다. 은행에서 돈을 실컷 훔쳐서 평소 하고 싶은 것을 하고 싶고, 미운 사람에게 다가가서 엉덩이를 세게 걷어차고 싶고, 시험지 보관 장소에서 정답을 알아내 만점을 받고 싶을 수 있다.

우리는 실제로 그렇게 하고 싶지만 들통날까 봐 그렇게 하지 못한다. 하지만 투명 인간이 되면 들통날 리가 없으니 앞에서 열거한 일을 맘껏 할 수 있을 것이다.

유일신 문화에서는 신이 사람이 하는 모든 일을 지켜보고 사후에 심판한다고 생각한다. 무속과 민간 신앙에서는 업경業鏡(불교에서 저승길 어귀에 있다고 여기는 거울로, 여기에 비추면 죽은 이가 생전에 지은 행업이 나타난다고 한다)을 통해 사람이 살았을 적에 한 일을 세세하게 비추어 볼 수 있다고 생각한다. 이처럼 누군가가 나를 보고 있다는 생각은 우리 스스로 금기를 넘지 못하도록 하는 제어 장치가 된다.

영화 〈감시자들〉(2013)에서 정우성 일행은 CCTV가 없는 지역을 잘 노려서 이동하는 등 용의주도하여 자신들을 찾는 설경구 일행을 혼선에 빠뜨린다. CCTV에 잡히면 동선뿐 아니라 인물의 정체가 드러나지만 CCTV에 없으면 동선은 물론 범인의 정체도 확인하기 어렵다. 이 때문에 요즘 범죄 수사에서는 CCTV를 조회하는 것이 수사의 기본일 뿐 아니라 중요한 단서를 찾는 실마리가 된다.

유학에서는 신의 존재를 완전히 부정하지는 않지만 사람이 하는 일을 세세하게 관찰하여 사후에 심판하는 그런 신은 없다. 따라서 유학은 사람에게서 관찰할 수 없는 사각지대의 문제를 해결하지 않으면 안 된다. 유학에는 CCTV가 없는 곳이 너무나도 많다.

어떻게 해야 할까? 갑자기 처음부터 없었던 감시하는 신을 끌어들일 수도 없으니 답답한 노릇이다.

『중용』에서는 사람이 하는 언행은 완전히 숨길 수도 없고 언젠가 만천하에 드러날 수밖에 없다고 주장한다. 도대체 어떤 이유로 이렇게 큰소리를 치는 것일까? 아무 장치가 없다면 그냥 허장성세에 지나지 않는다. 이솝 우화 『임금님 귀는 당나귀 귀』에 나오듯 사람은 비밀을 공유하고 발설하려는 욕망이 있다. 우리도 자신만 모르는 이야기를 다른 사람이 다 알고 있는 경험이 있을 것이다. "너한테만 말해줄게"라는 비밀 공유의 욕망이 비밀을 공지 사항으로 만들어버린다.

『중용』에서는 어떻게 비밀이 알려진다고 할까? 우리는 다른 사람이 모르니 아무도 모른다고 생각한다. 하지만 다른 사람이 접근할 수 없지만 나 자신은 접근 가능하고 다른 사람은 몰라도 자신은 혼자서 또렷하게 알고 있다.

내가 안다는 것은 세상에 알려져 있다는 뜻이다. 여럿이 아는 것은 듣고도 잊어버릴 수 있지만, 나 혼자서만 또렷하게 아는 것은 결코 잊어버릴 수 없다. 나의 머리와 가슴에 선명하게 살아 있다.

이렇게 내가 알고 있는 것이 오래되면 말하게 될 수도 있고 말하지 않더라도 아는 것이 은연중에 행동으로 드러날 수 있다. 말하지 않아야 할 것을 말해서 "아차!" 하고 놀란 적이 누구나 있을 것이다. 이처럼 영원한 비밀은 없기에 『중용』에서는 혼자 있을 때조차 세상이 다 보고 있다고 제안하고 있다.

06 합체

잠시라도 떨어질 수 없다
불가유리不可臾離(01장)

입문 잠시도 몸에서 떼어놓을 수 없는 게 뭐냐고 물으면 요즘 사람들은 거의 백 퍼센트 "스마트폰"이라고 대답할 것이다. 스마트폰은 통화는 기본이고 문자, 사진, 인터넷, 쇼핑, 배달, 음악, 게임 등을 할 수 있다. 대학교 수업 시간에 스마트폰을 끄거나 사용하지 말라고 하면 웅성거린다. 젊은 세대는 스마트폰을 사용하는 것을 옷 입고 밥 먹는 것처럼 필수적인 활동이라고 생각하기 때문이다.

스마트폰이 눈에 보이지 않으면 찾으려고 하고 주위 사람들에게 보지 못했느냐고 물어본다. 좋고 필요하니까 몸에서 잠시라도 떨어질 수 없다. 스마트폰을 제외하고 잠시라도 떨어질 수 없는 것이 무엇이냐고 물으면 여러 가지 대답이 나올 수 있다. 갓 연애를 시작하여 두 사람 사이가 한참 달달하면 애인이라고 대답할 것이고, 돈을 모아 새 차를 뽑았다면 차라고 대답할 것이고, 막 아이가 태어났다면 아이라고 대답할 것이다.

좋은 것은 가까이 두고자 하고 그만큼 소중하게 여긴다. 소중한 것이 '나'에게서 멀어지면 세상이 무너지는 것처럼 암담해질 것이다. 잃어버린 것을 되찾기 위해 모든 노력을 다할 수 있다. 리엄 니슨의 〈테이큰〉 시리즈는 가족의 실종을 모티브로 삼아 온갖 어려움을 겪는 주인공을 그린다. 관객은 주인공이 겪는 과정을 어려움이라고 하겠지만, 주인공은 '아버지'로서 당연히 해야 할 일을 하는 것이다.

『중용』에서 "잠시라도 떨어질 수 없는 것이 무엇인가?"라고 물으면

"도道"라는 대답이 들려올 듯하다. 이 대답의 맥락을 살펴보도록 하자.

승당 도道(도리)란 잠시라도 떨어질 수 없다. 떨어질 수 있다면 도리가 아니다. 이렇기 때문에 자기주도적인 군자는 보이지 않는 것을 조심하고 삼가며 들리지 않는 것을 무서워하고 두려워한다.

道也者, 不可須臾離也. 可離, 非道也. 是故君子, 戒愼
도 야 자   불 가 수 유 리 야   가 리   비 도 야   시 고 군 자   계 신
乎其所不睹, 恐懼乎其所不聞.
호 기 소 부 도   공 구 호 기 소 불 문

입실 야也는 뜻이 없고 평서문에서 어조사로 쓰인다. 여기서 야는 도道를 강조하는 문법적 기능을 한다. '불가수유리야不可須臾離也'의 '야'는 평서문에 쓰이는 어조사다. 수須는 모름지기, 마땅히, 기다리다는 뜻이다. 여기서 수는 잠시라는 뜻으로, 다음의 유臾 자와 함께 짧은 시간을 가리킨다. 유臾는 잠깐을 뜻한다. 수유須臾는 소수로 따지면 10^{-15}에 해당할 정도로 짧은 시간을 가리킨다(다른 소수는 2강 7조목 '신독' 참조). 리離는 떼놓다, 떨어지다는 뜻이다. 시고是故는 이 때문에로 새기는 접속사로 쓰이며 원인과 결과를 나타낸다. 계신戒愼은 둘 다 삼가다, 조심하다는 뜻이다. 도睹는 보다, 분별하다는 뜻이다. 공구恐懼는 둘 다 두려워하다, 무섭다는 뜻이다.

여언 도는 사전적으로 길을 가리킨다. 이 길은 우리가 한 곳에서 다른 곳으로 가려면 반드시 거쳐야 한다. 물론 날아가면 길을 거치지 않는다고 생각할 수 있지만, 그렇지 않다. 비행기도 항로航路를 가듯이 날아

가는 데에도 길이 있다. 이처럼 길은 일상생활에서도 중요한 역할을 한다. 여기에 나오는 도는 사람이 일상으로 걸어 다니는 길에만 한정되지 않는다. 이 도는 '사람이 걸어가야 할 길' '민족이 나아갈 길' 등의 용례처럼 추상적인 의미를 전달한다. 즉 '사람이 꼭 지켜야 할 가치' '사람이 실현해야 할 이상' 등을 가리킨다.

어떤 사람이 집을 사기 위해 회사를 퇴근하고서 대리 기사를 한다고 하자. 우리가 겉으로 보는 것은 그 사람이 부지런히 움직이는 활동이다. 하지만 그 사람의 활동은 한 푼이라도 더 벌어서 자신의 집을 조금이라도 빨리 사려는 목표와 연결되어 있다. 그 사람은 지하철로 출근하여 역에서 회사까지 걸어가고, 퇴근해서 지하철 역 근처에 있다 호출이 오면 손님이 있는 곳으로 걸어간다. 그 사람은 '대학로' 등의 길을 걸어가지만 그의 한 걸음 한 걸음은 집을 사기 위해 일정한 금액의 돈을 모아야 하는 목표와 관련이 있다. 투잡을 하니 피곤하고 힘들더라도 집 장만이라는 목표를 위해 참고 걷는다고 할 수 있다. 이때 현재 소유하지 않았지만 미래에 사고자 하는 집은 그 사람의 생각에서 한순간도 떠난 적이 없다. 떠났다면 그 사람의 목표가 바뀌었다고 할 수 있다.

『중용』에서는 집과 같은 세속적 목표 이외에 어떻게 살려고 하느냐는 가치의 맥락에서 질문을 던지고 있다. 이에 『중용』에서는 사람이 도를 잠시라도 떠나서는 안 된다고 말한다. 『중용』에서는 그 도가 무엇을 가리키는지 자세하게 말하고 있지 않다. 맹자의 주장을 빌린다면 도는 사랑과 연대의 인仁, 도리와 정의의 의義, 문화와 예절의 예禮, 시비 판단과 지혜의 지知라고 할 수 있다. 사람이 이 네 가지 덕목에서 잠깐 조금이라도 벗어나지 않도록 하라고 요구한다.

부모가 집에 와보니 아이가 없다면 버선발로 아이를 찾아 나선다. 부모의 이러한 행동은 아이의 건강과 안전을 바라는 사랑에서 기인한다고 할 수 있다. 또 시민은 정부의 정책이나 지방자치단체의 행사가 적정한지 논쟁을 벌이는데, 이는 국민의 세금을 제대로 쓰는지를 따져보는 지혜와 관련이 있다. 『중용』은 사람의 삶이 인의예지의 도와 늘 긴밀하게 연결되어 있다는 점을 일깨워주고 있다.

하지만 사람은 자신이 하는 언행을 누가 보지 않거나 자신이 내는 소리를 누가 듣지 않는다면 인의예지의 도와 어긋나게 행동할 수 있다. 봄철 산에 갔을 때 예쁜 꽃을 보고 꺾어 집의 화병에 꽂으려고 할 수 있다. 남에게 피해를 주지 않으니 문제가 되지 않는다고 생각하기 때문이다. 이는 누가 보지 않는다고 하여 제 마음대로 하는 행동이다. 여럿이 몰래 이렇게 하면 산의 아름다움이 줄어들 수 있다.

『중용』에 따르면 이는 인의예지의 도에 맞지 않는다. 또 사람이 자신의 언행이 보이지도 들리지도 않는다고 생각하면 도를 벗어나 잘못을 할 일탈의 가능성이 그만큼 높다는 점을 경고하고 있다.

07 조신

혼자 있는 상황에서 삼가다
신독愼獨(01장)

입문 유일신은 세상을 창조할 뿐 아니라 사람의 사후에 그의 행적을 심판하여 구원 여부를 결정한다. 사후 심판은 사람이 살았을 적에 평소 어떻게 살아야 하는지에 큰 영향을 미친다. 사람이 무슨 일을 할 때마다 그 일의 선악은 차곡차곡 쌓여서 심판의 자료가 되기 때문이다. 영생을 얻어 천당을 가려고 한다면 신의 뜻에 따라 살면서 선행을 하지 않을 수가 없다.

『중용』을 비롯하여 유학의 텍스트에는 유일신이 존재하지 않는다. 물론 동아시아 문화에도 조상신, 자연신 등이 있다. 이 신은 후손들이 불행해지지 않도록 보호하는 역할을 수행할 뿐이다. 이처럼 동아시아 문화에는 신이 있다고 하더라도 그 역할이 한정적이다 보니 윤리에서 사각지대가 생겨날 수 있다. 즉 신이 사람의 일거수일투족을 살피지 않으니 사람이 무슨 일을 하더라도 제재할 수 있는 방안이 없는 것이다.

따라서 유학에서는 사람이 혼자 있을 때 어떻게 해야 하는가라는 문제를 풀어야만 한다. 이 문제를 풀지 못하면 사람이 주위 사람과 어울려 지내는 공적 공간에서 선한 사람으로 굴다가도 누구도 접근할 수 없는 사적 공간에서 부끄러운 짓을 할 수 있다. 사람이 보이는 곳과 보이지 않는 곳에서 전혀 다른 사람이 될 가능성이 있다. 즉 사람이 이중적 존재가 될 수 있다.

『중용』에서 이 문제를 어떻게 풀어가는지 원문으로 한 걸음 더 들어가보자.

승당　숨은 것보다 더 잘 드러나는 것이 없고 미약한 것보다 더 두드러진 것은 없다. 그러므로 자기주도적인 사람은 혼자 있는 상황에서 삼간다.

莫見乎隱, 莫顯乎微, 故君子愼其獨也.
막 현 호 은 막 현 호 미 고 군 자 신 기 독 야

입실   막莫은 없다는 뜻이다. 見은 발음이 둘인데, 보다는 뜻이면 '견'으로 읽고 드러나다는 뜻이면 '현'으로 읽는다. 후대에는 후자를 위해 '현現' 자가 등장했다. 현現 자는 옥에 있는 무늬는 있는 그대로 드러난다는 이미지를 잘 나타내고 있다. 은隱은 숨다, 가려지다, 희미하다는 뜻이다. 현顯은 나타나다, 뚜렷하다, 두드러지다는 뜻이다.

미微는 작다, 자질구레하다, 숨다는 뜻이다. 작다는 미의 크기를 소수小數로 살펴보면 다음과 같다. 소수의 단위를 나타내는 한자 숫자에는 푼分(10^{-1}), 리厘(10^{-2}), 모毛(10^{-3}), 사絲(10^{-4}), 홀忽(10^{-5}), 미微(10^{-6}), 섬纖(10^{-7}), 사沙(10^{-8}), 진塵(10^{-9}), 애埃(10^{-10}), 묘渺(10^{-11}), 막漠(10^{-12}), 모호模糊(10^{-13}), 준순逡巡(10^{-14}), 수유須臾(10^{-15}), 순식瞬息(10^{-16}), 탄지彈指(10^{-17}), 찰나刹那(10^{-18}), 육덕六德(10^{-19}), 허공虛空(10^{-20}), 청정淸淨(10^{-21}) 등이 있다(『두산백과』). 신愼은 삼가다, 조심하다, 진실로를 뜻한다. 독獨은 혼자, 홀몸을 뜻한다. 주희는 독을 "다른 사람이 모르지만 자신이 혼자 아는 곳(인소부지이기소독지지지人所不知而己所獨知之地)"으로 풀이하고 있다.

여언   유학에서는 사람이 혼자 있는 상황을 윤리적으로 풀어내고자 했다. 만약 나만이 아는, 결코 알려질 수 없는 곳에 혼자 있는 상황이라면 나는 무엇을 해도 좋은 자유의 공간을 가지게 된다. 이 자유의 공간이 자신을 건설적이고 발전적인 방향으로 나아가게 할 수도 있지만 파괴적이고 퇴폐적인 방향으로 나아가게 할 수도 있다.『중용』을 비롯해서 유학에서는 두 방향 중 퇴폐적인 길로 나아갈 경향성에 대해 고민하지 않을 수 없다.

『중용』의 원문은 다소 역설적으로 보이는 구절로 시작되고 있다. 『중용』에서 "숨은 것보다 더 잘 드러나는 것이 없다"라고 하지만 실제로 '숨은 것이 제일 잘 드러나지 않는다'라고 생각하기 쉽다. 숨으면 보이지 않아 눈에 확 들어오지 않기 때문이다. 마찬가지로 『중용』에서 "미약한 것보다 더 두드러진 것은 없다"라고 하지만 실제로 '미약한 것이 제일 두드러지지 않는다'라고 생각하기 쉽다. 미약하면 눈에 잘 들어오지 않으니 있다고 주목하기보다 없다고 생각하기 쉽기 때문이다.

하지만 『중용』에서는 원문에서 나온 대로 "숨은 것보다 더 잘 드러나는 것이 없고 미약한 것보다 더 두드러진 것은 없다"라고 말하고 있다. 숨은 것이라고 해서 미약한 것이라고 해서 잘 보이지 않아 없다고 해버리면 사각지대를 용인하게 된다. 이러한 사태는 결코 일어나서는 안 된다. 하지만 이러한 사태가 결코 일어나서는 안 된다고 해서 보이지 않는 것을 보인다고 할 수는 없다. 이러한 역설적인 상황을 어떻게 풀어가야 할까?

『중용』에서는 숨은 것과 미약한 것에 대해 다른 사람은 접근하기 어려워 보지 못하고 알지 못할 수 있지만 나 자신은 누구보다도 명확하게 보고 알 수 있다고 주장한다. 사실 내가 무엇을 하더라도 내가 하는 것이므로 내가 그 사실을 모른다고 할 수는 없다. 여기서 또 다른 역설적 상황에 마주하게 된다. 우리는 모든 사람이 알거나 다수가 아는 사실은 '내'가 안다고 하더라도 잊어버릴 수도 있다. 하지만 나 혼자만이 아는 사실은 다른 사람에게 숨어 있고 두드러지지 않지만 나 스스로 모를 수는 없는 것이다. 또 내가 한 일은 결코 잊을 수 없다.

『중용』에서는 이중의 역설을 통해 나는 '자신을 알고 있는 나'를 속일 수 없다는 사실에 직면하게 된다. 그러면 어떻게 해야 하는가? 나는 공적 공간에서 주의하는 만큼이나 사적 공간에서 주의하지 않을 수 없다. 아니, 사적 공간에서 더더욱 주의하게 된다. 『대학』과 『중용』에서는 이러한 인간의 상황을 '신독愼獨'으로 포착하고 있다.

여행지에 가면 우리는 익명의 자유로 인해 편안함을 누릴 수 있다. 그 익명의 자유를 스스로 조절하지 않으면 돌이킬 수 없는 화를 불러들일 수 있다. 이에 대해 유학이 사람에게 숨 쉴 공간을 주지 않는다고 볼멘소리를 할 수 있지만 자신을 전일적으로 통제하려는 도전으로 볼 수도 있다.

08 누적

그만두지 않으면 오래간다

불식즉구 不息則久 (26장)

입문 전국 시대에 이르면 독특한 표현법이 등장하고 여러 문헌에서 즐겨 사용된다. 바로 연쇄법이다. a하면 b하고 b하면 c하고 c하면 d한다는 식이다. 이는 사태의 연관성을 복합적으로 사유하는 단계에서 나올 수 있는 표현법이다. 이 표현법에서 시작은 '멈추지 않는다'이다. 멈추면 하는 일이 끝나서 더는 진행되지 않는다. 금방 끝났다고 할 수 있다. 이런 일은 나의 기억에도 잘 남지 않으며 다른 사람도 시간이 지나면 그런 일이 있었는지 잘 모른다.

반면 멈추지 않으면 한번 시작한 일이 자연히 오래 지속하게 된다. 이로써 최초의 단추가 꿰어졌다. 한번 시작해서 중간에 그치지 않으면 오래 지속하게 되고, 오래 지속하면 어떤 식으로든지 족적을 남기게 된다.

우리가 값을 치를 때 현금이나 카드로 결제할 수 있다. 현금으로 결제하면 지문 이외에 기록이 남지 않지만 카드로 결제하면 내가 언제 어디서 무엇을 얼마에 샀는지 세세하게 기록이 남는다. 그러한 기록이 오래 쌓이면 빅 데이터가 되고 그걸 통해 내가 무엇을 좋아하고 어디에 자주 가는지 훤히 알 수 있다.

이를 통해 내가 어떤 사람인지 100퍼센트는 아니더라도 경향이 어느 정도 드러난다. 나 스스로 말하지 않지만 카드의 사용 내역이 내가 어떤 사람인지 알려주기 때문이다. 『중용』에서 이 이야기를 어떻게 끌어가고 있는지 살펴보자.

승당 완전한 진실은 멈추는 적이 없다. 멈추지 않으면 오래가고, 오래가면 효험이 나타나고, 효험이 나타나면 아득하게 오래가고(시간적으로 무한히 연장되고), 시간적으로 무한히 연장되면 넓고 두터워지고(공간적으로 무한히 쌓이고), 공간적으로 무한히 쌓이면 고상하고 지혜로워진다(생명과 지혜의 빛이 찬란하게 밝아진다).

至誠無息, 不息則久, 久則徵, 徵則悠遠, 悠遠則博厚,
지 성 무 식　불 식 즉 구　구 즉 징　징 즉 유 원　유 원 즉 박 후
博厚則高明.
박 후 즉 고 명

입실 지至는 이르다, 미치다, 닿다는 뜻이다. 여기서는 대大, 극極, 초超, 상上처럼 형용사로서 최상급을 나타낸다. 성誠은 정성, 진실하다, 삼

가다는 뜻이다. 식息은 숨, 숨 쉬다, 쉬다는 뜻이다. 則은 접속사로 ~하면 ~하다는 구문을 나타내면 '즉'으로 읽고 규칙, 법칙이라는 뜻으로 쓰이면 '칙'으로 읽는다.

구久는 오래다, 오래되다는 뜻으로 지속을 나타낸다. 징徵은 부르다, 효험의 뜻이다. 유원悠遠은 멀다, 아득하다는 뜻으로 시간적으로 무한하게 이어진다는 맥락을 나타낸다. 박후博厚는 넓다, 두텁다는 뜻으로 공간적으로 무한히 확장된다는 맥락을 나타낸다. 고명高明은 높다, 밝다는 뜻으로 지혜가 모든 것을 비춰준다는 맥락을 나타낸다.

여언 우리 속담에 "꼬리가 길면 밟힌다"라고 한다. 무슨 일을 한 번 하지 않고 되풀이해서 하면 흔적이 사라지지 않고 뚜렷하게 남게 된다. 그러면 내가 그것을 하지 않는다고 하더라도 이전에 내가 무엇을 했는지 알 수 있다. 이는 범행 또는 비행과 관련해서 주로 사용하는 표현이다. 『중용』에서는 범행이라는 부정적인 맥락이 아니라 고명高明이라는 긍정적인 맥락에서 사용한다. 그 맥락을 찬찬히 살펴보기로 하자.

봉사 활동으로 이야기를 풀어가보자. 봉사는 심신이 힘들더라도 보람이 남는 활동이다. 처음에는 남을 돕는다고 생각하지만 언젠가 내가 도움을 받는다는 생각이 들기 때문이다. 처음 하는 봉사 활동이 쉬울 리 없다. 몇 번 하다가 그만둘 수도 있다. 그러지 않고 계속하면 내가 하는 활동이 어떤 분야에 흔적을 남기게 된다.

고 이태석 신부는 아프리카 수단에서 의료 교육 활동을 하다 대장암으로 2010년 1월에 선종했다. 위험하다고 알려진 곳에 의료 활동의 뿌리를 단단히 내린 것이다. 이렇게 한 분야에서 봉사 활동을 오래 하면 나도 바뀌고 남도 바뀌며 주위가 조금씩 바뀐다.

　이러한 변화가 일어나면 그만두려고 해도 그만둘 수 없고 이곳저곳에서 도움의 손길을 요구한다. 그렇게 활동이 넓어지면 자신이 하는 일을 누구보다도 사랑하게 되고 잘 알게 된다. 이렇게 되면 봉사는 나의 일부가 아니라 나에게서 차지하는 비중이 점점 커진다. 비중이 커지면 이 일이 아니라 다른 일을 하는 나를 상상할 수 없게 된다. 이제는 내가 하는 봉사 활동을 통해 세상을 바라보는 또 하나의 눈을 가지게 된다.

　입문에서 연쇄법을 말하며 '불식즉구不息則久'가 출발점이라고 말했다. 문법적으로 맞는 말이다. 하지만 구문론으로 살펴보면 '불식즉구'가 일어나려면 사전에 필요한 단계가 있다. 그것이 바로 '지성무식至誠無息'의 단계. '멈추지 않으면 오래간다'고 했지만 실제로 멈추지 않기가 그렇게 쉽지 않다.

　아무리 즐겁고 재미나는 게임도 계속하다 보면 싫증이 나기 마련이다. 봉사 활동이 아무리 보람 있다고 하지만 나를 두고 여러 말이 나오면 심신이 지치게 된다. 그런 일이 생기면 계속하기가 쉽지 않다. 이때 나를 두고 이러쿵저러쿵 떠드는 소리가 아니라 봉사 자체에 주목할 때 활동을 계속할 수 있다.

　내가 하는 봉사는 이익을 바라는 것도 아니고 내가 좋아서 내가 조금이라도 움직이면 사람들이 함께 좋아하기에 하는 것이다. 이 마음이 조금의 거짓도 없는 가장 진실한 것이다. 이러한 진실이 마음 바탕에 깔려 있을 때 봉사하는 심신이 멈추지 않게 된다. 지성은 나를 멈추지 못하게 하는 무한 동력인 것이다.

09 선지

완전한 진실은 신묘하게 들어맞는다

지성여신至誠如神(24장)

입문　사람은 늘 부족하고 모자란 상태에서 선택을 한다. 대안이 하나라면 '한다'와 '만다' 중에 하나를 골라야 하고, 대안이 둘 이상이라면 여럿 중에 하나를 골라야 한다. 이때 '한다'와 '만다' 그리고 여럿을 실제로 해볼 수 있다면 얼마나 좋을까? 해보고 나서 좋은 결과가 생기는 것을 선택한다면 후회하고 안타까워하는 일이 없을 것이다.

　사람은 해보기 전에 결과를 어느 정도 예상할 수는 있지만 실제로 어떤 일이 일어날지 정확하게 알 수는 없다. 이 때문에 긴박한 선택의 순간에 '될 대로 되라'는 식으로 스스로 포기할 수 있다.

　하지만 『중용』에서는 느슨해지려는 사람을 다시 긴장하게 한다. 세상에 모르는 일은 없다. 일을 할 때 그 결과가 드러나려면 시간이 걸리지만 그전에 결과가 어슴푸레하게 나타난다. 이것이 바로 『중용』에서 말하는 전지前知와 선지先知의 논리다. 미리 앞서 결과를 알 수 있다는 뜻이다. 하지만 전지와 선지는 전지全知가 아니다.

　이제 『중용』에서 전지와 선지의 논리를 펼치는 맥락을 살펴보자.

승당　완전한 진실의 도리는 미리 알 수 있다. 국가가 앞으로 융성해지려면 반드시 여러 가지 좋은 징조가 생겨나고, 반대로 국가가 앞으로 망하려고 하면 반드시 여러 가지 불길한 징조가 생겨난다. 이런 현상은 미래를 알려주는 시초점과 거북점에 나타나고 팔다리를 놀리는 움직임으로 드러난다.

　불행과 행운이 앞으로 닥칠 경우 좋은 현상을 반드시 먼저 알게 될 뿐 아니라 좋지 않은 현상도 먼저 알 수 있다. 그러므로 완전한 진실은 초자연적 존재처럼 신묘하기 그지없다.

至誠之道, 可以前知. 國家將興, 必有禎祥. 國家將亡,
지성지도 가이전지 국가장흥 필유정상 국가장망
必有妖孼. 見乎蓍龜, 動乎四體, 禍福將至. 善, 必先知
필유요얼 현호시귀 동호사체 화복장지 선 필선지
之. 不善, 必先知之. 故至誠如神.
지 불선 필선지지 고지성여신

입실　흥興은 일어나다, 일으키다는 뜻으로 발달하고 융성하는 국면을 가리킨다. 정상禎祥은 상서祥瑞라는 뜻으로 앞으로 일어날 일의 긍정적인 조짐을 가리킨다. 망亡은 망하다, 죽다는 뜻으로 쇠퇴하고 멸망하는 국면을 가리킨다. 흥과 망은 반대된다. 요얼妖孼은 괴상하다, 재앙이라는 뜻으로 앞으로 일어날 일의 부정적인 조짐을 가리킨다. 정상과 요얼은 서로 반대된다.

　시귀蓍龜는 미래를 예측하기 위해 점을 치는 도구를 가리킨다. 시蓍는 시초蓍草를 가지고 점을 치는 『주역』 점을 가리키고, 귀龜는 거북 껍질에 불을 가열하여 갈라지는 무늬를 보고 점을 치는 거북점을 가리킨다. 사람이 결과를 예상할 수 없는 상황에서 시초와 거북에 나타난 우연에 따르는 것이다. 고대 사람들은 그만큼 시초와 거북이 미래를 알려주는 영험함이 있다고 생각했다. 사람들은 거북이 오래 사는 점과 시초가 다양한 숫자의 조합을 가능하게 한다는 점에 주목했다.

　동動은 움직이다, 작용하다, 행동하다는 뜻이다. 사체四體는 팔과 다리의 사지를 가리키는데, 실제로 '몸'을 말한다. 화복禍福은 불행과 행운을 가리키는데, 각각 사람에게 나쁜 결과와 좋은 결과를 가져오는 측면을 나타낸다.

여언   사람이 무슨 일을 하고서 결과를 알 수 있다면 어떻게 될까? 좋은 결과가 예상되면 더 좋게 되려고 노력하고, 나쁜 결과가 예상되면 만회하려고 노력할 수 있다. 물론 사람에 따라 '이왕 이렇게 된 거 이번에는 대충 하고 다음에 잘하자'라는 식으로 자신과 적당히 타협할 수도 있다. 하지만 결과를 알면 사람이 앞으로 나아가면서 대비를 할 수 있다.

『중용』에서 전지와 선지를 말하는 논리를 살펴보자. 먼저 국가 차원에서 흥과 망을 나눈다. 흥에는 정상이 대응되고, 망에는 요얼이 대응된다. 먼저 이 지점을 좀 더 자세히 살펴보자. 국가는 개인과 달리 여러 요소와 기구 등으로 복잡하게 얽여 있다. 국가가 하루아침에 흥하고 망하지 않는다. 국가가 정상적으로 작동하면 여러 요소와 기구가 맞물려서 술술 돌아가지만 그러지 않으면 여러 곳에서 삐걱거리는 소리가 난다.

이때 술술 돌아가는 소리와 삐걱거리는 소리가 바로 국가의 흥과 망으로 직결되지 않는다. 그런 소리가 또 다른 소리와 이어지고, 그리하여 소리가 더 커진다. 이러한 큰 소리가 바로 정상과 요얼에 대응된다고 할 수 있다. 이러한 큰 소리가 여러 사람의 귀에 들리면 '이러면 나라가 더 잘되겠는데' 또는 '이러다가 나라에 무슨 일이 생기는 게 아냐!'라는 기대와 의혹이 나오게 된다. 이렇게 기대와 의혹이 하나의 흐름이 되면 추후에 일어나는 현상은 그에 맞춰서 해석된다. 이것이 바로 정상과 요얼의 정체라고 할 수 있다.

이 정상과 요얼은 사회 현상이 되면 사람이 점을 치는 시초와 거북에 나타날 뿐 아니라 일을 진행하는 사람의 행동에도 드러난다. 이렇게 보면 정상과 요얼 그리고 시초점과 거북점은 전환의 포인트다. 이 포인트를 읽어내서 지금까지 흘러온 방향을 바꾸면 불행을 막을 수 있는 전기가 된다. 읽지 못하면 조짐은 조짐으로 끝나지 않고 흥과 망, 특히 여기서는 망으로 귀결되는 쾌속 열차를 타게 된다.

정상과 요얼이 시초점과 거북점 그리고 사람의 언행으로 나타나고 최종적으로 흥과 망으로 귀결된다고 하지만, 원인과 결과를 어떻게 엄밀하게 규정할 수 있을까? 그래서 '지성여신'이 중요해진다. 이 신은 일어날 일을 필연으로 안배하는 신이 아니다. 유학은 신적 존재의 계획이 아니라 감응으로 원인과 결과를 연결시킨다. 이에 따르면 '지성여신'은 사람이 일을 할 때 완전하게 진실하면 시작과 끝이 신묘하게 연결된다는 감탄을 나타낸다고 볼 수 있다(자세한 내용은 11강 51~55 조목 참조).

10 결합

사물의 몸을 이루므로 세계에서 빠뜨릴 수 없다
체물불유體物不遺(16장)

입문 『중용』을 비롯하여 유학에서는 신적 존재를 배제하지 않지만 오로지 신에 의지하여 인간이 자신을 수양하고 세상에 이상을 실현하지 않는다. 인간이 신적 존재에 약하게 의존할 수는 있지만 거의 전적으로 인간의 자체 힘에 의존하다. 음식으로 비유하면 신은 양념에 해당하고 인간은 식재료에 해당한다.

그래도 어쨌든 신이 존재하는 만큼 '신이 있다는 것을 어떻게 알 수 있는가?'라는 문제를 만나게 된다. 신이 있다는 유신론자들은 고전에서 신적 존재가 나타난 사례를 제시했다. 신이 있으니까 이런 기록이 있다는 논법이다. 반면 신이 없다는 무신론자는 신을 감각적으로 확인할 수 없으니 신은 없다는 논법을 펼친다. 『중용』은 유신론과 무신론 중 어떤 입장에 가까울까? 『중용』의 원문으로 들어가서 살펴보도록 하자.

승당 공자가 말했다. 귀신의 덕(힘)은 너무나도 왕성하다. 산 사람이 죽은 사람의 귀신, 예컨대 조상신을 보려고 해도 보이지 않고, 소리를 들으려고 해도 들리지 않지만, 사물의 몸을 이루므로 세계에서 빠뜨릴 수 없다.

子曰: 鬼神之爲德, 其盛矣乎! 視之而弗見, 聽之而弗聞, 體物而不可遺.
자왈 귀신지위덕 기성의호 시지이불견 청지이불문 체물이불가유

입실 덕德은 기본적으로 덕목, 덕성이라는 뜻으로 쓰인다. 여기서 덕은 귀신이 작용하여 효과를 내는 영향력을 나타낸다. 성盛은 담다, 채우다, 많다, 세차다는 뜻이다. 시視는 보다, 자세히 살피다는 뜻이다. 청聽은 듣다, 자세히 듣다, 받아들이다는 뜻이다. 체體는 몸, 몸을 이루다, 덩어리가 되다는 뜻이다. 물物은 사물, 만물을 뜻한다. 유遺는 끼치다, 잃다, 버리다는 뜻이다.

여언   『중용』에서는 먼저 귀신이 "보려고 해도 보이지 않고, 소리를 들으려고 해도 들리지 않는다"라고 말한다. 이 주장만 놓고 보면 『중용』은 신이 없다고 주장하는 무신론에 가까워 보인다. 아직 이런 결론은 성급하다. 원문에 나오는 두 개념, 즉 '귀신鬼神'과 '체물體物'을 어떻게 이해하느냐에 따라 결론을 내려도 충분하다. 논의를 기다릴 필요가 있다.

주희는 남송 시대의 선배들, 즉 정호程顥와 정이程頤 형제 그리고 장재張載의 주장을 소개한다. 이에 따르면 귀신은 음과 양의 두 기가 보이는 운동의 양태다. 양은 기가 펼쳐져서 뻗어나가는 운동을 가리킨다면, 음은 움츠러들어 거두어들이는 운동을 나타낸다. 음과 양이 이러한 운동을 하면서 날씨가 더워졌다 추워지기도 하고 농작물이 조금씩 자라다가 최대로 성장하여 결실을 맺으면서 시들어간다(『중용장구』). 이처럼 귀신을 음양 두 기가 보이는 운동 양태로 설명하니, 신적 존재를 설정하지 않아도 아무런 문제가 생기지 않는다. 이들은 일종의 무신론자에 가깝다고 할 수 있다.

반면 정약용은 『서경』 『시경』을 비롯하여 초기 문헌에서 하늘 천만이 아니라 상제上帝 등 숱한 신적 존재가 명령을 내려 세상의 통치권을 위임하기도 하고 세상의 운행에 개입하기도 한다고 말한다. 그러면서 신적 존재가 배제되고 나면 윤리 규범이 규범으로 기능을 할 수 없다고 주장한다. 『중용』에서 눈에 보이고 귀에 들리지 않지만 함부로 굴지 말고 두려워하라면서 혼자 있는 상황을 경계하라고 요구하고 있다(2강 7조목 '신독' 참조). 만약 신적 존재가 아니라 객관적 원칙을 두려워하고 있다면 그것은 말이 되지 않는다고 주장한다(『중용자잠』 1).

『중용』이 태어난 시대를 고려한다면 주희보다는 정약용의 풀이가 더

일리가 있다. 아울러 『중용』에서 말하는 효도는 산 사람과 산 사람의 관계에 한정되지 않고 산 사람과 죽은 사람의 관계까지 포함하고 있다. 그렇다면 '귀신'은 실제로 음양 두 기의 운동 양태라기보다 『서경』『서경』의 천과 상제 그리고 『국어』『좌씨전』 등에 나오는 귀신의 사례와 잘 호응된다고 할 수 있다.

다음으로 '체물'을 어떻게 이해할 수 있을까? 주희처럼 이 세상에서 신적 존재를 배제해버리면 체물은 음양 두 기의 운동 양태로서 귀신은 모든 사물이 생기고 자라고 죽는 과정을 이끌어간다고 할 수 없다. 모든 사물의 생사는 음양으로 설명되기 때문이다.

반면 정약용처럼 이 세상에 신적 존재가 개입한다고 하면 주희와 설명을 달리할 수밖에 없다. 예컨대 사람이 죽더라도 완전히 소멸하는 것이 아니라 이 세상에 자취를 남긴다. 이 자취는 살아 있는 후손과 어떤 식으로든 이어진다. 조상이 산 사람의 꿈에 나타나 바로 지금 닥쳐오는 위험을 알려주거나 미래에 일어날 일을 알려줄 수도 있고, 과거에 억울하게 죽은 사람이 책임 있는 사람의 꿈에 나타나 원한을 풀어달라고 할 수 있고, 원혼이 직접 현실에 나타나서 가해자를 응징할 수도 있다. 이렇게 보면 '체물'은 조상신을 비롯하여 귀신이 살아 있는 사람 또는 사물과 한 몸을 이룬다고 할 수 있다.

'귀신지위덕鬼神之爲德'으로 시작하는 이 구절은 『중용』에서 많은 논란을 일으켰다. 살아 있는 사람이 지켜야 하는 중용의 덕목을 말하는데 왜 '귀신'이 나오느냐고 반론이 제기되었다. 상당히 타당하고 중요한 질문이라고 할 수 있다. 하지만 이 질문은 처음부터 전제가 잘못된 질문이다. 주희가 활약할 때에는 인간의 도덕성을 신뢰하여 신이 없더라도 도덕이 지배하는 세상이 실현될 수 있다고 보았다. 그래서 그는 『중용』만이 아니라 오경과 사서 등에서 신적 존재를 명시 또는 암시하는 내용을 무신론 맥락으로 재해석하고자 했던 것이다. 이는 세계 철학사에도 유례가 없는 도덕과 이성에 대한 완전한 신뢰다.

하지만 『중용』은 세상이 산 사람만이 아니라 죽은 사람과 동거하고 다른 생명체와 교류하는 장이라고 본다. 이 때문에 『중용』에 귀신이 나온다고 해서 해괴한 책이 되지 않는다. 오히려 세상을 죽은 자를 기리고 다른 생명과 공감하고 산 사람이 교류하는 열린 공간으로 읽을 수 있다.

3강 곤란

중용대로
살아야 하는 이유

3강에서는 중용대로 살기가 바람직하지만 그게 쉽지 않다는 점을 다루고 있다. 중용대로 살기가 쉽고 모든 사람이 그렇게 살았다면 『중용』이란 책은 세상에 나타날 필요가 없다.

이런 점에서 보면 3강은 다소 역설적인 특성이 있다. 당시 사람들이 중용대로 살기에 관심을 두지 않아 문제가 생기는데도 이를 모르니 안타까운 일이다. 하지만 사람들이 중용대로 살지 못하는 이유를 찾아보고 또 왜 중용대로 살아야 하는지 사람들을 설득하지 않을 수 없다. 이것이 바로 『중용』이 쓰인 맥락이라고 할 수 있다.

공동체의 타락과 몰락은 하루아침에 일어나지 않는다. 공동체에 타락과 부패 현상이 나타나면 여러 차원에서 만회의 노력이 일어난다. 즉 자정 작용을 하는 시스템이 작동하게 된다. 전국 시대의 사회 구조에 따르면 먼저 왕족이 공동체의 중심 노릇을 하고, 다음으로 귀족이 만회의 역할을 하고, 최종적으로 일반 서민이 회복의 역할을 할 수 있다.

하지만 일반 서민이 공동체의 건강과 질서를 되돌리려고 하지 않으면 타락과 몰락, 멸망의 길로 나아가게 된다. 일반 서민이 왕조를 지지하지 않으면 그 왕조는 더는 존립할 수 없다.

오늘날 언론이 매주 대통령의 국정 지지율과 정당 지지율을 조사하여 보도한다. 정권 초기에는 지지율이 높지만 말기에 이르면 30퍼센트 미만을 보인다. 이렇게 되면 정권 교체가 일어난다. 오늘날 지지율이 낮으면 정권 교체가 일어나듯이, 일반 서민이 중용대로 살기에 등을 돌리면 공동체가 멸망으로 나아가게 된다. 따라서 제일 먼저 일반 서민이 중용대로 살기를 어떻게 바라보는지 살펴보고자 한다.

다음으로 다소 충격적으로 들릴 수 있는 내용을 다룬다. 공자는 『중용』에서 사람이 중용대로 살아가는 이유와 의의를 설명하고 있는데, 그 공자가 중용대로 살기가 쉽지 않은 이유를 밝히고 있다. 공자는 중용대로 살 수 있지만 한 달 동안 지속하기가 쉽지 않다는 말을 솔직하게 고백하고 있다. 따라서 공자가 중용대로 살자고 제안하면서 자신도 장기적으로 지속하기가 쉽지 않다고 말하는 이유를 살펴보고자 한다.

이제 우리는 '중용대로 살기가 정말 그렇게 어려운가?'라는 생각을 품을 만하다. 도대체 얼마나 어렵길래 당시 일반 서민도 등을 돌리고 공자마저 중용대로 살기를 지속하기가 어렵다는 것일까?

우리는 자신을 희생하며 주위 사람을 도우려고 하면 힘겨워서 도저히 엄두를 내기가 쉽지 않다. 『중용』에서는 중용대로 살기가 서슬 푸른 칼날 위를 밟는 것보다 어렵다고 한다. 이러니 사람들이 중용대로 사는 게 바람직하지만 그대로 실천하기는 매우 어려운 것이다. 이렇게 중용대로 살기가 어려우니 공자가 사람들에게 중용대로 살자고 제안하면 처음에 솔깃하다가도 중간에 주저앉아버리게 된다.

중용대로 살아야 하지만 그렇게 못하는 삶을 중용의 궤도에 얹으려면 어떻게 해야 할까?

그 실마리는 자신에게 조금도 거짓이 없는 진실에 달려 있다. 우리가 자신에게 진실하지 않으면 하던 일도 중도에 그만두기 쉽다. 하지만 진실하다면 우여곡절이 있더라도 끝까지 갈 수 있다.

우리는 진실을 뜻하는 성誠을 통해 전환의 계기를 찾아 그 방향으로 한 걸음씩 걸어나간다. 이렇게 한 걸음씩 뚜벅뚜벅 걸어나가면 사람은 천지와 같은 지평에 서게 된다. 중용대로 살기가 바람직하지만 어려운 이유를 살펴보자.

11 포기

서민이 중용대로 살지 않은 지 참 오래되었네

민선능구 民鮮能久 (03장)

입문 '중용'을 포함하여 유학의 가치와 덕목은 공자와 같은 성인에 한정되지 않고 사회를 이끌어가는 사대부를 넘어 일반 서민에게로 확대되어야 한다. 만약 유학의 가치와 덕목이 일반 서민에게 확대되지 않는다면 '그들만의 리그'에 갇히게 된다. 이것은 오경만이 아니라 사서四書에서 군자가 소인을 계몽하여 유학의 나라를 세우고자 한 기획과 일치하지 않는다.

따라서 '민선능구' 현상은 유학의 나라를 만들고자 할 때 엄청난 위기라고 할 수 있다. 공자가 활약할 때 '천하유도天下有道'가 아니라 '천하무도天下無道'의 현실을 안타까워하며 실망을 나타낸 적이 있다. 이러한 연장선상에서 보면 '민선능구'가 당연한 결과가 아니냐고 반문할 수 있다.

공자의 개탄과 『중용』의 절망은 같은 측면도 있지만 다른 측면도 있다. 『중용』에 나오는 비슷한 취지의 말을 되풀이한 것이 아니라 새로운 의미 맥락을 덧보태고 있다. 그 맥락을 살펴보도록 하자.

승당 공자가 말했다. 중용의 가치는 더 말할 나위가 없다. 서민이 그 가치를 충분히 살리지 못한 지 너무도 오래되었다.

子曰:中庸,其至矣乎,民鮮能久矣!
자 왈 중 용 기 지 의 호 민 선 능 구 의

입실　　지至는 이르다, 미치다는 뜻으로 많이 쓰이지만 여기서는 형용사 최고급으로 쓰인다. 지극하다는 뜻으로 더 말할 나위가 없다로 옮겼다. 선鮮은 깨끗하다, 곱다는 뜻이지만, 여기서는 드물다는 부사로 쓰인다. 능能은 ~할 수 있다는 보조동사로 쓰이지만, 여기서는 탁월하다, 뛰어나다, 능통하다는 뜻이다. 구久는 오래되다는 뜻이다.

'민선능구'는 '능'에서 반 박자 끊어 읽는다. 한자음을 위주로 구문을 파악하면 "민이 능하기에 드문 지 오래되다"로 옮길 수 있다. 이런 구문론을 파악하지 못하면 구절의 의미를 엉뚱하게 풀이할 수 있다. 이와 달리 '선'에서 반 박자 끊어 읽을 수 있다. 그러면 "민이 오래하기가 드물다"는 뜻으로 지속의 어려움을 나타낸다.

여언　　유교 사회는 최후의 전쟁으로 인해 몰락한다. 하지만 최후의 패배는 예상된 패배를 확인하는 사건일 뿐이다. 유교 사회의 몰락은 왕실의 부패에서 실마리를 제공하여, 군자 또는 사대부의 타락에서 확대되고, 일반 서민의 이반에 이르러 실제로 결정 난다. 왕실의 부패는 군자 또는 사대부의 자각과 비판을 거치면서 반부패의 상황으로 되돌릴 수 있다. 또 군자 또는 사대부의 타락도 경쟁하던 다른 군자 또는 사대부끼리 상호 비판을 하면서 타락 이전의 상황으로 되돌릴 수 있다. 하지만 일반 서민이 등을 돌리면 악화된 상황을 그 이전으로 되돌릴 수 없다.

중국 베이징의 자금성을 방문하면 높은 담장과 넓은 규모에 깜짝 놀라게 된다. 이는 모두 황제의 생활과 안전을 위한 건물이라고 할 수 있다. 하지만 역사적으로 보면 자금성에서 그것을 지키고자 하는 자와 빼앗고자 하는 자 사이에 전투가 일어난 적이 없다. 자금성은 공격하고 함락시키기 어렵게 높고 두껍게 지었지만 한 번도 그 기능을 발휘하지 못한 것이다. 많은 인력을 동원하고 막대한 비용을 들여 지어놓은 왕궁이 왜 최후의 결전장이 되지 못했을까?

1644년에 농민 반란군이 자금성을 공격할 때 명 제국 마지막 황제 숭정제崇禎帝는 자신을 돌볼 사람을 불렀지만 내시 한 명을 제외하고 근위병도 대신도 누구도 그를 찾아오지 않았다. 그는 자금성 뒤의 매산煤山에서 자결함으로써 명 제국의 마지막 문을 닫았다. 이자성李自成 군대가 자금성을 향할 때 일반 서민은 도중에 이자성 군대의 진격을 막아서지 않았다.

일반 서민이 막아서지 않으니 명 제국은 자신의 운명을 지켜줄 지원을 받을 수 없었다. 이때 명 제국은 이미 망한 것이나 같다. 민이 없으니 명 제국은 더는 존재할 수 없었다. 이런 맥락에서 보면 '민선능구'는 공자가 꿈꾸는 세상이 더는 나타날 수 없다는 절망을 노래한 구절이라고 할 수 있다.

서민이 국가를 등지지 않을 경우 타락하고 부패한 지도자와 지배 집단이 교체되면 금방 부패와 타락 이전 상황으로 돌아갈 수 있다. 일반 서민이 세상을 지키는 상식과 덕목을 굳건하게 지키고 있기 때문이다. 그렇다면 『논어』나 『중용』에 나오는 일반 서민은 똑같은데 왜 이런 말을 하게 되었을까? 이제 일반 서민이 공자를 비롯하여 유학에서 말하는 중용이라는 덕목과 가치를 돌아보지 않게 되었기 때문이다.

이제 일반 서민은 1강의 1~5조목에서 말했듯이 늘 만나는 사람과 교제하고 늘 지키던 덕목을 실천하며 지역과 세상을 선하게 만드는 평범의 가치를 중시하지 않았다. 일반 서민은 개미처럼 부지런히 평범이라는 덕목을 실천하면서 보람을 느끼는 삶을 거부했다. 그들은 한번 전쟁에 나가 큰 공을 세우면 벼락출세할 수 있는 시운을 잡으려고 했다. 이러한 시운에 비해 매일매일 비슷한 평범한 일상은 매력도 없고 흥미도 없었다. 벼락출세를 가능하게 하는 극단의 삶을 동경한 일반 서민은 더 위험하지만 더 큰 보상을 받을 수 있는 방향으로 몰려들었다. 극단의 광풍이 불기 시작하자 일반 서민은 광풍에 뒤처질까 염려할 뿐 그 밑에 도사린 위험을 제대로 고려하지 않았다. 사태를 차분하고 객관적으로 바라보라고 주문하기에는 이미 너무 늦어버린 것이다.

이런 상황을 목격한 공자는 지극히 평범한 가치를 담고 있는 중용대로 살자고 제안해봤자 일반 서민의 눈과 귀에 들어가지 않는다는 것을 알고 있었다. 손무孫武의 병가, 상앙商鞅과 한비韓非의 법가는 이러한 광풍을 더 부추겼다. 일반 서민들이 그쪽으로 쏠려갈수록 '부국강병'의 기획을 순조롭게 달성할 수 있기 때문이다. 반면 공자의 말을 담은 『중용』은 안타까움을 나타내고 있다.

12 지속 | 한 달도 충실하게 중용을 지킬 수 없다
불능월수不能月守(07장)

입문 우리는 좋아하는 것을 하면 그것을 할 수 있다는 생각만으로 웃음이 나오고 생활의 괴로움을 잊을 수 있다. 평소 골프를 꺼리다가 우연한 기회에 골프를 배운 사람에게서 들은 이야기가 있다. 주말에 골프를 칠 약속을 하면 주중에도 기쁘고 목요일, 금요일이 되면 가슴이 뛴다고 한다.

이런 태도는 골프에만 한정되지 않을 것이다. 젊은 시절에도 악기 연주를 하고 싶었지만 집안 사정 때문에 못하다가 나이 사오십에 비로소 악기를 사고 동호회 회원들과 연주하는 날이 오면 얼마나 기쁘겠는가? 나는 고향 시골에서 국민학교를 다닐 때 수업을 마치고 나면 매일 친구들과 운동장에서 공을 차곤 했다. 어머니가 밥을 먹으라고 부르기 전까지 공을 찼다. 공만 보면 친구들과 축구를 하고 싶었다. 비가 와서 공을 차지 못하면 하늘을 원망할 정도였다.

그런데 공자는 자신이 그렇게 하고자 하는 '중용'을 한 달을 지키지도 못했다고 한다. 도대체 무슨 말일까? 우리는 앞의 '민선능구'에서 일반 서민이 중용의 가치와 덕목에서 멀어져가는 상황을 이야기했다(3강 11조목 참조). 여기서 공자는 자신에 대한 일반 사람들의 평가를 들었던 모양이다. 당시 사람들은 공자가 지혜로워서 어떤 상황에 놓이더라도 위험에 빠지지 않고 중용대로 잘 살아가리라 생각했고 또 그렇게 말했다. 이제 공자를 두고 본인과 동시대 사람의 주장이 어떻게 엇갈리는지 살펴보도록 하자.

승당 공자가 말했다. 사람들이 모두 나(공자)더러 지혜롭다고 말하지만 만일 누가 나를 음모와 함정 속에 빠뜨리려고 한다면 나는 어떻게 피해야 하는 줄 모른다. 사람들이 모두 나더러 지혜롭다고 하지만 나는 실제로 중용의 삶을 선택하더라도 한 달 동안 충실하게 지키지 못한다.

子曰: 人皆曰予知, 驅而納諸罟擭陷阱之中, 而莫之
　　　자왈　인개왈여지　구이납저고확함정지중　이막지
知避也. 人皆曰予知, 擇乎中庸, 而不能期月守也.
지피야　인개왈여지　택호중용　이불능기월수야

입실　여予는 일인칭 대명사로 나를 뜻한다. 구驅는 몰다, 달리다는 뜻이다. 납納은 바치다, 가지다, 거두다, 빠지다는 뜻이다. 저諸는 지之와 어於의 결합어로 뒤에 장소를 수반한다. 고罟는 그물을 뜻한다. 攫은 잡다는 뜻이면 '획'으로 읽고 덫을 뜻하면 '확'으로 읽는다. 함정陷阱은 짐승을 잡기 위해 파놓은 구덩이로 보통 한자로 陷穽으로 표기한다. 피避는 피하다, 벗어나다는 뜻이다. 기期는 만나다, 기약하다, 기한이라는 뜻이다. 수守는 지키다, 직무라는 뜻이다.

여언　동시대 사람들은 공자더러 '지혜롭다'라고 말했다. 이때 당시 사람들이 '지혜로움'으로 할 수 있다고 생각하는 것과 공자 자신이 할 수 있다고 생각하는 것이 다르다. 첫째의 '지혜로움'은 그 뒤에 나오는 음모와 함정에 빠뜨린다는 말과 관련이 있다. 이 점을 고려하면 여기서 '지혜로움'은 술수와 속임수를 간파하는 측면을 가리킨다.

　예컨대 은행 직원이 우리에게 수익률이 높으면서도 손실 가능성이 높은 상품을 소개하면 어떻게 될까? 은행의 공신력과 거래 직원의 신뢰에 바탕을 두므로 금융 상품의 실제 위험성을 제대로 살피지 않을 수 있다. 최악의 경우에는 투자금 전액을 잃을 수도 있다. 이런 경우에 우리가 지혜가 있다면 상품의 거짓 광고에 속지 않을 수 있다. 이것이 바로 먼저 말하는 지혜로움의 특성이라고 할 수 있다.

　『논어』에 나오는 사례도 있다. 누군가 공자더러 우물에 사람이 빠졌다고 하면 어떻게 될까?[『논어』「옹야」26(147)] 공자는 우물까지 따라갈 수는 있지만 무조건 우물에 뛰어들어 사람을 구한다고 덤비지 않겠다고 말했다. 공자가 우물에 사람이 빠졌다는 말 자체가 거짓이라는 것을 파악하면 최고로 지혜롭다고 할 수 있겠지만, 그러지 못하면 우물에 빠지지 않는 것만으로 지혜롭다고 할 수 있다.

둘째의 '지혜로움'은 다음에 나오는 중용대로 살아가는 삶과 관련된다. 이를 중용대로 살아가는 삶의 두 가지 특징과 관련지어 논의하고자 한다. 하나는 중용대로 살아가는 삶과 횡단보도를 건너는 일의 차이다. 언제 횡단보도를 건널까? 초록불이 켜지면 건널 수 있다. 이러한 일은 어떤 규정이 있다는 것을 알고만 있으면 기억을 살려 그대로 적용하면 충분하다.

반면 중용대로 사는 것은 횡단보도를 건너는 것보다 훨씬 복잡하고 어렵다. 어떤 사태에서 중용대로 사는 것이 무엇인지 판단하는 일은 횡단보도를 건너는 일처럼 간단하고 쉽지 않다. 고려해야 할 요소가 많을 뿐 아니라 연관된 사람과 사태가 복잡하기 때문이다. 따라서 한 달 중에 중용대로 잘 살 수 있지만 중용대로 살 수 없을 수도 있다. 이러한 복잡성은 지혜롭다고 해서 자연히 해결되지 않는다. 지혜롭다고 하더라도 복잡한 사태의 여러 국면을 제대로 간파하지 못할 수도 있다.

다른 하나는 중용대로 사는 것과 법정에서 진실을 증언하는 것의 차이다. 법정에서는 법과 양심에 따라 진실대로 증언하면 충분하다. 이때는 진실대로 진술하느냐 마느냐의 문제 이외에 다른 것은 없다. 물론 증언이 한국의 조직폭력배, 홍콩의 삼합회, 일본의 야쿠자와 연관되어 있다면 증언에 따른 위험을 두려워할 수 있다. 그러나 이런 일이 인생에서

빈번하게 일어나는 일은 아니다.

    반면 중용대로 살기는 인생에서 한두 번으로 결코 끝나지 않는다. 중용대로 살기는 하루에도 몇 번이나 문제가 될 수 있을 정도로 끊임없이 재연되는 특징이 있다. 이것이 바로 반복된 행위로 특정한 성향을 만들어내는 덕목의 문제이기 때문이다. 덕목은 다시 돌아올 수 없는 불가역적 수준에 오르지 않는 한 잘하고 못하고를 결정할 수 없다. 이 때문에 공자는 지혜롭다고 하더라도 한 달을 지속할 수 없다고 솔직하게 술회하고 있다.

13 위험

서슬 푸른 칼날을 밟는 것이 더 쉽다

백인가도 白刃可蹈 (09장)

입문   세상에 어려운 일이 무엇일까? 사람마다 다르겠지만 각자 살아오면서 힘들다고 느꼈던 경험을 이야기할 것이다. 이때 여러 사람이 말하다 보면 각자 자신이 제일 힘든 일을 했다고 목소리를 높이곤 한다. 옛말에 "선생 똥은 개도 먹지 않는다"라며 교직이 사람 속을 새카맣게 타게 만든다고 한다.

    사실 사람을 상대로 하는 일이 어디 쉬운 게 있을까? 하지만 TV〈극한직업〉프로그램에 소개되는 직업을 보면 세상에는 어디 하나 만만한 일이 하나도 없다.

『중용』에 담고 있는 사회를 보면, 당대 사람들은 평범하고 반복되는 일상보다 위험하지만 팔자를 뜯어고칠 수 있고 이름을 널리 알릴 수 있는 극단의 삶으로 몰려들기 시작했다. 평범한 삶은 단조로워 지루하고 반복되어 매력이 없어 보였다. 반면 극단의 삶은 위험스럽지만 전율이 느껴지고 성공하면 떵떵거리며 살 수 있어 달콤하게 보였다.

『중용』은 위험하지만 팔자를 고칠 수 있는 극단의 삶보다 더 어려운 삶이 있다고 제안하고 있다. 극단에 도전하기를 좋아하는 사람이라면 귀가 솔깃할 제안이다. 도대체 뭐가 위험하고 어렵다는 극단의 삶보다 난이도가 더 높은 걸까?

승당　공자가 말했다. 천하(온 세상)와 나라 그리고 가문을 고루 공평하게 할 수 있고, 작위와 급여를 겸손하여 받지 않을 수 있고, 서슬 푸른 칼날의 위험에도 뛰어들 수 있지만, 중용의 삶은 완전히 실행할 수 없다.

> 子曰：天下國家可均也, 爵祿可辭也, 白刃可蹈也, 中庸不可能也.
> 자왈　천하국가가균야　작록가사야　백인가도야　중용불가능야

입실　천하天下와 나라 그리고 가문은 통치가 미치는 범위를 나타내는데, 천하가 그 범위가 가장 넓다. 천하는 하늘 아래의 모든 것을 가리키는데, 오늘날 세상과 뜻이 비슷하다. 균均은 고르다, 평평하게 하다는 뜻이다. 작록爵祿은 각각 왕족과 귀족이 신분의 품위를 유지할 수 있도록 부여하는 '작위'와 공무원이 직무를 수행하면서 정기적으로 받는 '급여'를 가리킨다. 인刃은 칼, 칼날을 뜻한다.

여언　『중용』에서는 세상에서 제일 어려운 일로 먼저 세 가지를 제시하고 있다. 가만히 생각해보면 이 세 가지는 당시만이 아니라 지금도 여전히 어려운 일이다. 도대체 무엇을 말하는지 하나씩 살펴보기로 하자.

첫째, 천하(온 세상)와 나라 그리고 가문을 고루 공평하게 다스리는 일이다. 우리는 현대 국가가 복지 국가의 역할을 수행해야 한다는 점을 부정하지 않는다. 물론 복지의 대상, 범위, 내용을 두고 정당과 단체마다 이견을 보일 수 있다. 예컨대 출산과 육아, 교육에 들어가는 비용은 기본적으로 개인이 부담하지만 정부가 일정 정도 지원해야 한다는 점에 이견이 없다. 특히 출산율이 나날이 떨어지는 상황에서 출산과 육아 비용을 지원하는 것은 가계경제의 부담을 덜어줄 뿐 아니라 미래의 국가 경제에 닥칠 문제를 푸는 과제이기 때문이다. 또 인구가 적어지면 젊은 세대가 기성세대를 부양하는 비용이 늘어나기 때문이다.

최근에 여름 기온이 이전과 달리 연일 30도를 웃돌았다. 과거에도 집집마다 에어컨은 있었지만 웬만한 가정이 아니면 전기 요금 때문에 맘껏 사용할 수 없었다. 하지만 지구 온난화로 우리나라가 여름이면 아열대 기후 같은 날씨를 보이자 서민도 에어컨 없이 살 수 없게 되었다. 에어컨 사용이 여름에 사람이 사람답게 살 수 있는 중요한 현안이 되었다. 이에 정부는 전기 요금 체계를 수정하여 전기 요금 부담을 덜어주었다. 하지만 해결해야 할 세상살이의 문제가 육아와 전기 요금밖에 없겠는가? 당장 고용과 실업 문제만 해도 여러 나라의 여러 정부가 쉽사리 풀지 못해 골머리를 앓고 있다.

둘째, 작위와 급여를 겸손하여 받지 않는 일이다. 작위와 급여는 사람이 품위와 생계를 유지할 수 있는 제도이자 물질적 기반이다. 작위와 급여가 있다면 사람은 하루하루 버티는 최소한의 생활을 넘어 여유 있는 생활을 할 수 있다. 이러한 보장과 안정망을 던져버리는 것은 사람이 사막이나 황야에 내던져지는 것처럼 힘든 상황이다.

셋째, 서슬 푸른 칼날의 위험에도 뛰어드는 일이다. 칼날은 얇고 날카로워서 물체 사이를 파고들 수 있다. 이런 칼날 위에 서면 발이 다치거나 생명이 위험에 빠질 수 있다. 무속에 신 내린 무당이 '작두춤'을 춘다고 하지만 일반 사람이 칼날 위에 설 수 없다. 폭이 10센티 남짓한 평균대 위에 서기도 쉽지 않은데 0.1센티의 칼날 위에 서기란 예삿일이 아니다.

앞서 살펴본 세 가지보다 더 어려운 일이 있다. 앞의 셋도 하나같이 만만하지 않은데 이보다 어렵다면 도대체 얼마나 어려운 걸까? 그것이 바로 중용을 지키며 살아가는 일이다. 도대체 『중용』 책에서 중용의 중요성을 강조하면서 왜 중용대로 살기가 쉽다고 말하지 않고 어렵다고 하는 걸까?

중용대로 살려면 무엇이 옳고 그른지도 알아야 하고 또 그렇게 안 것을 제대로 실천해야 한다. 이것이 바로 중용대로 살아가려 할 때 처할 수밖에 없는 이중 곤란이다. 중용대로 살기의 어려움은 여기에 그치지 않고 한 가지 더 있다. 중용대로 살려면 무엇이 옳고 그른지 알아서 실천한다고 하더라도 그것이 한 번에 그치지 않고 평생에 걸쳐서 풀어야 하는 숙제가 된다. 이것이 바로 중용대로 살기의 삼중 곤란이라고 할 수 있다. 어려움이 한 가지만 있어도 손사래를 칠 만한데 세 가지가 있으니 가장 어렵다고 하지 않을 수 없는 것이다.

예를 들어보자. 술을 아예 마시지 않거나 취하도록 마시는 것보다 적당히 마시기가 어렵고, 화나는 상황에서 참거나 고래고래 고함치는 것보다 적당히 화내기가 쉽지 않다. 부당한 대우를 받고 조용히 항의하면 아무런 반응이 없으니 과격한 방법에 호소하게 된다. 이런 경험이 있다면 중용대로 살기가 어렵다는 말을 실감할 수 있다.

14 중단 | 중간쯤에 이르러 주저앉다
반도이폐半塗而廢(11장)

입문 우리는 한번 시작했으면 끝장을 내야 좋다고 생각한다. 반면 도중에 그만두면 뭔가 문제가 있고 찜찜하게 여긴다. 이로 인해 '완주 콤플렉스'에 시달린다. 달리기를 하면 결승선까지 도달해야 한다. 완주完走다. 책을 읽으면 마지막 장을 넘겨야 한다. 완독完讀이다. 연재하는 글을 쓰면 마지막 마침표를 찍어야 한다. 완결完結이다. 선택할 때 미심쩍은 부분을 남겨놓지 않고 죄다 결정을 내려야 한다. 완결完決이다. 이러한 '완'의 형제자매로 인해 완성完成이라는 보스가 모습을 드러낸다.

사회에 완주 콤플렉스가 강하면 사람이 하던 일을 중간에 그만두기가 어려워진다. 중간에 그만두면 지레 포기한 사람 취급을 받게 된다. 문제를 일으킨 사람이 된다. 아울러 먼저 그만둔 사람으로 인해 또 다른 기권자가 나올 수 있다. 이렇게 되면 먼저 그만둔 사람은 해서는 안 될 일을 한 사람처럼 죄인 취급을 당하게 된다. '너 때문에 다른 사람도 덩달아서 그만둔다'라며 비난의 화살을 받게 된다.

서태지는 고교를 자퇴했지만 한국의 가요사를 빛낸 뮤지션이 되었고, 스티브 잡스는 대학을 그만두고 듣고 싶은 과목을 청강하고서 포스트 PC 시대를 열었다. 그들이 자퇴하지 않았더라면 가요와 인터넷의 역사에 커다란 족적을 남길 수 있었을까? 그만두는 게 도대체 왜 문제일까? 『중용』속으로 한 걸음 더 들어가보자.

승당   자기주도적인 군자는 도리를 지키며 살아가다가 중간쯤에 이르러 주저앉을 수 있지만 나 공자는 그런 삶을 결코 그만둘 수 없다.

君子遵道而行, 半塗而廢, 吾弗能已矣.
군 자 준 도 이 행　반 도 이 폐　오 불 능 이 의

입실   준遵은 좇다, 따르다, 거느리다는 뜻이다. 여기서 준도遵道로 쓰이지만 우리는 이보다 준법遵法이란 말에 익숙하다. 시대가 달라지면 따르고 지켜야 할 것도 달라지나 보다. 행行은 사람이 걷다, 다니다를 뜻하지만, 여기서는 실천하다, 지키다는 뜻으로 쓰인다.

도塗는 보통 진흙, 칠하다는 뜻으로 쓰이지만, 여기서는 도途와 마찬가지로 걸어 다니는 길을 나타낸다. 아마도 도塗는 자갈이나 벽돌로 만든 길이 아니라 진흙길을 가리키는 듯하다. 반도半塗는 반도半途나 중도中途, 중도中道처럼 일이 진행되는 도중을 가리킨다. 폐廢는 그만두다, 부서지다는 뜻으로 구체적으로 쓰러지다, 고꾸라지다는 뜻으로 쓰인다. 이已는 그치다, 말다, 버리다는 뜻으로 쓰인다.

여언   『중용』의 원문은 길지 않지만 처음부터 고개를 갸웃거리게 만든다. 군자는 공자를 비롯하여 유학에서 이상적 인격을 갖춘 인물이다. 그런 군자라면 도를 지키며 끝까지 가야지 '반도이폐'한다고 하니 다소 의아하게 느껴진다.

주희도 이를 의식했는지 군자도 힘이 부족할 수 있다고 변명했다. 이 군자는 무엇을 하고 말아야 하는지 제대로 알고 있지만 실천이 뒤따라주지 못한다는 말이다. 간단히 말해서 지知는 문제가 없지만 행行이 다소 미흡하여 '반도이폐'하게 되었다는 말이다. 주희는 이런 군자가 안타까운지 "마땅히 강인해야 하지만 그렇게 강인하지 못했다"(당강이불강當强而不强)고 매듭을 짓고 있다(『중용장구』).

사실 주희는 군자를 변호해야 한다는 생각에 '반도이폐'의 의미를 다소 모호하게 설명하고 있다. 이와 비슷한 내용이 『논어』에 나온다. 함께 살펴보도록 하자.

> 염구: "제가 선생님의 도를 이해하지 못하는 바가 아니나 제대로 하려니 힘이 모자랍니다."
> 공자: "힘이 모자라면 도중에 푹 주저앉는다. 자네는 여기까지라며 선을 긋고 있다네."[冉求曰 : 非不說子之道, 力不足也. 子曰 : 力不足者, 中道而廢. 今女畫. 「옹야」12(133)]

공자가 생각하기에 힘이 모자라면 갈 때까지 가서 푹 고꾸라져서 한 걸음도 앞으로 못 나아가는 것이다. '중도이폐'는 문제라기보다 각자 최선을 다했을 때 일어날 수 있는 현상이다. 하지만 염구는 '중도이폐'가 아니라 여기서 그만두고 앞으로 나아가지 않으며 스스로 포기하는 것이다.

군자가 나아갈 만큼 나아가서 고꾸라진다면 문제가 될 것이 아니다. 오히려 한 걸음씩 내딛은 그간의 노력이 돋보인다고 할 수 있다. 다만 공자는 군자가 쓰러진 지점에서 다시 일어나서 앞으로 나아가려고 한다. 그만둘 수 없고 다시 일어나서 앞으로 나아가겠다는 '오불능이吾弗能已'의 정신이다. 이것이 『역경』에 나오는 '자강불식自强不息', 즉 약한 자신을 굳세게 끊임없이 담금질하는 태도와도 통한다.

이러한 태도는 어찌 보면 인간이 태어나서 자신이 무엇을 해야겠다는 운명을 느끼면서 시작된다. 그 운명을 받아들이는 순간, 뒤로 돌아갈 수도 한자리에서 멈출 수도 없고 앞으로 나아갈 수밖에 없다. 이 운명은 사람에게 다른 무엇이 아니라 바로 자신을 이겨내라고 요구하는 것이다. 이런 과정을 통해 자기주도적인 삶을 사는 군자가 주위 사람을 이끌어가는 영웅적 인간, 즉 성인聖人이 되는 것이다.

이러한 성인은 앞서 말한 완주를 통해 완성에 이르는 콤플렉스와 맞닿는다. 이 콤플렉스는 양면적이다. 우선 부정적으로 보면 중도 포기에 너무나도 예민하다. 서태지나 잡스처럼 학교 졸업장을 받는 대신 자신에게 맞고 즐거운 다른 길이 있다는 것을 선뜻 인정하지 않는다. 또 그만둔다고 하면 왜 그러는지 진지하게 대화하지 않고 자꾸 이전으로 돌아가라고 설득한다.

긍정적으로 보면 불리한 여건에서 꺾이지 않는 불요불굴의 기상을 갖게 된다. 이를 바탕으로 시작과 끝이 있는 '유시유종有始有終'과 시작이 있고 끝이 없는 '유시무종有始無終'이 끊임없이 길항하며 '시종일관始終一貫'과 '유종지미有終之美'의 서사를 읊조리게 만든다.

15 삼재

사람이 천지와 나란히 서다
여천지삼與天地參(22장)

입문 나는 진주에서 할머니가 싸주시는 도시락으로 중고등학교를 보냈다. 고등학교 3학년 때는 하루에 두 개를 싸주셨다. 지금은 돌아가셨지만 할머니는 숫자 3을 참 좋아하셨다. 틈날 때마다 밥을 그릇에 담을 때 세 번, 만나고 헤어질 때 인사도 세 번, 결혼해서 아이를 낳아도 세 명처럼 무조건 3으로 해야 한다고 말씀하시곤 했다. 지금 앞의 두 가지는 지키고 있지만 마지막은 지키지 못했다.

왜 그렇게 3을 강조하셨을까? 알고 싶었지만 어디서 실마리를 풀어야 할지 몰랐다. 십진법을 쓰는 나로서는 이해하기 어려울 수밖에 없었다. 그러다가 박물관에 갔다가 세 발로 된 솥, 즉 삼족정三足鼎을 보았다. 왜 솥의 다리가 셋일까? 둘이면 넘어지기 쉽고 넷이면 너무 많으니 셋이 가장 적절한 숫자이지 않을까 생각했다. 이로써 어느 정도 의문이 풀렸다고 생각했다. 그러다가 인류학을 공부하면서 원시 부족이 숫자 3을 완전수로 생각했다는 사실을 알게 되었다.

『중용』에서도 3을 만나니 숫자 3과 나의 인연은 그렇게 깊어져갔다. 『중용』에서 3을 말하는 맥락을 살펴보자.

승당 천하의 완전한 진실만이 개체의 본성에 제대로 충실할 수 있고, 개체의 본성에 제대로 충실하면 사람의 보편적 본성에 제대로 충실할 수 있고, 사람의 보편적 본성에 제대로 충실할 수 있으면 타자의 본성을 제대로 충실하도록 할 수 있고, 타자의 본성을 제대로 충실하도록 할 수 있으면 천지의 생성 작업을 도울 수 있고, 천지의 생성 작업을 도울 수 있으면 천지와 생명 활성화에 동참할 수 있다.

惟天下至誠, 爲能盡其性. 能盡其性, 則能盡人之性.
유천하지성 위능진기성 능진기성 즉능진인지성
能盡人之性, 則能盡物之性. 能盡物之性, 則可以贊
능진인지성 즉능진물지성 능진물지성 즉가이찬
天地之化育. 可以贊天地之化育, 則可以與天地參矣.
천지지화육 가이찬천지지화육 즉가이여천지삼의

입실　유惟는 생각하다, 꾀하다는 뜻으로 많이 쓰이지만, 여기서는 유唯 자처럼 오직이라는 뜻으로 쓰인다. 진盡은 다 되다, 맡기다, 한도에 이르다, 정성을 다하다는 뜻이다. 찬贊은 돕다, 이끌다는 뜻이다. 육育은 기르다, 자라다는 뜻이다. 여與는 주다, 따르다, 동아리, 더불어라는 뜻이다. 參은 숫자 3을 가리키면 '삼'으로 읽고 참여하다, 섞이다는 뜻이면 '참'으로 읽는다.

　인용문은 a하면 b하다는 뜻으로 조건을 나타내는 접속사 즉則을 두고 연쇄법이 이어지고 있다. a하면 b하고, 다시 b하면 c하고, 또다시 c하면 d하고, d하면 e한다는 식이다. 이렇게 구문이 눈에 들어오면 문장의 대의를 파악하기 쉽다.

여언　이 구절은 사람이 어떻게 자신에서 시작해 세계로 관심을 넓혀 가는지 설명하고 있다. 이런 구절을 보면 거대한 현대 사회의 한쪽 구석에 소시민으로 묻혀 있다가 세계와 호흡을 같이하는 큰사람이 된 듯하여 기분이 좋아진다. 다소 논리적 비약으로 보이는 측면도 있지만 나름

촘촘하게 연결되는 지점이 있다.

『중용』을 비롯하여 유학에서는 사람의 지위가 남다르다. 유일신 문화에서는 신이 자신을 닮은 인간을 창조했다고 여긴다. 물론 인간은 다른 생물체에 비해 영적 존재로서 특별한 지위를 갖는다. 이런 사람도 세계의 형성에 참여할 수 없으니 여느 생물과 마찬가지로 신의 피조물에 지나지 않는다. 반면 유학에서는 사람이 자신의 위상을 자각하여 타자와 소통하기에 따라 천지의 운행에 참여할 수 있다고 본다. 이는 유학의 독특한 인간 이해라고 할 수 있다(11강 55조목 '배천' 참조).

여기서 사람이 어떻게 천지가 빚어내는 세상을 함께 운영할 수 있는지 단계별로 살펴보도록 하자. 제일 먼저 '지성至誠'에서 출발한다. 천지는 특정한 목적과 의도에 따라 운행하지 않는다. 그렇지 않으면 천지의 운행은 이해관계를 반영하게 된다. 단지 천지는 진실할 뿐이다. 진실하기에 세상의 모든 존재를 아무런 거리낌 없이 도울 수 있다.

지성에서 출발하면 사람은 자신이 가진 본성을 남김없이 다 드러낼 수 있다. 의도와 이해가 끼어들면 드러내는 부분도 있고 숨기는 부분도 있다. 모두를 드러낼 수 없다. 이처럼 사람이 자신의 본성을 다 드러내면 사람 일반을 만날 수 있다. 예컨대 아이가 먹을 것을 밝힐 때 자기 입에 들어가는 것 이외에 다른 상황을 이해하지 못한다. 물론 이런 어린 시절 심성이 나이가 들어서까지 더 이어지는 경우도 많다. 그러다가 나만 배가 고픈 것이 아니라 다른 사람도 고프다는 걸 공감하게 된다. 내 입 안에 든 것을 꺼내서 다른 사람에게 주는 정도는 아니더라도 나를 넘어 나와 남이 함께할 수 있는 지평에 서게 된다.

사람이 사람 일반을 만난다고 끝이 아니다. 다시 사물을 포함하여 타자로 나아가게 된다. 반려동물을 키우고 숲과 습지 보호 운동을 하는 등 생태 보존에 관심을 가진다면 사람 일반에서 사물로 나아가는 과정을 쉽게 이해할 수 있다. 이때 간혹 아직 사람 문제도 해결하지 못했는데 사물에 관심을 갖느냐고 반문이 생길 수 있다. 세계는 사람과 사물의 경계가 선을 긋듯 확연히 나뉘지 않는다. 환경 오염과 생태 파괴를 보면 사람과 사물이 연결된 지점이 뚜렷하게 보인다.

사람이 이렇게 사물로 관심을 넓혀가면 나와 관련이 없는 남이 없어진다. 나는 현실에서 여전히 '창경궁로 31길'에 사는 구체적 인물을 벗어나지 않는다. 그렇지만 이제 나는 남을 품을 수 있기에 몸과 욕망을 경계로 타자와 경계를 긋고 성을 쌓아 바깥과 단절하지 않는다. 나는 사람 일반으로 하늘과 땅이 하듯이 세계에 관여하게 된다. 이것이 바로 사람이 천지와 세 축이 되는 길이고 천지와 더불어 합작하는 길이다. 이것이 세상을 돌아가게 하고 떠받치는 삼재三才다. 여기에 이르러 어린 시절부터 품었던 3의 비밀을 조금 알아낸 셈이다.

4강 단순

사실 쉬운데 어렵다고 생각할 뿐이다

4강에서는 우리가 무슨 일을 하더라도 결국 한 걸음 한 걸음이 쌓여 목적지에 이를 수 있다는 지극히 상식적인 덕목의 가치를 말하고 있다. 처음 한 걸음을 내딛을 때 그것이 과연 마지막 한 걸음으로 어떻게 이어지는지 잘 보이지 않는다. 아니 중간까지 걸어가더라도 그 걸음이 끝까지 이어질지 확신이 들지 않는다. 한 걸음과 한 걸음이 이어져 있지만 그 사실을 끝까지 연결 짓기가 쉽지 않다.

4강은 여러 가지 측면에서 1강과 확연히 구별된다. 1강에서는 삶에서 극단의 선택을 앞세우는 세태를 말하고 있는 반면, 4강에서는 평범한 일상을 높이 사고 있다. 또는 1강에서는 한꺼번에 서너 걸음씩 경중경중 뛰어가고 그것도 모자라서 날아가려는 대박의 날개를 그린다면, 4강에서는 "천 리 길도 한 걸음부터"라는 속담처럼 엉금엉금 기어가는 시간을 말하고 있다.

4강은 극단의 시대를 살아가는 사람들에게 평범의 가치를 다시 일깨워주는 내용을 담고 있다. 이렇게 보면 4강은 우리가 『중용』의 문을 열고 들어가서 중용대로 살기를 맛보게 되는 출발점이라고 할 수 있다. 극단의 삶이 화려하여 매력적으로 보이지만, 그것도 오래되면 부담스럽고 위험한 측면이 눈에 들어온다. 이때가 바로 평범함이라는 덕목이 빛을 발하는 시간이기도 하다.

3강에서는 중용대로 살기의 어려움을 말했지만 4강에서는 중용대로 살기가 바로 우리의 일상에 뿌리를 두고 있다는 점을 보여준다. 중용대로 살기는 부자, 군신, 부부, 형제, 친구의 인륜 중에서 아내와 남편의 관계에서 시작한다.

아내와 남편에서 부모와 자식의 관계로 이어진다. 이것은 중용이 추상적인 원칙이 아니라 구체적인 인간관계에서 시작한다는 점을 잘 보여준다. 사람 관계가 틀어지기 시작하면 하는 일도 어그러진다. 하는 일이 어그러지면 그와 연관된 일들도 하나씩 허물어진다.

이어서 『중용』에서는 중용대로 살아가는 도리가 결코 사람에게서 멀리 떨어져 있지 않다는 점을 보여준다. 『중용』에서는 이를 도끼 자루를 만드는 과정에 비유하고 있다. 이전에 도끼 자루를 사용하면서 무엇이 불편했는지 알고 앞으로 어떤 도끼 자루를 만들겠다는 구상이 분명하면 도끼 자루를 쉽게 만들 수 있다. 하지만 자신이 바라는 도끼 자루가 분명하지 않으면 자꾸 주위의 도끼 자루를 돌아보게 되니 작업이 쉬울 리 없다.

중용대로 살아가는 도리가 매일 얼굴을 부딪치고 사는 사람 관계에 달려 있으니 어렵지만 가까이 있을 수밖에 없다. 어렵지만 가까운 관계를 유지하려면 제일 먼저 사람 사이를 잇고 소통하는 말과 행동이 문제를 낳을 수 있다. 말을 하면서 행동을 돌아보고 행동하면서 말을 돌아본다면 인간관계에서 상처를 주거나 멀어지지 않는다.

이렇게 중용대로 살기란 가까이 있는 사람과 관계를 잘 맺어가는 삶이다. 따라서 중용대로 사는 삶은 추상적이고 고원한 원칙을 현실에 적용하는 것이 아니라 일상과 인륜에 바탕을 두고 한 걸음씩 한 걸음씩 앞으로 나아가는 것이다.

이렇게 한 걸음씩 나아가다 보면 나와 가족, 나와 주위 사람이 함께 보조를 맞추게 된다. 이를 위해 일에 닥치고서 허둥지둥할 것이 아니라 일이 닥치기 전에 주도면밀하게 앞날을 대비하면 일상과 인륜의 관계가 더욱 중용에 가까워질 것이다.

16 부부

도의 실마리를 부부 관계에서 찾다

조단호부부造端乎夫婦(12장)

입문 고대 사회에서 선지자는 다른 사람이 모르는 세계의 향방을 신께 들을 수 있었다. 동아시아 문명에서도 귀가 큰 성인聖人이 선지자와 같은 역할을 했다. 교육이 일반화되고 인터넷이 발달하면서 이제 웬만한 지식은 인터넷에 접속하기만 하면 얻을 수 있다. 선지자와 일반 사람의 거리가 현격하게 줄어들었다고 할 수 있다.

『시경』『서경』을 보면 성인이 범인凡人을 계몽해서 좋은 세상을 만든다는 구상을 보이고 있다. 이때 성인과 범인 사이에 넘을 수 없는 간격이 있었다. 『논어』를 거쳐 『맹자』에 이르면 성인은 특별한 사람이 아니라 누구나 노력하여 이를 수 있는 도덕적 경지로 이해되기 시작했다. 이와 더불어 모든 사람이 성인이 될 수 있다는 주장이 나오기 시작했다.

이후의 유학은 '범인이 어떻게 성인이 될 수 있는지'를 탐구했다. 이 때문에 유학은 달리 성학聖學으로 불리기도 했다. 즉 '성인이 되는 학문'이라는 뜻이다. 주희는 사람이 배워서 성인이 될 수 있고 기질을 변화시키면 성인이 될 수 있다는 구체적 해법을 내놓았다. 이로써 성인은 저 멀리 있는 존재가 아니라 배우고 수양해서 이를 수 있는 삶의 경지가 되었.

이는 『시경』『서경』에 나오는 초월적 성인이 아니라 친근한 성인이라고 할 수 있다. 『중용』에는 친근한 성인의 모습이 보인다. 원문에 들어가서 살펴보기로 하자.

승당　아는 게 없는 시골 부부라도 빼놓지 않고 일상적인 도리를 알 수 있지만, 최고의 도리에 이르러서는 성인이라도 모르는 지평이 있다. 변변찮은 시골 부부라도 일상적인 도리를 실천할 수 있지만, 최고의 도리에 이르러서는 성인이라도 완전하게 할 수 없는 한계가 있다. …… 자기주도적인 군자가 가야 할 도리는 부부 사이에서 단서를 찾을 수 있고 최고의 도리에 이르러서는 하늘과 대지에 밝게 드러나고 있다.

夫婦之愚, 可以與知焉. 及其至也, 雖聖人亦有所不
부부지우　가이여지언　급기지야　수성인역유소부
知焉. 夫婦之不肖, 可以能行焉. 及其至也, 雖聖人亦
지언　부부지불초　가이능행언　급기지야　수성인역
有所不能焉. …… 君子之道, 造端乎夫婦. 及其至也,
유소불능언　　　　　군자지도　조단호부부　급기지야
察乎天地.
찰호천지

입실　우愚는 어리석다는 뜻이다. 여與는 주다, 베풀다로 많이 쓰이지만 여기서는 함께하다, 참여하다라는 맥락으로 쓰인다. 급及은 미치다, 이르다는 뜻인데, 여기서는 ~의 경우라는 맥락으로 일종의 접속사 역할을 한다. 조造는 만들다, 세우다, 꾸미다는 뜻이다. 단端은 바르다, 옳다, 단서, 실마리라는 뜻이다. 찰察은 살피다, 따지다, 자세하다, 드러나다는 뜻이다.

여언　부부와 성인은 어울리는 조합일까? 성인의 한자가 '成人'이라면 어울리겠지만 '聖人'이라면 둘 사이는 다소 어색한 조합으로 보인다. 부부는 둘 다 성인成人이므로 그 조합이 하등 이상할 리 없다. 부부는 원래 결혼한 성인 남녀를 부르는 사회적 호칭이지만, 성인聖人은 도덕적으로 완전한 경지에 이른 사람이니 갈래가 다르다. 따라서 부부와 성인聖人의 조합이 어색할 수밖에 없다.

그렇다면 『중용』에서는 왜 어울리지 않는 부부와 성인을 연결시키고 있을까? 원문을 보면 그 맥락이 두 가지로 드러난다. 첫째, 성인이 완전한 존재가 아니라 완전해지려고 한 걸음씩 나아가는 존재라는 점을 말하기 위해서다. 이러한 성인의 위상은 『시경』 『서경』 단계와 비교해보면 가히 혁명적인 변화라고 할 수 있다. 성인이라면 완전한 존재로 믿고 있었는데 불완전한 인물이라니 놀랄 수밖에 없다.

궁극의 상황에 이르면 성인조차도 군자가 실현할 도에 대해 모르는 것이 있고 제대로 실행할 수 없는 것이 있다고 한다. 우리는 이러한 사례를 찾아볼 수 있다. 공자는 낙양에 있는 노자老子를 찾아가 예禮에 대한 질문을 한 적이 있다. 얼마나 알고자 했으면 곡부에서 낙양에 이르는 그 머나먼 거리를 찾아갔을까?(『사기』 「공자세가」) 또 공자는 아무리 뛰어난 성인이라고 하더라도 세상 모든 사람에게 도움을 주거나 어려운 상황을 해결해줄 수 없다고 보았다(『논어』 「옹야」 30(151)]. 이렇게 보면 위대한 성인이라고 하더라도 한계가 있는 인물임이 틀림없다.

둘째, 유학에서 말하는 군자의 도道가 얼마나 쉽고 친근한지를 나타내기 위해서다. 군자가 실현할 도는 성인聖人이야 아무런 문제가 없겠지만 부부라고 하면 아무래도 거리가 좀 있지 않을까 생각할 수 있다. 하지만 『중용』에서는 그런 걱정이 쓸데없다고 가볍게 응수한다. 길거리와 논밭 어디에서 만날 수 있는 부부라도 군자의 도를 함께 알 수 있고 충분히 실천할 수 있다. 그래서 아예 "군자가 실현할 도가 부부 사이에 실마리가 있다"고 단언하고 있다.

"군자가 실현할 도가 부부 사이에 실마리가 있다"라는 말을 들으면 반신반의할 수 있다. 아예 듣기 좋으라고 한 말이라고 값을 깎아내릴 수도 있다. 절대로 그렇지 않다. 군자의 도 또는 유학의 도리는 일상과 인륜에서 시작된다. 아내와 남편으로 이루어진 부부는 당당히 인륜 중에 한 자리를 차지하고 있다. 부부가 아이를 낳으면 부부에서 부자 관계가 생겨난다. 아울러 세상이 작용하는 방식을 음과 양으로 나눌 때 부부는 음양을 대표하는 관계라고 할 수 있다.

물론 부부 또는 부부 사이가 군자가 실현할 도의 전부는 아니다. 부부 또는 부부 사이가 군자가 실현할 도의 처음이 된다는 것은 부부와 도 사이의 거리가 현격하게 떨어져 있지 않다는 말이다. 여기에서 나아가면 부부와 성인도 함께 있기에 어색한 조합이 아니라 얼마든지 잘 어울릴 수 있는 조합이라고 할 수 있다. 아니, 성인成人만이 아니라 성인聖人도 결혼해서 부부를 이루지 않는가!

17 근처
도는 사람에게서 멀리 떨어져 있지 않다
도불원인道不遠人(13장)

입문 일을 하다 보면 잘 풀릴 때도 있고 그렇지 않을 때도 있다. 일이 잘 풀리면 다른 곳에 신경을 쓰지 않고 자신의 힘으로 모든 것을 척척 진행시킨다. 반면 일이 잘 풀리지 않으면 다른 곳을 기웃거리기 시작한다.

4강 단순

자신의 힘과 능력으로 지금의 일을 해결할 수 없으니 도움 받을 만한 곳을 찾기 마련이다. 자금이 문제라면 자신에게서 돈 나올 곳을 찾아봐도 없으니 당연히 도움 받을 곳을 돌아다니는 게 맞다.

하지만 일의 방향이랄까 목표라고 하면 사정이 다르다. 방향은 내가 가고자 하는 곳이고, 목표는 내가 이루고자 하는 계획이다. 내가 가고자 하고 이루고자 하는 것은 내가 정해야 한다. 잠깐 또는 일시적으로 방향이 흔들리고 목표가 애매할 수는 있다. 그렇다고 다른 사람을 찾아다니면서 방향을 제시하라고, 목표를 내놓으라고 할 수는 없다. 내가 어디로 가고자 하고 무엇을 이루고자 하는지 스스로 분명하게 정하지 않으면 안 된다.

방향과 목표를 찾지 못한다고 해서 그것이 멀리 있는 것이 아니다. 다만 지금 당장 찾지 못해서 멀다고 생각할 뿐이다.

어디서 어떻게 찾아야 할까?

승당   공자가 말했다. 도리는 사람에게서 멀리 떨어져 있지 않은데, 사람이 도리대로 살면서 사람에게서 멀어진다면 도리라고 할 수 없다. 『시경』에서 읊었다. "도끼를 잡고 쓸 도끼 자루를 베니, 만드는 본이 멀리 있지 않네."

子曰: 道不遠人, 人之爲道而遠人, 不可以爲道. 詩云:
자왈   도불원인 인지위도이원인 불가이위도   시운
伐柯伐柯, 其則不遠.
벌가벌가   기칙불원

입실   원遠은 멀다, 아득하다, 멀리하다는 뜻이다. 이위以爲는 a를 b로

간주하다, 여기다는 뜻으로 쓰인다. 벌伐은 치다, 베다는 뜻으로, 여기서는 나무를 베다는 뜻으로 쓰이고 있다.

　가柯는 자루, 가지라는 뜻으로, 여기서는 도끼 자루를 뜻한다. 則은 두 문장을 이어주는 접속사로 쓰이면 '즉'으로 읽고 법칙, 본받다, 규칙이라는 뜻으로 쓰이면 '칙'으로 읽는다.

여언　2강 6조목에서 도는 사람에게서 잠시라도 떨어질 수 없다는 '불가유리'를 살펴보았다. 도는 사람이 사람답게 사는 길이다. 그 길이 사람에게서 잠깐이라도, 조금이라도 떨어진다면 제대로 된 길이라고 할 수 없다. 여기서는 도가 사람에게서 멀리 있지 않지만 사람들이 멀게 느낀다는 점을 이야기하고 있다.

　『중용』에서는 왜 이렇게 도와 사람의 거리를 말하고 있는 것일까? 앞서 살펴본 '불가유리'는 도에 따라 살아가는 삶의 어려움에서 제기되었다. 우리는 짐이 무거우면 잠시 내려놓고 한숨을 돌리고 다시 짐을 진다. 무거운 짐을 계속 지고 있으면 사람이 더는 버티지 못해 그 자리에 짐을 진 채로 고꾸라질 수 있다.

　도에 따라 사는 삶도 결코 가볍지 않다. 긴장하고 성찰하는 삶은 자신을 파헤치는 만큼 어려울 수밖에 없다. 종교인이 엄격한 계율을 지키며 사는 것이나 무용수와 연예인이 직업의 특성상 먹는 것까지 엄격하게 통제하는 것을 떠올리면 이해하기가 그리 어렵지 않으리라.

　'도불원인'은 어떤 맥락에서 도와 사람의 거리를 말하는 걸까? 이 이야기의 실마리는 뒷부분에 나오는 도끼 자루에 있다. 도끼를 오래 사용하다 보면 자루가 헐거워질 수 있다. 당연히 자루를 바꿔야지 생각하게 된다. 도끼를 들고 산에 가서 적당한 나무를 벤다. 벤 나무를 가지치기하고서 비스듬하게 기울여서 쳐다보다가 '이거 아냐!' 하며 내려놓는다. 또 다른 나무를 베고 앞서 했던 것처럼 자루를 살펴보고 '이거 아냐!' 하며 내려놓는다. 비슷한 동작을 몇 차례 되풀이한다.

왜 이렇게 도끼 자루를 찾는 일이 쉽지 않을까? 『중용』에서 이 이야기를 다시 사람 사이의 관계를 푸는 문제로 끌어간다(『중용자잠』 2). 3대의 가정을 생각해보자. '나'에게 자식도 있고 부모도 있다. '나'는 자식에게 부모 역할을 하고, 부모에게 자식 역할을 한다. 이때 나는 부모님을 어떻게 모시고 자식을 어떻게 키워야 할까? 사람마다 생각이 다를 수 있으므로 3차나 4차 방정식처럼 어려워 보인다.

『중용』의 대답은 의외로 간단하다. 나는 부모에게 자식이기도 하고 자식에게 부모이기도 하다. 따라서 내가 자식으로 부모에게 뭔가를 바란다면 그런 태도로 자식을 키우면 되고, 부모로서 자식에게 뭔가를 바란다면 그런 태도로 부모를 모시면 된다. 핵심은 내가 자식으로서 또는 부모로서 무엇을 바라느냐에 달려 있다. 내가 바라는 바가 분명하지 않으니 자식과 부모에게 어찌해야 할 줄을 몰라 쩔쩔매게 된다.

다시 도끼 자루 문제로 돌아가보자. 이전 도끼 자루를 사용하면서 편리한 점도 있고 불편한 점도 있었을 것이다. 그러면 산에서 편리한 점을 살리고 불편한 점을 줄이는 나무를 찾아야 한다. 이때 편리하고 불편한 점의 기준은 내가 사용하면서 느낀 경험이다. 그 경험에 따라 나무를 찾으면 된다. 그러지 않고 나무만 쳐다보면 자신의 도끼에 어울리는 재목을 찾기 쉽지 않다. 나무에만 주목하면 자신이 도끼 자루를 찾는다는 사실도 잊고 전혀 엉뚱한 재목을 들고 '이걸로 무얼 할까?'라고 중얼거리게 된다. 결국 도끼 자루를 찾는 기준도 나에게 있다는 말이다.

이제 다시 도와 사람의 거리로 돌아가보자. 내가 숙제를 풀 듯이 도를 실천해야 한다고 생각하면 나와 도 사이에 거리가 느껴진다. 내가 정한 것도 아닌 걸 내가 왜 해야 하느냐라는 반발심이 생길 수도 있다. 맞다. 도의 내용은 내가 정하지 않았을 수 있다. 도의 문화적이고 역사적인 특성은 과거에서 전승된 것이기 때문이다. 하지만 그 도가 내가 공감할 수 있고 나의 길을 환히 비춰줄 수 있다. 이때 도는 바로 나의 것이다. 나의 것이 멀다고 하면 그것은 내 것이라고 할 수 없지 않은가?

18 상보

말과 행동이 서로 돌아보게 하자
언고행행고언言顧行行顧言(13장)

입문 '말과 행동 중에 어느 것이 어려운가?'라는 논쟁이 있었다. 세상에 쉬운 게 어디 있을까? 그래도 어느 쪽이 더 어려운지 한번 따져보자는 이야기다. 혹자는 말은 내뱉기가 쉬워도 행동은 몸이 따라가야 하니 어렵다고 한다. '언이행난言易行難'의 입장이다. 혹자는 적절한 말을 고르고 찾기가 어렵지만 행동은 그냥 움직이면 되니 쉽다고 한다. '언난행이言難行易'의 입장이다. 혹자는 말을 적재적소에 하기도 어렵고 행동도 적시에 적절하게 하기가 어렵다고 한다. '언난행난言難行難'의 입장이다. 마지막으로 '언이행이言易行易'는 바랄 수 있지만 인간에게 불가능한 상황이다.

사람은 말로 의사소통을 하고 말로 진리를 찾아 나설 수도 있다. 묵언 수행이 있지만 그것은 어디까지나 수행이고 말하지 않고는 아무것도 할 수 없다. 하지만 말은 불필요한 오해를 낳기도 하고 입장 차이에 따라 격렬한 논쟁을 낳기도 한다. 행동은 어떤가? 막상 한다고 했지만 실제 상황이 되면 새로운 변수가 등장하다 보면 앞서 말한 대로 하기가 쉽지 않다. 인생이 원래 복잡하지 않은가.

그래서 『중용』에서는 말과 행동으로 일어나는 사고를 막으려면 어떻게 해야 하는지 탐구했다. 그 탐구를 함께 살펴보기로 하자.

승당 해야 할 덕목을 힘써 실행하고 해야 할 말을 마땅히 신중하게 골라라. 덕행과 언어 생활에 충분하지 않은 점이 있다면 채우기 위해 노력하지 않을 수 없고, 또 지나친 점이 있다면 절제하지 않을 수 없다. 말은 행실이 따라올 수 있을지 고려하고, 행실은 말이 책임질 수 있는지 고려한다. 이와 같다면 어찌 자율적 군자가 독실하지 않을 수 있겠는가?

庸德之行, 庸言之謹. 有所不足, 不敢不勉. 有餘, 不敢
용 덕 지 행 용 언 지 근   유 소 부 족   불 감 불 면   유 여 불 감
盡. 言顧行, 行顧言. 君子胡不慥慥爾?
진 언 고 행 행 고 언   군 자 호 부 조 조 이

입실 용庸은 쓰다, 보통, 일상, 평범하다는 뜻이다. 근謹은 삼가다, 금지하다, 엄하게 하다는 뜻이다. 면勉은 힘쓰다, 노력하다는 뜻이다. 감敢은 감히, 감히 하다는 뜻이다. 여餘는 남다, 넘치다, 넉넉하다, 여유 있다는 뜻이다. 고顧는 돌아보다, 살피다는 뜻이다. 호胡는 어찌를 뜻한다. 조慥는 착실하다, 독실하다는 뜻이다.

여언　　인용한 문장은 세 부분으로 되어 있다. '용덕지행庸德之行, 용언지근庸言之謹'은 이 문장의 출발점이자 기준이다.

　사람은 늘 덕목을 실천하지 않을 수 없고 말을 하지 않을 수 없다. 그럼 어떻게? 이에 대해 "덕德을 부지런히 힘써 실천하라"고 요구하고 이어서 또 "말을 가려서 하라"고 추가 주문을 하고 있다. 사람 사이에 해야 할 덕목을 실천하고 말을 가려서 한다면 문제가 생길 가능성이 줄어든다. 지극히 원론적인 주문이다.

　하지만 사람은 원론적인 주문을 액면 그대로 따를 수 있을까? 사람마다 차이가 있고 같은 사람도 때에 따라 차이가 있다. 현실적인 진단이 필요하다. "유소부족有所不足, 불감불면不敢不勉. 유여有餘, 불감진不敢盡"을 읽어보면 사람에 대한 현실적 진단을 바탕으로 나아갈 방법을 제시하고 있다.

　먼저 덕목을 실천할 때가 모자랄 수 있다. 덕목을 충분히 실천하지 못하니 모자랄 수 있다. 이에 대해 『중용』에서는 면勉이라는 처방을 제시한다. 더 노력하자는 말이다. 그리하여 모자라는 부분을 채우자는 것이다. 다음으로 말을 가려야 할 때 오히려 넘칠 수 있다. 이에 대해 『중용』에서는 부진不盡이라는 처방을 내린다. 하고 싶은 말을 다 쏟아낼 필요가 없고 할 말만 하자는 것이다.

　이제 정리가 필요하다. '용덕지행, 용언지근'에서 원론적인 언급을 하고 '유소부족, 불감불면. 유여, 불감진'에서 현실적인 처방과 실천 방안을 제시했다. 두 설명을 종합하면 어떻게 될까? 그에 대한 답이 바로 "언고행言顧行, 행고언行顧言. 군자호부조조이君子胡不慥慥爾?"라는 구절이다. 이때 '언고행, 행고언'의 여섯 글자를 의미에 차이가 없는 '언행상고言行相顧'라는 네 글자로 줄일 수도 있다.

　말을 할 때 어떻게 행동할지 살펴보고 행동할 때 말과 호응하는지 살펴봐야 한다. 달리 나타내면 말은 행실이 따라올 수 있을지 고려하고, 행실은 말이 책임질 수 있는지 고려해야 한다. 이것이 바로 말할 때 말만 고려하지 않고 동시에 행동도 검토하고, 행동할 때 행동만 고려하지 않고 동시에 말도 검토하는 것이다. 말과 행동을 따로따로 살피지 않고 늘 같이 살필 때 말과 행동이 어긋나는 상황을 피할 수 있다.

　말과 행동의 관계를 '언고행행고언'의 여섯 글자로 종합한다고 해서 그것이 바로 실현되는 것은 아니다. 이것을 실현하려면 말과 행동이 서로 돌아봐야 한다는 '언행상고'의 요구를 가볍게 생각해서는 안 된다.

　우리가 '언행상고'의 요구를 가볍게 생각하면 어떤 때는 의식하고 주의할 수 있지만 어떤 때는 정신없이 그냥 지나칠 수 있다. 이렇게 변덕을 부리지 않으려면 '언행상고'의 요구를 무겁게 받아들여야 한다. 그것이 독실하다는 뜻의 '조慥'에 나타난다. 독실하다는 것은 진실하고 정성스러우며 극진하다는 뜻이다. 이 뜻을 다 살린다면 정신없다, 바쁘다, 깜빡했다, 몸이 안 좋다는 다양한 이유로 '언행상고'의 요구를 놓치지 않는다.

　'언행상고'는 일종의 예술이 도달한 경계라고 할 수 있다. 할 말을 딱 부러지게 모자라지도 넘치지도 않게 하면 얼마나 고상하고 멋진가. 할 행동을 제때에 모자라지도 넘치지도 않게 하면 얼마나 우아하고 멋진가. 마이크 잡으면 놓을 줄 모르고 상황 파악을 못하고 상식 없이 굴면 말과 행동이 모두 화를 부르게 된다. 화근禍根이 된다. 언행상고는 언행이 화근보다 예술이 되게 하는 지침이다.

19 비근

먼 곳을 가려면 반드시 가까운 곳부터

행원자이行遠自邇(15장)

입문 중앙선의 느린 기차를 타고 영주를 다녀온 적이 있다. 일행 중에 한 분이 이런 질문을 했다. 대전에서 서울까지 KTX로 가면 한 시간 걸리고 무궁화로 가면 두 시간 걸린다. 어느 쪽이 요금이 더 비싸야 하는가? 지금은 당연히 빨리 가는 KTX 쪽이 비싸다. 그분은 기차를 더 오래 타는 쪽이 비싸야 하지 않느냐고 말한다.

이 이야기는 우리 사회가 처한 상황을 잘 꼬집는다. 원래는 오래 이용하면 그만큼 비용을 더 내야 하지만, 빠른 것이 생명인 시대에는 조금이라도 빨리 가면 비용을 더 내야 하는 것이다.

아니나 다를까, 교통수단이 목적지에 도달하는 시간이 점점 빨라지고 있다. 하루가 걸리던 곳이 반나절로 줄어들고, 반나절 걸리던 곳이 두 시간 전후로 줄어들고 있다. 우리나라를 일일생활권이라고 부른 게 얼마 되지 않았는데 이제 반나절 생활권이 된 것이다.

이렇게 공간이 압축되면서 심리적 거리가 점점 가까워지고 오가는 시간도 짧아지고 있다. '천 리 길도 한 걸음부터'라는 고전적인 이야기는 철지난 가요의 테이프처럼 들린다. "천 리 길을 왜 걸어가야 하느냐?"라는 반문이 자연스레 나오는 시대가 되었으니까.

과학 기술이 나날이 발달하는 시대에 한 걸음을 강조하는 이야기는 어떻게 들릴까? 『중용』에서는 여전히 유효하다고 본다. 『중용』 속으로 성큼 들어가보자.

승당　자기주도적인 군자의 도리는 비유하자면 먼 곳을 가려면 반드시 가까운 곳부터 시작하고 높은 곳을 오르려면 반드시 낮은 곳부터 시작하는 것과 닮았다.

君子之道, 辟如行遠必自邇, 辟如登高必自卑.
군 자 지 도　벽 여 행 원 필 자 이　벽 여 등 고 필 자 비

입실　벽辟은 실제로 비유하다는 비譬의 뜻이다. 비여譬如는 a는 비유하자면 b와 닮았다는 구문으로 많이 쓰인다. 원遠은 멀다, 아득하다는 뜻이다. 행원行遠은 가다와 멀다(멀리)가 합쳐져서 멀리 가다는 뜻을 나타낸다. 이邇는 원遠과 반대로 가깝다, 가까이하다는 뜻이다. 고高는 높다는 뜻이다. 비卑는 고高와 반대로 낮다, 천하다는 뜻이다.

여언　같은 이야기도 시대에 따라 다르게 읽힌다. 예컨대 기회를 놓치지 말라는 의미에서 "버스 지나간 뒤에 손 들어봐야 소용없다"라고 말하지만, 요즘에는 "버스 지나가면 택시 타고 가라"라고 한다. 젊은 시절에 고생하면 많은 교훈을 얻는다는 점에서 "젊어서 고생은 사서도 한다"라고 말하지만 요즘에는 "젊어서 고생은 늙어서 신경통에 걸린다"라고 꼬집는다. 한 푼 두 푼 모으면 나중에 좋은 날이 온다는 희망을 노래하면서 "고생 끝에 낙이 온다"라고 말하지만 요즘에는 "고생 끝에 병든다"라고 한다. 모든 게 부족하던 시절에는 열정과 노력을 강조했지만 모든 게 풍족한 시절이 되자 계산과 효율을 따지게 된 것이다.

　이런 측면에서 보면 "먼 곳을 가려면 가까운 곳부터 시작하고 높은 곳을 오르려면 낮은 곳부터 시작한다"라는 말은 어떻게 읽힐까? 시대가 달

라졌으니 그 의미가 다르게 읽힐 수 있을까? 아니면 시대가 달라지더라도 기본을 강조하는 이야기는 그 나름의 생명력이 있을까? 어느 하나가 아니라 두 가지 측면에서 동시에 검토할 만하다.

비행기가 하늘을 날고 우주선이 달에 가는 시대라면 '먼 곳은 가까운 곳부터 시작하고 높은 곳은 낮은 곳부터 시작한다'라는 이야기는 그 의의가 줄어들 수밖에 없다. 먼 곳과 높은 곳은 조금씩 나아가서 이르는 것이 아니라 한걸음에 훌쩍 날아서 갈 수 있다.

한걸음에 먼 곳과 높은 곳을 갈 수 있는데 자꾸 "천 리 길도 한 걸음부터"라고 말하면 강조점을 잘못 짚은 셈이다. 어떻게 하면 더 빨리 갈 수 있느냐에 초점을 두어야 한다. 한 걸음씩 차근차근 나아가야 한다고 하면 가지 말라는 이야기로 읽히게 된다.

하지만 우주선으로 달나라에도 가고 화성에도 가는 시대에 걷기 열풍을 어떻게 이해해야 할까? 사람들은 40여 일에 걸쳐서 800킬로미터가 넘는 스페인의 산티아고 순례길을 걷는다. 국내에서도 제주도 올레길처럼 지방자치단체마다 걷는 길을 만들어 홍보에 열을 올리고 있다. 날아다니는 시대에 걷기 열풍이 불고 있는 것이다.

사람은 과학 기술의 혜택으로 멀고 높은 곳을 순식간에 이동할 수 있게 되었다. 공간은 이제 더는 사람을 구속하는 조건이 되지 못하고 있다. 공간을 빠른 속도로 가로지르게 되었다. 나는 비용을 지불하기만 하면 그러한 혜택을 살 수 있다.

하지만 인간은 이러한 빠른 속도가 주는 혜택을 누리면서 자신이 점점 소외되는 느낌을 받는다. 내가 직접 무엇을 해서 먼 곳과 높은 곳으로 빠르게 이동하지 않는다. 가만히 앉아 있기만 하면 순간 이동이 가능하다.

4강 단순

이처럼 순간 이동에서 인간은 수혜자가 되면 될수록 방관자가 되어간다.

　공원에 가면 사람이 발로 저어야 가는 오리배가 있고, 사용하지 않는 철길을 가면 레일 바이크가 있다. 오로지 사람이 발을 놀리는 힘만으로 조금씩 앞으로 나아간다. 힘은 들지만 이동은 전적으로 사람의 몫이다. 땀을 흘리며 오리배를 타고 레일 바이크를 타다 보면 괴로움보다 즐거움을 느낀다. 이러한 즐거움은 내가 직접 했다는 점에 바탕을 두고 있다.

　우리가 비행기를 타고 훅 지나가지 않고 두 발로 직접 걸으려고 하면 '먼 곳은 가까운 곳부터 시작하고 높은 곳은 낮은 곳부터 시작한다'라는 이야기에 귀를 기울이지 않을 수 없다. 걷기에는 중간을 건너뛰는 비약이 없기 때문이다. 지극히 평범한 이야기다.

　『중용』이 태어난 시대에는 날아다니려고 하는 비약이 혜택과 만족을 주지만 소외와 위험을 가져온다는 점에는 주목하지 않았다. 『중용』에서는 비약이 아니라 평범한 이야기가 왜 생명력이 있는지 사람으로 하여금 되새김질해보게 한다.

20 사전

일은 미리 대비하면 제대로 풀린다
사예즉립事豫則立(20장)

입문　일을 미리 하면 여유가 있고 실수를 줄일 수 있으므로 좋다고 생각한다. 좋다는 것을 알지만 그대로 실행하기가 쉽지 않다. 일을 하려고 하면 다른 급한 일이 생긴다. 급한 불을 끄고 돌아오면 하던 일도 남아 있고 할 일은 아직 가닥도 잡지 못한 형편이다. 사정이 이렇다 보니 늘 일에 쫓긴다.

일을 미리 대비하는 장점은 더 있다. 쫓겨서 일을 하면 부분에 갇혀서 전체를 보지 못할 수 있다. 이 때문에 일을 전면적으로 검토하지 못하고 급한 부분에 집중하게 된다. 그 결과 일을 진행하다 보면 생각하지 못한 변수가 갑자기 나타난다. 반면 일을 미리 준비하면 전체적으로 사고하게 된다. 그 덕분에 일의 급한 부분과 덜 급한 부분도 동시에 여유 있게 검토할 수 있다. 그 결과 일을 진행하면서 문제가 생겨도 당황하지 않고 느긋하게 처리할 수 있다.

이렇게 보면 일을 미리 준비하면 예측 가능성이 높아진다. 즉 내가 생각하는 대로 일이 진행될 가능성이 높아진다.『중용』에서는 어떤 측면에서 일을 미리 준비하자고 하는지 자세하게 살펴보도록 하자.

승당　　모든 일은 미리 대비하면 제대로 풀려가지만, 미리 대비하지 않으면 엉망이 된다. 말(목표)을 미리 조정해두면 문제가 생기지 않고, 일을 미리 조정해두면 어려움이 생기지 않고, 행동을 미리 조정해두면 약점이 생기지 않고, 도(원칙)를 미리 조정해두면 미궁에 빠지지 않는다.

凡事豫則立, 不豫則廢. 言前定則不跲, 事前定則不困, 行前定則不疚, 道前定則不窮.
범사예즉립 불예즉폐 언전정즉불겁 사전정즉불곤 행전정즉불구 도전정즉불궁

입실　　예豫는 미리, 미리 하다, 참여하다는 뜻이다. 정定은 정하다, 정

해지다, 안정되다는 뜻이다. 폐廢는 망가지다, 부서지다, 엉망이 되다는 뜻이다. 겁踣은 무너지다, 헛디디다는 뜻이다. 곤困은 괴롭다, 부족하다, 통하지 않다는 뜻이다. 구疚는 병, 병으로 오래 고생하다, 괴롭다는 뜻이다. 궁窮은 끝나다, 막히다, 괴롭다는 뜻이다. 폐廢, 겁踣, 곤困, 구疚, 궁窮은 의미상으로 서로 비슷하다. 제일 앞의 립立은 불폐, 불겁, 불곤, 불구, 불궁과 의미상으로 비슷하다.

여언 글을 쓰다 보면 술술 풀릴 때도 있지만 제대로 풀리지 않을 때가 많다. 후자는 대부분 기한을 넘기기 쉽다. 기한을 넘기면 출판사나 학술대회 편집자들이 곤혹을 치른다. 나는 기한을 지키기 위해 나름의 방법을 강구했다. 마감 기한을 실제 날짜보다 앞당긴다. 예컨대 마감이 9월 18이라면 9월 15일 마감이라고 간주하고 글을 쓴다. 그래서 되도록 9월 15일에 글을 끝내거나 아니면 9월 15일을 넘기더라도 9월 18일에는 글을 끝내려고 한다.

  마감을 지키면 쓴 글을 다시 읽으며 수정할 수 있고 또 약간의 여유를 부리며 다른 일로 넘어갈 수 있다. 반면 마감에 쫓기면 다른 일도 해야 한다고 채근을 받을 뿐 아니라 밥 먹고 잠자는 일상마저 제대로 할 수 없다. 글이 잘 풀리지 않고 쫓기니 가족과 주위 사람들에게 온갖 짜증을 내고 일정이 엉망으로 뒤엉킨다.

  마감을 지키느냐 그러지 못하느냐의 차이는 '사예즉립'의 '립' 자와 '불예즉폐'의 '폐' 자에서 잘 드러난다. 립은 가장 기본적으로 서다는 뜻이다. 폐는 가장 기본적으로 무너지다는 뜻이다. 영화 〈일대종사〉(2013)에서 양차오위가 무술의 승패를 정의하면서 하는 말을 빌리면 립은 수직이고 폐는 수평이다. 곧게 선[立] 사람은 높은 위치에서 전체를 바라볼 수 있지만, 바닥에 누운[廢] 사람은 자신이 어디에 있는지도 파악할 수 없다. 립과 폐 자는 예豫와 불예不豫의 차이를 극명하게 보여준다.

『중용』에서는 일에서 이야기를 시작해놓고 화제를 언言으로 넓혔다가 사事에서 다시 한 번 더 짚어주고 다시 행行과 도道로 넘어간다. 이때 앞의 예豫는 전정前定으로 바뀐다. '언사행도言事行道'가 코밑에 다가와서 움직이지 않고 멀찌감치 떨어져 있을 때 계획이며 일정을 미리 짜두라는 말이다. 이것은 해야 할 일이 닥쳐서 겨우 움직이는 것이 아니고 닥치기 전에 미리 고려하고 검토하여 결정하는 것이다. 이러한 요구는 사람으로 하여금 추상적이고 전체적인 사고를 하도록 이끈다. 전정이 있으면 할 일이 닥쳐와도 전정을 할 일에 적용하게 된다. 그러면 상황에 끌려가지 않고 끌고 갈 수 있다. 수평의 폐가 아니라 수직의 립이 될 수 있다.

예와 전정의 장점은 그리스 로마 신화에서 기회의 신 카이로스의 특성에서도 확인할 수 있다. 이탈리아 토리노 박물관에는 고대 그리스의 조각가 리시포스가 기회의 신 카이로스를 빚은 동상이 있다. 동상의 생김새가 몹시 독특하고 인상적이다. 동상의 발에는 날개가 붙어 있고 앞머리는 무성하여 머리카락을 날리고 있지만, 뒷머리는 머리카락이 하나도 없어 밋밋하다.

왜 기회의 신이 이렇게 형상화되었을까? 앞머리가 많은 것은 사람들이 빨리 눈치채도록 신호를 주는 것이다. 발에 날개가 달린 것은 카이로스가 자신을 찾는 사람을 빨리 지나갈 수 있도록 해주기 위해서다. 뒷머리가 없는 것은 사람이 기회를 놓치고서 다시 잡으려 할 때 아무것도 잡을 곳이 없도록 하기 위해서다.

카이로스의 형상은 사람이 기회를 잡고 놓치는 일을 참 사실적으로 나타내고 있다. 우리는 자신 앞에 다가온 기회를 알아차리면 잽싸게 기회를 포착한다. 하지만 대부분 미적미적하다가 긴가민가하다가 기회가 찾아온 줄도 모르고 있다가 기회의 문이 닫히려고 하면 비로소 기회를 잡아야겠다며 발버둥을 친다. 발버둥을 쳐봤자 기회는 이미 지나가버린 뒤다. '사예즉립'은 카이로스의 앞머리를 잡을 수 있게 하지만, '불예즉폐'는 카이로스의 뒷머리만 만지게 한다.

5강 중심

마음 근육의 중심 잡기

5강에서는 사람이 마음 근육의 중심을 잡는 길을 이야기한다. 사람이 두 발로 서면 편하게 있지만 한 발로만 서라고 하면 연신 몸을 끼우뚱거리며 어찌할 줄 모른다.

차이는 중심을 잡기가 편하냐에 달려 있다. 두 발로 서면 무게가 두 발에 분산되고 부담이 적을 뿐만 아니라 균형을 잡기 쉽다. 한 발로 서면 무게가 한쪽으로만 쏠리고 자연스레 균형을 잡기도 쉽지 않다. 몸의 근육을 키워야 서서 버틸 수 있는 힘이 늘어난다.

몸만 그런 것이 아니라 마음도 마찬가지다. 마음도 확고하게 기준이 서 있으면 어떤 일을 당하더라도 복잡해서 머리가 아플 수는 있지만 어찌할 줄 몰라 당황하지 않는다. 이것이 마음의 중심이고, 그 중심을 잡는 힘이 마음 근육이라고 할 수 있다. 마음이 확고하게 중심을 잡으려면 어떻게 해야 할까? 사실 『중용』만큼 마음 근육의 중심을 잡는 문제를 두고 고민한 책이 없다.

『중용』의 첫 구절이 바로 마음 근육의 균형을 잡는 것과 관련이 있다. '나는 어디서 오고 무엇을 해야 하는가?'라는 문제의 해답을 찾으면 일차적으로 확고한 중심을 잡을 수 있다.

첫 구절에 따르면 사람은 사람으로서 지켜야 할 본성이 있는데 그것이 하늘(하느님)이 명령한 것이라고 한다. 이로써 우리가 하늘이 어떻게 살아야 한다고 명령한 내용을 자각하면 '나는 누구이고 어디로 가야 하는가?'라는 질문의 답을 찾을 수 있다.

다음으로 『중용』에서는 사람이 상황에 따라 이리저리 흔들리는 존재라는 점을 지적한다. 감정도 흔들리고 기분도 들쭉날쭉하고 의지도 강약이 있고 지성도 부족할 수 있다.

이렇게 모자라고 부족한 사람이 흔들리지 않으려면 어떻게 해야 할까? 이미 감정에 흔들리면 중심을 잡기가 여간해서 쉽지 않다. 모든 것으로부터 같은 거리를 유지하면 급속히 기울어지거나 갑자기 이랬다저랬다 하는 흔들림을 막을 수 있다. 또 감정을 표출하더라도 상황에 어울리는 절제력을 발휘할 수 있다.

이제 '중용'이 무슨 뜻인지 궁금할 상황에 이르렀다. 중은 기울어지지도 치우치지도 않고 넘치지도 모자라지도 않는 상태이고, 용은 늘 있는 평범한 일상을 가리킨다.

내가 중을 확고하게 지키면 어떠한 상황에 놓이더라도 합리적이고 균형 잡힌 판단을 내릴 수 있다. 또 나는 그러한 중을 사람 사이의 인륜과 일상에서 실천할 수 있다.

그렇지만 사람은 지와 행에서 다양한 차이가 난다. 차이를 간단히 나누면 뛰어난 사람도 있고 모자라는 사람도 있다. 『중용』의 말로 하면 선천적으로 타고나는 사람도 있고 후천적으로 노력해서 얻는 사람도 있다. 사람이 이런 차이를 알고서 자신에게 어울리는 길을 걸어갈 수 있다. 사람은 어떤 측면에서 생득적으로 뛰어나지만 어떤 측면에서 후천적으로 노력해서 고칠 수 있다. 이때 사람은 여러 측면을 똑같게 할 수는 없지만 어느 정도 균질적으로 바꾸면 인격이 그만큼 더 나아진다.

사람이 노력해서 금방 바뀐다면 얼마나 좋을까?

해도 잘 안 되는 게 사람이다. 잘 되지 않을 때 사람은 필름을 거꾸로 돌리면서 어디에서 잘못 대응했는지 점검해야 한다. 그렇게 자신을 돌아보는 반성을 통해 잘못을 되풀이하지 않고 앞으로 나아갈 수 있는 길을 찾게 된다.

21 천명

하늘이 명령한 것이 사람의 본성이다

천명지위성天命之謂性(01장)

입문　『중용』에서 제일 첫머리에 나오는 구절이다. 이 구절은 『중용』의 전체 내용을 종합하는 중요한 특징이 있다. 이러한 특성은 "말할 수 있는 도는 항상 도가 아니다"라는 '도가도비상도道可道非常道'로 시작되는 『노자』 등에서 확인할 수 있다. 일종의 두괄식으로, 첫 문장이 책의 내용을 개괄하는 점에서 독특한 형식이다.

이 구절은 어떤 점에서 중요한가? 사람의 본성이 어디에 기원을 두고 있는지 밝히고 있기 때문이다. 기원 또는 근원은 사람이 출발하는 곳이기도 하고 늘 돌아가고자 하는 곳이기도 하다. 드라마에서는 출생의 비밀이 극의 변화를 가져오는 중요한 요소일 때가 많다. 나와 아무런 관련이 없다고 무심코 지나친 사람이 친모이거나 친부로 밝혀지면 주인공은 심경의 변화를 일으키고 극의 전개가 바뀐다.

이처럼 기원 또는 근원은 드라마의 향방을 좌우하는 중요한 요소이면서 삶의 향배를 바꾸는 결정적 요소이기도 하다. 나의 삶이 하늘(하느님)과 연결되어 있다는 것을 모르면 나는 자신과 하늘(하느님)의 연관성을 찾을 필요가 없다. 반면 연관성이 있다면 나는 하늘(하느님)을 알아가야 하고 하늘(하느님)의 뜻에 따라 살려고 노력해야 한다. 이 구절의 의미를 원문에서 찬찬히 살펴보기로 하자.

승당　하늘(하느님)이 명령한 것을 본성이라 하고, 본성에 따르는 것을 도리라고 하고, 도리를 터득하는 것이 교육이다.

天命之謂性, 率性之謂道, 修道之謂敎.
천 명 지 위 성   솔 성 지 위 도   수 도 지 위 교

입실 천天은 하늘, 하느님을 뜻한다. 명命은 시키다, 명령하다는 뜻이다. 성性은 성품, 성질, 본성을 뜻한다. 솔率은 거느리다, 이끌다, 따르다, 지키다는 뜻이다. 수修는 닦다, 고치다, 다스리다는 뜻이다. 교敎는 가르치다, 가르침을 뜻한다.

여언 『중용』의 첫 구절은 천天에서 성性으로, 다시 성에서 도道로, 도에서 교敎로 이어지는 과정을 한 문장으로 정리하고 있다. 도식적으로 나타내면 '천→성→도→교'의 수순이라고 할 수 있다. 이것은 사람의 본성이 천에서 시작하여 앞으로 나아가는 도가 되고 교를 통해 자신을 완성해가는 수순을 압축적으로 잘 전달하고 있다. 이렇게 한 문장에 핵심을 압축하는 솜씨는 표현법에서도 탁월할 뿐 아니라 내용을 장악하는 추상적 사고에서도 출중하다고 하지 않을 수 없다. 『중용』이 『중용』으로서 가치를 극대화시키는 문장이라고 할 수 있다.

'천→성→도→교'의 수순을 하나씩 살펴보도록 하자. '천명天命'은 사실 『중용』에 처음 나오는 용어가 아니다. 『서경』 『시경』 등에 자주 나오는 표현이다. 같은 표현이라고 해서 그 의미까지 같지는 않다. 『서경』 『시경』에서 천명은 천이 덕德이 있는 현자에게 세상을 통치할 수 있는 권한을 위임한다는 맥락이다. 그래서 통치권을 위임받은 현자는 천자天子로 불렸다. 천의 자식이라는 뜻이다. 이로써 천과 천자는 부모와 자식이라

는 특별한 관계를 맺게 된다.

이렇게 보면 『서경』 『시경』에서는 천이 세상의 모든 사람과 관련을 맺는 것이 아니다. 그것은 철저하게 덕이 있는 현자와 관계를 맺는다. 즉 이때의 천명은 천과 사람의 일반적인 관계가 아니라 천과 현자의 특수한 관계를 나타낸다고 할 수 있다. 그렇지 않으면 세상에는 너도나도 천명을 받았다며 '천자'로 자처하는 일이 생겨날 수 있다.

『중용』에 이르러 '천명'은 그 의미가 획기적으로 바뀐다. 그것은 바로 첫 구절의 내용에 그대로 드러난다. '천명지위성'에서 '천명'이 『서경』 『시경』처럼 천과 천자 사이의 특수한 관계를 나타낸다면, '성性'은 천자와 관련되는 말이 된다. 이렇게 되면 성은 천이 천자에게 명령한 비밀스러운 힘이거나 메시지가 된다.

하지만 『중용』에서는 이러한 독해가 불가능하다. 『중용』은 천과 천자가 아니라 천과 사람이라는 일반적인 차원에서 이야기하고 있기 때문이다. 그렇다면 '천명지위성'은 "천이 사람에게 어떻게 살아가라고 명령한 것이 본성이다"라고 해석할 수 있다. 여기서 '명命' 자에 주의할 만하다. 부탁이나 충고라고 한다면 우리는 부탁을 얼마든지 거절할 수 있고 충고를 참고만 할 수 있다. 명령은 그럴 수 없다. 따르는 수밖에 다른 길이 없다. 즉 명령은 내리는 사람이 받는 사람에게 다른 가능성을 주지 않고 오로지 명령하는 것을 수행하라고 지시하는 것이다.

'천명지위성'은 사람이 천에게 명령을 받은 대로 살아야 하고 그 명령의 내용이 바로 사람의 본성이라는 맥락으로 읽힌다. 사람은 천이 명령한 본성을 실현하면 사람다운 사람이 되고, 그러지 않으면 사람답지 않은 사람 또는 짐승보다 못한 사람이 되는 것이다. 아울러 사람은 천이 자신에게 무엇을 명령했는지 알아야 한다. 즉 지천知天을 하지 않을 수가 없다.

『중용』에서는 성性의 내용을 구체적으로 말하지 않지만, 맹자는 사랑과 연대의 인仁, 도리와 정의의 의義, 문화와 예절의 예禮, 시비 판단과 지혜의 지知의 네 가지 덕목을 콕 집어서 가리키고 있다(2강 6조목 '불가유리' 참조). 맹자의 주장을 받아들인다면 천명은 사람에게 인의예지의 네 덕목을 본성으로 실천하라고 명령했다고 할 수 있다.

천에서 성으로 연결되고 나면 사람은 솔성率性의 과정으로 나아간다. 천이 명령한 인의예지의 본성이 이끄는 대로 살아가는 것이다. 그렇게 살아가는 것이 바로 사람의 도다. 성이 도로 연결되고 나면 사람은 수도修道의 과정으로 나아간다. 사람은 솔성으로 실천하면서 도를 넓혀가는 것이다. 그렇게 넓히는 길이 바로 나를 가르치고 남을 이끄는 교教가 된다. 핵심은 이렇게 간단하다. 외우자!

22
근원

지각할 수 없는 절대 중심
미발지중未發之中(01장)

입문 이 표제어는 유학의 역사, 좀 좁혀서 말하면 성리학 이후에 '미발未發·이발已發'의 문제로 가장 뜨거운 논란과 논쟁을 불러일으킨 구절이다. 이 논쟁이 워낙 전문적으로 진행되었기에 교양 차원에서 그렇게 널리 알려지지는 않았다. 따라서 '미발지중'은 '이발지화已發之和'와 함께 참으로 중요하다고 하지만, 정작 일반 사람은 이게 왜 중요한지 잘 모른다. 미발과 이발의 개념을 정확하게 이해하면 성리학의 핵심과 구도를 파악하는 데 큰 도움이 된다. 미발과 이발의 논쟁은 도덕의 기초를 어디에 두느냐를 두고 벌어지는 대결이다.

승당 기쁨·성냄·슬픔·즐거움이 아직 드러나지 않는 것을 중中(중정)이라고 하고, 드러나서 모두 절도에 들어맞는 것을 화和(조화)라고 한다. 중이란 세계의 위대한 근본이고, 화란 세계의 공통된 길이다. 중정과 조화가 완전한 상태에 이르면 하늘과 대지가 제자리를 잡고 만물이 잘 자라게 된다.

喜怒哀樂之未發, 謂之中. 發而皆中節, 謂之和. 中也
희로애락지미발   위지중 발이개중절   위지화 중야
者, 天下之大本也. 和也者, 天下之達道也. 致中和, 天
자 천하지대본야   화야자 천하지달도야 치중화 천
地位焉, 萬物育焉.
지위언 만물육언

입실 '희로애락喜怒哀樂'은 각각 기쁨·성냄·슬픔·즐거움의 감정을 가리킨다. 발發은 드러나다는 뜻이므로 미발未發은 아직 드러나지 않은 것을, 이발已發은 이미 드러난 것을 가리킨다. 이때 미발과 이발에서 드러나다는 것은 의식을 가리킨다. 사람은 자신이 지금 어떤 감정과 기분 상태에 있는지 인지할 수 있다. 의식이 '좋다'는 쪽으로 기울어졌는지 '미워하다'는 쪽으로 기울어졌는지 알 수 있다. 그래서 사람은 자신의 의식을 스스로 인지할 수 있다는 점에서 자의식self-consciousness을 가지고 있다고

한다. 미발은 도덕 본성이 의식으로 드러나지 않는 상태라면, 이발은 드러나 인지하는 상태다.

'미발지중'의 중은 기울어지지도 치우치지도 않고 절대 중심에 있는 상태를 가리키므로 '중정中正'으로 옮긴다. 화和는 어울리다, 합하다는 뜻이다. 여기서는 의식 상태가 극단으로 치닫지 않고 상황에 들어맞게 드러나는 것을 가리키므로 '조화'로 옮긴다. 중절中節의 중中은 가운데, 들어맞다는 뜻이다. 절節은 마디, 규칙, 절개를 뜻한다. 치致는 보내다, 바치다, 힘쓰다, 끝까지 다하다는 뜻이다. 위位는 자리, 자리하다는 뜻이다. 육育은 기르다, 자라다는 뜻이다.

여언   사람이 온전히 버틸 수 없을 정도로 충격을 받으면 평소에 하지 않던 행동을 한다. 엉엉 울기도 하고 실없이 허허 웃기도 하고 동네가 떠나가라 노래를 부르고 소리를 칠 수 있다. 이때는 상황에 압도되어 주변의 반응을 고려하지 않기 때문이다. 평소의 '나'라면 그렇게 하라고 해도 그럴 용기가 없다. 하지만 어떤 상황에 놓이면 평소의 자신과 전혀 다른 모습이 나타날 수 있다. 반면 엄청난 충격과 심각한 위기에 놓여도 표정과 태도가 평소와 하나도 다를 바 없이 안정되고 차분하게 사태를 파악하여 해결 방안을 모색할 수 있다.

우리는 위의 두 가지 양상을 '홍분형'과 '차분형'이라고 부르자. "두 유형 중 어느 사람에게 국가의 명운을 좌우하는 중책을 맡기려고 하느냐?"라고 물으면 어떤 대답이 나올까? 차분형은 안심이 되므로 중책을 맡길 수 있지만, 홍분형은 불안해서 중책을 못 맡기겠다고 대답할 수 있다. 이처럼 우리는 판단과 선택을 할 때 각자 나름의 근거를 제시한다.

도덕도 마찬가지다. 도덕이 어디에 기초를 두느냐에 따라 특성이 달라질 수 있다. 사람이 어떤 상황에 놓여서 희로애락이 드러나면 이발이 된다. 말도 되지 않는 이야기를 자꾸 되풀이하면 이 말을 듣는 사람은 화가 난다. 심하면 "내가 말도 되지 않는 소리를 들어야 하느냐?"라며 분통을 터뜨릴 수 있다. 좋은 일이 닥쳤을 때도 마찬가지다. 류현진이 메이저리그 데뷔 7년 만에 타자로서 첫 홈런을 쳤을 때처럼, 열심히 준비해서 좋은 결과가 나오면 참으려고 해도 얼굴에 웃음이 번진다.

사람은 감정을 느낄 수 있고 표현할 수 있다. 이 자체는 아무런 문제가 없다. 감정이 드러날 때 어떤 양상을 보이는지가 문제가 된다. 좋은 일에 기뻐하고 나쁜 일에 화가 날 수 있다. 기뻐하고 화내는 것이 당연하다. 다만 사람이 겪은 일에 대해 얼마만큼 정당하게 감정을 드러내느냐가 중요하다. 말도 되지 않는 소리를 하면 짜증이 나고 화가 날 수 있지만 폭력을 동반하여 화를 낸다면 정도를 벗어났다고 할 수 있다. 기쁜 일에 웃고 떠들 수 있지만 온 세상이 떠나갈 듯 소리를 지르고 아우성을 쳐서 이웃을 놀라게 한다면 정도를 벗어났다고 할 수 있다.

따라서 일종의 정신 상태로서 감정이 표정, 태도, 언행으로 드러날 때 주위 사람들이 수용하고 공감할 수 있는 정도를 지키느냐, 아니면 그 정도를 벗어나느냐가 관건이 된다. '발이중절發而中節'은 감정이 드러나더라도 수용과 공감의 정도에 들어맞는다는 뜻이다. 하지만 사람인 한 '발이부중절發而不中節'의 상황을 배제할 수 없다. 따라서 이발은 도덕의 근원이 되기에 부족하다고 말한다. 하지만 '발이중절'이 일반적이고 '발이부중절'이 임시적이라면 미발보다 이발을 우선하게 된다.

감정과 태도가 나타나는 것은 어느 한쪽으로 기울어졌다는 말이다.

한쪽으로 기울어지면 갑자기 다른 쪽으로 바뀌지 않으니 기뻐하다가 바로 화를 낼 수 없다. 미발은 어느 한쪽으로 감정과 태도 등 정신 상태가 기울어지거나 지나치거나 모자라지도 않는다. 따라서 사람은 미발 상태에서 '희로애락'으로부터 같은 거리를 유지하고 있다. 미발은 원의 중심과도 비슷하다. 이러한 '미발지중'이야말로 도덕의 근원이 되기에 충분하다고 하면, 이발보다 미발을 우선하게 된다. 흥분형과 차분형의 차이처럼 이발과 미발은 도덕의 근원을 두고 유학의 역사에서 끊임없이 논쟁하는 초점이었다.

23 중심

치우치지도 기울어지지도 않다

불편불의 不偏不倚(주희의 주석)

입문　『중용』에는 중용이 없다. 우리는 책 이름을 들으면 그 안에 이름에 어울리는 내용이 많이 있으리라 생각한다. 『중용』은 그렇지 않다. 『중용』에는 중용이라는 개념이 자주 쓰이지 않을 뿐 아니라 중용이 무엇인지 정확하게 풀이한 내용도 없다. 그렇다 보니 『중용』을 읽고 나더라도 중용이 뭔지 분명하게 들어오지 않는다. 이 때문에 『중용』이란 책이 『대학』『논어』『맹자』에 비교해서 어렵다고 한다.

　　중용의 의미를 풀이하려는 시도가 많았다. 하나하나 모두 값어치가 있지만 그중에 주희의 풀이가 가장 널리 알려져 있다. '중용'의 의미가

『중용』을 이해하는 중요한 바탕이 된다. 그래서 『중용』 원문에는 없지만 주희의 중용 풀이를 표제어로 삼아서 그 뜻을 살펴보고자 한다. 주희의 중용 풀이를 정확하게 이해한다면 『중용』의 의미를 파악하는 나침판을 가진 것처럼 든든하다. 먼저 이 나침판에 의지해 『중용』을 이해하고 나면 『중용』에 '분명하지 않지만 여기저기 흩어진 채로' 풀이되는 중용의 의미를 길어 올릴 수 있을 것이다.

승당　중(중정)은 치우치지도 기울어지지도 않고 지나치지도 모자라지도 않는 이름이다. 용은 늘 있는 평범한 일상이다.

中者, 不偏不倚, 無過不及之名. 庸, 平常也.
중자 불편불의 무과불급지명 용 평상야

입실　편偏은 치우치다, 쏠리다는 뜻이다. 의倚는 기울다, 기대다는 뜻이다. 과過는 지나다, 지나치다, 과실, 실수를 뜻한다. 급及은 미치다, 이르다는 뜻이다. 과過와 불급不及은 적정한 범위에 들지 못하고 넘어서거나 미치지 못한 상태를 가리킨다. 이 때문에 과유불급過猶不及이라고 한다. 평平은 고르다, 평평하다, 보통, 일상을 뜻한다. 상常은 보통, 법, 불변을 뜻한다.

여언　주희는 남송 시대를 살면서 북송 시대의 선배들을 자신의 스승처럼 생각했다. 이들을 '북송오자北宋五子', 즉 북송 시대에 활약한 다섯 학자라고 부른다. 구체적으로 말하면 주돈이周敦頤, 장재, 소옹邵雍과 함께 이정二程 형제, 즉 정이(동생)와 정호(형)를 가리킨다. 성리학을 주자학으로 부를 정도로 후대에 주희만이 널리 알려졌지만, 사실 다섯 학자의 지적 모험은 가볍게 볼 수 없다. 북송오자가 없었더라면 주희처럼 성리학을 정립한 이가 좀 더 늦게 태어났으리라.

북송오자는 공자, 맹자, 노자, 장자 등의 선진先秦 시대 학자만큼 널리 알려져 있지 않지만 철학사에 기여한 바로 보면 누구에게도 뒤떨어지지 않는다. 이들은 유학이 선진 시대의 공자, 맹자, 순자를 넘어 새로운 지평에 서도록 창조적 사유를 했기 때문이다. 공자, 맹자, 순자는 인류 도덕을 구체적인 의례 활동에 결부시키거나 인류 도덕의 뿌리 또는 근원을 구체적으로 느낄 수 있는 마음에 두었다.

북송오자는 도덕과 그 근원을 구체적으로 느끼는 마음을 넘어 선험적인 지평으로 연결시켰다. 이러한 시도가 바로 기氣를 넘어 리理를 발견하는 여정으로 이어졌다. 주희는 북송오자의 지적 모험을 수용하고 자신의 열정적인 분투를 종합하여 새로운 유학을 정립했던 것이다.

주희는 『중용』을 비롯한 사서四書의 풀이에서도 북송오자의 영향을 많이 받았다. 특히 이정 형제의 영향은 가히 절대적이라고 할 수 있다. 주희는 중용의 의미를 풀이할 때 이정의 주장을 참조했지만 반은 받아들이고 반은 받아들이지 않았다.

> 치우치지 않는 것이 중이요 바뀌지 않는 것이 용이다(子程子曰 : 不偏之謂中, 不易之謂庸).

앞에서 제시한 주희의 중용 풀이와 비교하면 '중'은 비슷하지만 '용'은 많이 다르다. 주희는 중용 풀이를 통해 도덕의 확고한 절대 기준과 도덕의 일상화를 동시에 설명하고자 했다. 그래서 중은 어느 한쪽으로 조금도 치우치지도 기울어지지도 않고 지나치지도 모자라지도 않는 객관적 거리를 가리켰다. 분쟁이 생겼을 때 법관은 법과 양심에 따라 판결을 내려야 한다. 그렇지 않고 피해자와 가해자 중 한쪽의 편을 들면 판결이 공정하지 않아 공신력을 얻기 어렵다.

이러한 중을 나타내는 이미지로 원을 이루는 점들과 똑같은 거리를 유지하고 있는 중심을 떠올리면 좋다. 원의 중심이 한쪽으로 조금이라도 치우치면 완벽한 원이 아니라 툭 튀어나오거나 푹 꺼진 원이 된다. 툭 튀어나오거나 푹 꺼진 원은 더 이상 원이 아니다. 중이 세상의 모든 사태와 존재로부터 동일한 거리를 유지하고서 어디에도 치우치지 않아야 공정성을 유지할 수 있다. 치우치거나 기울어졌다는 것은 그 거리를 잃어버렸다는 뜻이다. 이정은 '불편'만을 말하고 주희는 '불편불의'를 말하지만 두 사람의 풀이는 거의 비슷하다.

그런데 용에 대한 풀이는 왜 차이가 나는 걸까? 이성은 용도 중과 마찬가지로 윤리 도덕의 확실한 기준이 되어야 한다고 생각했다. 그래서 그들은 용을 바뀌지 않는 불변으로 풀이했다. 반면 주희는 윤리 도덕이 객관적이고 절대적인 기준으로만 존재해서는 안 되고 현실의 구체적인 인륜에 일상적으로 실현되어야 한다고 보았다.

예컨대 효도가 부모를 잘 섬긴다는 추상적 정의로만 존재하는 것은 충분하지 않고 저녁에 잠자리를 봐드리고 아침에 문안 인사를 하는 '혼정신성昏定晨省'으로 일상화되어야 한다. 이 때문에 주희는 '용'을 불변이 아니라 늘 있는 일상의 평범함으로 풀이하고자 했다.

주희의 풀이는 얼굴을 맞대고 살아가는 부자·군신·장유·부부·친구의 일상적 관계를 도덕화하고 도덕이 구체적인 삶에 뿌리내리는 일상화를 꾀한 유학의 기치를 잘 드러내고 있다.

24 생득 | 나면서 알고 편안하게 움직이다
생지안행生知安行(20장)

입문 사람은 살려면 몸과 마음을 움직여서 뭔가 계속 하지 않을 수 없다. 신이 아니면 무엇을 하고 싶다는 마음만으로는 그것이 실현되지 않는다. 물을 마시려고 해도 냉장고로 걸어가야 하고, 밥을 먹으려고 해도 숟가락을 끊임없이 놀려야 한다.

사람이 다 같은 사람이라고 하더라도 차이가 난다. 아는 것도 차이가 나고 실천하는 것도 차이가 난다. 친구끼리 어울려 이야기하다 보면 세상만사를 다 아는 듯이 줄줄 말하는 사람도 있고, 모든 게 처음 들어보는 이야기인 양 눈만 껌뻑이는 사람도 있다. 무엇을 배우다 보면 한두 번만 연습하면 선생님처럼 잘하는 사람도 있고, 몇 년을 해도 실력이 그 자리에서 꼼짝도 하지 않는 사람이 있다.

이런 차이가 구체적으로 어떻게 나뉠까? 유학은 현실에서 출발하기에 사람이 본성이 같더라도 재질이 다르다고 본다. 사람의 재질이 각자 다른 것을 인정하고 각자 일정한 높이로 끌어올리는 변화를 강조한다. 사람은 긍정적으로 바꾼 만큼 위대한 것이다. 사람이 바뀌려면 먼저 자신이 어느 위치에 있는지 알아야 한다. 『중용』에서 사람을 언행 차원에서 어떻게 나누는지 살펴보도록 하자.

승당　어떤 이는 나면서부터 그것을 알고, 어떤 이는 배워서 그것을 알고, 어떤 이는 힘들여서 그것을 알게 된다. 세 경우 차이는 있지만 아는 것은 동일하다. 어떤 이는 편안하게 그것을 실천하고, 어떤 이는 하나하나 따져가며 그것을 실천하고, 어떤 이는 억지로 노력해서 그것을 실천한다. 세 경우 차이는 있지만 성공은 동일하다.

或生而知之, 或學而知之, 或困而知之, 及其知之, 一
혹 생 이 지 지 혹 학 이 지 지 혹 곤 이 지 지 급 기 지 지 일
也. 或安而行之, 或利而行之, 或勉强而行之, 及其成
야 혹 안 이 행 지 혹 리 이 행 지 혹 면 강 이 행 지 급 기 성
功, 一也.
공 일 야

입실　혹或은 혹, 혹은, 있다는 뜻이다. 생生은 나다, 생기다는 뜻이다. 곤困은 괴롭다, 어렵다는 뜻이다. 안安은 편안하다, 즐기다는 뜻이다. 리利는 날카롭다, 통하다, 이롭다는 뜻이다. 면강勉强은 힘쓰다, 권하다는 면과 굳세다, 강하다는 강이 합쳐진 말이다.

　'공부'를 뜻하는 용어는 동아시아 삼국이 조금씩 다르다. 우리는 공부라고 하고, 일본에서는 면강(벤쿄스루)이라고 하고, 중국에서는 학습學習(스웨시)이라고 한다. 성공成功은 사업, 기획의 측면보다 실천의 측면에서 끝까지 진행되어 결실을 맺는다는 맥락이다.

여언　『중용』을 보면 지의 측면에서 사람은 세 유형으로 구분되고, 행

의 측면에서도 세 유형으로 구분된다. 지와 행의 세 유형은 따로 또는 짝을 지어 살필 수도 있다. 각각을 살펴보면서 내가 어디에 속하는지를 가늠해볼 수 있다. 지는 생지生知, 학지學知, 곤지困知로 나뉘고 행은 안행安行, 이행利行, 면행勉行 또는 강행強行(원래 '면강행勉強行' 세 글자지만 다른 경우처럼 두 글자로 고쳤다)으로 나뉜다.

먼저 지를 살펴보자. 첫째로 생지는 나면서부터 아는 것이다. 요즘 말로 선천적인 앎 또는 생득적인 앎이라고 할 수 있다. 사람은 동물이 배우지 못하는 언어를 배울 수 있는 능력을 가지고 있는데, 이는 일종의 생득적인 능력이다. 여기서 생지는 특정한 분야의 지식을 가리키는 것이 아니라 도덕 윤리와 관련해서 종합적인 앎을 가리킨다. 우리가 도덕적 선택을 내려야 하는 상황에서 후천적으로 학습하지 않고 무엇을 어떻게 해야 하는지 아는 것을 말한다.

둘째로 학지는 자발적으로 배워서 아는 것이다. 누가 하라 마라고 하지 않더라도 스스로 알아서 필요하다고 느껴서 알게 되는 것이다. 이는 사람이 지적으로 부족하다는 점을 느끼고서 스스로 모자라는 점을 메우려는 활동이라고 할 수 있다.

셋째로 곤지는 어려운 상황에 놓여서 비로소 알게 되는 것이다. 누가 배우라고 하더라도 그 필요성을 전혀 느끼지 못한다. 이 때문에 아무리 좋은 기회가 있더라도 배우려고 나아가지 않는다. 더는 배우지 않으면 안 되는 상황에 떠밀려서 배우는 것이다. 사실 세 가지는 배움의 출발점이 어디에 있느냐로 보면 차이가 있다. 하지만 그러한 차이에도 불구하고 도덕적으로 아는 것은 결국 동일하다.

다음으로 행을 살펴보자. 첫째로 안행은 편안하게 실천하는 것이다.

안安의 뜻이 중요하다. 안은 '하려는 나와 해야 하는 덕목 사이에 거리가 없다'라는 뜻이다. 하려고 하지만 몸이 따라주지 않거나 뜻이 따라주지 않으면 몸과 뜻을 그 방향으로 끌고 가야 한다. 안은 그러한 노력 없이 태어날 때부터 해봤다는 듯이 스르륵 하는 것이다.

둘째로 이행은 하나하나 따져가며 실천하는 것이다. 우리는 잘 움직이지 않다가 하는 것이 필요하고 유리하다고 생각하면 귀찮더라도 움직인다. 앞의 안행은 무엇을 바라는 것과 연결되지 않아도 움직이지만, 이행은 도움이 되는 계기가 있어야 움직인다. 이행을 학지와 합하면 '학지이행'이 된다.

셋째로 면행 또는 강행은 억지로 노력해서 실천하는 것이다. 안행과 구별된다. 면 또는 강은 하려는 나와 해야 하는 덕목 사이에 거리가 멀다. 해야 한다는 것을 알지만 몸과 뜻이 따라주지 않는다. 자꾸 그만두려고 하면 의지를 북돋워서 계속 가게 하고 다른 방향으로 나아가려고 하면 방향을 틀어서 원래대로 나아가게 한다. 이것이 바로 면 또는 강의 힘이라고 할 수 있다. 사실 세 가지도 지와 마찬가지로 움직임의 출발점이 어디에 있느냐에 따라 차이가 나지만, 끝까지 실행하여 결론을 짓는다는 점에서 동일하다.

우리는 자신이 지와 행의 세 유형 중 어디에 있는지를 객관적으로 파악할 수 있다. 이 점을 제대로 파악하면 지와 행에서 내가 어떻게 나아가야 하는지 제 길을 찾을 수 있다.

따지고 보면 대부분 '곤지면행困知勉行' 또는 '곤지강행困知强行'의 처지에 있지 않을까? 하기야 궁지에 몰려도 배우려고 하지 않는 '곤이불학困而不學'도 있다(『마흔, 논어를 읽어야 할 시간』 1강 26조목 참조).

25 성찰

안으로 돌이켜봐도 허물이 없다
내성불구 內省不疚 (33장)

입문　과학 기술의 눈부신 발전으로 수많은 상품이 쏟아지고 있다. 자고 나면 편리한 제품이 생겨난다. 현대인의 시선은 밖을 향해 있다. 밖에 있는 것들에 눈이 휘둥그레질 정도다. 스마트폰만 봐도 그렇다. 일 년 주기로 새로운 제품을 내놓으니 일 년이 넘지 않은 스마트폰도 중고 취급을 받는다. 이렇게 제품의 주기가 짧다 보니 아직 쓸 만한데도 거들떠보지 않는 신세가 된다.

　바깥만 봐도 휘둥그레질 정도니 현대인은 자기 자신을 돌아보기 쉽지 않다. 오히려 밖에 있는 것을 보지 못하고 그냥 지나칠까 봐 걱정이 된다. 사람의 시선이 자신의 밖에 쏠려 있다 보니 자기 자신에게 집중하기 어렵다. 이에 우리는 자신의 밖에 있는 것을 많이 가지는 수집에 열을 올린다.

　이처럼 우리가 자기 자신을 만나지 않고 수집과 소유에 골몰하다 보니 정작 자신에 대해 아는 것이 적다. 내가 뭘 하려는지 잘 모른다.

　요즘 자아를 찾기 위해 순례길을 비롯하여 특정한 장소를 찾는 이들이 많다. 일상에서 나를 돌아볼 시간이 없으니 인위적으로 나를 다른 곳으로 옮겨 내가 누구인지 대면하게 하는 것이다. 왜 일상에서 하지 못하고 타지로 떠나야 하는 걸까? 그것은 우리의 삶이 자신의 안으로 향하지 않고 밖으로 향해 있어서 되돌리기가 쉽지 않기 때문이다.『중용』에서는 시선을 안으로 돌리자고 제안한다.

승당　『시경』에서 읊었다. "물속에 잠긴 것이 비록 엎드려 있더라도(보이지 않더라도) 아주 크게 빛난다." 그러므로 자기주도적인 군자는 자신을 돌이켜봐도 허물이 없고 무엇을 하고자 하는 뜻에 나쁜 동기가 없다. 우리가 군자에게 미칠 수 없는 것은 오직 사람들이 보지 않는 곳에서도 [사람들이 보고 있는 것과 마찬가지로] 처신하는 데 있을 뿐!

詩云: 潛雖伏矣, 亦孔之昭. 故君子內省不疚, 無惡於
시 운　잠 수 복 의　역 공 지 소　고 군 자 내 성 불 구　무 악 어
志. 君子之所不可及者, 其唯人之所不見乎!
지　군 자 지 소 불 가 급 자　기 유 인 지 소 불 견 호

입실　잠潛은 잠기다, 자맥질하다는 뜻이다. 수雖는 접속사로 양보절을 이끌며 비록으로 새긴다. 복伏은 엎드리다, 숨다는 뜻이다. 공孔은 보통 구멍이라는 뜻으로 쓰이지만, 여기서는 매우, 크다는 문맥으로 쓰인다. 소昭는 밝다, 빛나다는 뜻이다. 성省은 살피다, 깨닫다는 뜻이다. 구疚는 병, 꺼림하다, 고생하다는 뜻이다. 악惡은 선악의 악으로 쓰이면 '악'으로 읽고, 미워하다로 쓰이면 '오'로 읽는다.

여언　공자를 비롯하여 선진 시대의 제자백가는 자신의 주장에 권위를 더하기 위해 『시경』에서 마음에 드는 구절을 인용했다. 『중용』도 예외가 아니다. 그만큼 『시경』은 단순히 사람의 감성을 위로하는 데 국한되지 않고 무엇이 옳고 그른지를 깨닫게 하는 진리의 소재지였다. 이 때문에 과거에는 경전 학습만이 아니라 시 짓기가 군자의 공부에서 빼놓을 수 없는 과목이었다.

　여기서는 『시경』에 나오는, 물속 깊숙이 있지만 오히려 환히 빛나는 역

설적 상황을 제시하고 있다. 물속은 원래 깜깜한 장막으로 여겨진다. 물속에 있으면 숨어서 잘 보이지 않는다고 생각하기 때문이다. 하지만 밝은 빛이 물속으로 들어가면 물은 장막이 아니라 투명막이 된다. 투명막은 물의 밖에서 안으로 시선을 옮기게 만든다. 이렇게 역설이 성립된다. 물속 깊숙이 숨어 보이지 않을 듯하지만 그 어떤 곳보다 투명하여 환히 드러나는 것이다.

이렇게 물속처럼 보이지 않는다고 생각하는 곳마저 환히 드러난다면, 이 세상은 보이지 않는다고 생각할 수 있지만 실제로 그런 곳은 없다. 시선이 미치지 않는 사각지대는 없는 것이다. 안과 밖의 구별이 없으니 언제 어디서나 누군가 나를 바라볼 수 있다. 숨을 곳도 자신을 가리지 못하니 숨지 못할 곳은 더더욱 환히 드러날 수밖에 없다.

물속이 더는 숨을 곳이 아니라고 하더라도 사람들이 생각하기에 나만 알고 다른 사람이 모르는 한 곳이 더 남았다. 그곳이 바로 자신의 마음이다. 마음은 누구도 들여다보지 못하니만큼 내가 무엇을 해도 좋은 사각지대로 생각할 수 있다. 과연 그럴까?

현대인은 다들 바쁘게 살다 보니 하루가 어떻게 지나가는지 잘 느끼지 못한다. 나도 학교에 출근해서 이 건물 저 건물을 몇 번 옮겨 다니다 보면 어느새 퇴근할 때가 된다. 지금 하는 것도 바빠서 뭘 하고 있는지 의식하기 어렵다 보니 앞에 무엇을 했는지도 기억이 잘 없다. 기억이 없다 보니 뭘 잘했는지 못했는지 따져보기도 쉽지 않다.

이처럼 바삐 살아가는 현대인은 자신의 안으로 눈을 돌리기가 쉽지 않다. 회사 인사 부서는 직원의 휴가철이 무섭다고 한다. 이렇게 이야기하면 "아니 왜?"라고 놀랄 사람이 많을 듯하다. 평소 바쁘게 살며 그때그

때 맞춰 살아간다. 컨테이너 벨트로 부품이 다가오면 하나씩 놓치지 않고 조립을 하듯 지금 이 시간을 뚫어지게 바라보고 산다. 이러다 직원이 휴가를 가면 컨테이너 벨트가 사라지고 '내가 뭐하고 있지?'라는 생각이 드는 것이다.

제대로 가고 있다고 생각한다면 휴가가 끝나더라도 계속 회사를 다니겠지만 엉뚱한 곳으로 가고 있다고 생각한다면 휴가가 끝나고서 사표를 낼 수 있다. 과거에 휴가가 재충전을 할 수 있도록 제공해야 하는 노동자의 복지로 여겨졌지만, 지금은 자신을 돌아보고 사표를 생각하는 시간이 된 것이다.

이것은 우리의 일상에 문제가 있다는 말이다. 도대체 무엇이 하루 몇 분이라도 자신을 돌이켜보지 못하게 할까? 그것은 바로 일상의 비정상화다. 우리가 일상을 정상으로 돌려놓으려면 시간에 맞춰 살 것이 아니라 시간을 이끌어가며 살 필요가 있다.

먼저 하루 얼마의 시간이라도 자신을 돌아보는 시간을 갖자. 아울러 내가 무엇을 하고 어디로 가고 있는지 살펴보자. 그리고 마지막으로 나의 안에 불빛을 비춰 부끄러워할 것이 있는지 살펴보자. 마음은 숨길 곳이 아니라 자주 들여다봐야 할 곳이다.

6강 균형

삶 근육의 중심 잡기

6강에서는 구체적인 삶을 살아가면서 무너지지 않고 중심을 잡는 근육을 기르는 이야기를 살펴본다. 5강에서 마음의 근육을 길러 중심을 잡게 되었다면, 6강에서는 마음의 근육을 바탕으로 일상에서 때로 기우뚱거리더라도 결국 중심을 잃지 않고 곧바로 설 수 있는 삶의 근육을 키우는 길로 나아가고자 한다.

마음의 중심을 잡기 위해 근육을 키울 때는 철저하게 나 자신과 대결한다. 삶의 중심을 잡기 위해 근육을 키울 때는 싸워야 할 대상이 다양하다. 상황에 따라 바뀐다.

나보다 먼저 승진한 동료, 달마다 오르는 물가, 갑자기 세상을 떠난 친구 등등 하나의 일을 겪을 때마다 심장이 펄떡펄떡 뛰고 머리가 어질하고 다리가 휘청거린다. 자칫 잘못하면 쿵 하고 넘어지기 쉽다. 쓰러지지 않고 버티려면 어떻게 해야 할까?

두 발로 서서 기우뚱거리지만 한쪽으로 혹 쓰러지지 않아야 한다. 쓰러지지 않으려면 기운 만큼 반대로 돌아와야 한다. 생각도 한쪽만 아니라 양쪽을 고려해야 한쪽으로 혹 쏠리지 않듯이, 몸도 넘어지지 않으려면 중심을 잃지 않아야 한다. 기우뚱할 때 논밭의 짚단처럼 쓰러지면 안 된다. 그렇게 쓰러지면 다시 일어날 수 없다. 기울어지더라도 돌아오려는 역동작을 시도해야 한다.

사람은 나이를 먹어가면서 사회에서 자리가 달라진다. 신입 사원도 평생 그 자리에 머무는 것이 아니라 직급이 높아지고 책임이 많아진다. 나의 자리는 상대적이다. 높은 자리에 비해 낮고 낮은 자리에 비해 높다. 이때 자신이 늘 높다고 생각하면 아래에게 이른바 '갑질'을 하게 되고 늘 아래라고 생각하면 비굴해진다. 어느 쪽이든 양자 모두 다른 사람과 대등

하고 건강한 관계를 맺지 못한다. 이는 삶에서 중심을 잃은 것이다.

사람은 모자라고 부족한 만큼 완벽하지 않다. 이는 사람이 처음부터 잘할 수도 있지만 못할 수도 있음을 의미한다. 잘하는 것은 혼자서 앞으로 계속 나아가면 그것으로 충분하다. 다만 못할 때가 문제다. 못하는 자신이 드러나는 것을 피하고 싶은 것은 인지상정이리라. 못하는 모습을 들키지 않으려고 하면 잘하려는 노력을 게을리하게 된다.

못하는 나를 다시 만나지 않으려면 어떻게 해야 할까? 나를 아무도 보지 못하는 곳에 숨길 것이 아니라 아예 모든 사람이 보는 곳에 놓아둬라. 그러면 못하는 나를 숨길 곳이 더는 없다. 탈바꿈에 나서게 된다. 진정으로 부끄러운 것은 지금 못하는 내가 다음에도 버젓이 그대로 재연되는 것이다.

이때 용기가 필요하다. 용기는 적에 맞서는 힘이기도 하지만 자신의 단점을 들추는 힘이기도 하다. 용기를 내서 나를 넘어서려는 도전을 하지 않으면 못하는 나는 치유할 길이 없다.

예나 지금이나 사람은 있는 대로 믿지 않고 믿고 싶은 대로 믿는다. 있는 대로 믿으면 시간이 지나도 믿음이 바뀌지 않지만 믿고 싶은 대로 믿으면 사실에 따라 믿음이 바뀌지 않을 수 없다. 이것이 바로 누구도 부인할 수 없는 증거의 힘이다. 증거에 의지할 때 삶의 중심이 흔들리지 않는다.

마지막으로 우리는 혼자서 더 많이 가지려고 하면 함께 서지 못하고 독점하려고 한다. 독점욕에 사로잡히면 더 높이 올라가고 더 많이 가지려고 하게 되는데, 이는 중심을 잡기 어렵게 만든다. 반면 여럿이 나란히 함께 가면 서로 어울려서 중심을 잡기가 편하다. 삶에서 중심을 잡으면 기우뚱거리지만 넘어지지 않게 된다.

26
중립

가운데 서서 기울어지지 않다

중립불의 中立不倚(10장)

입문 장정일은 자신의 평소 책 읽기를 다룬 책의 머리말에서 중용의 사람이 되고자 했지만 나중에는 그것이 무지에서 비롯된 허위의식이고 대중 기만이었음을 깨달았다고 고백한다(『장정일의 공부』, 알에이치코리아, 2006).

> 우리는 분명히 모난 사람보다 둥근 사람을, 까다로운 사람보다 원만한 사람을 선호하는 문화 속에 살고 있다. …… 내가 '중용의 사람'이 되고자 했던 노력은, 우리 사회의 가치를 내면화하고자 했기 때문도 맞지만, 실제로는 무식하고 무지하기 때문이었다는 것을! 그렇다. 어떤 사안에서든 그저 중립이나 중용만 취하고 있으면 무지가 드러나지 않을뿐더러, 원만한 인격의 소유자로까지 떠받들어진다. 나의 중용은 나의 무지였다.

장정일은 무난하게 살고자 하는 것이 한국 사람의 특성이라고 보았다. 이러한 한국 사람의 특성 때문에 중립이나 중용을 취하는 사람은 대단한 인격의 소유자로 추앙되었다. 그는 이를 일종의 희극적인 상황으로 보는 듯하다. 중립과 중용을 취하면 무지가 드러나지 않아 유식한 척할 수 있다는 말이다. 참으로 한국식 '중용'과 '중립'에 대한 신랄한 평가라고 할 수 있다. 하지만 그의 비판은 『중용』의 중용과 상관성이 깊어 보이지 않는다. 『중용』의 세계로 들어가서 '중용'의 속살을 만나보자.

승당 자기주도적인 군자는 조화를 이루어 어디로 휩쓸리지 않으니 굳세구나, 꿋꿋함이여! 가운데 서서 기울어지지 않으니 굳세구나, 꿋꿋함이여! 나라에 원칙이 통할 때 가난한 날의 뜻을 버리지 않으니 굳세구나, 꿋꿋함이여! 나라에 원칙이 통하지 않을 때 죽게 되더라도 지조를 바꾸지 않으니 굳세구나, 꿋꿋함이여!

君子, 和而不流, 强哉矯! 中立而不倚, 强哉矯! 國有道,
군자 화이불류 강재교 중립이불의 강재교 국유도
不變塞焉, 强哉矯! 國無道, 至死不變, 强哉矯!
불변색언 강재교 국무도 지사불변 강재교

입실 화和는 화하다, 응하다, 합치다는 뜻이다. 류流는 흐르다, 휩쓸리다는 뜻이다. 재哉는 감탄을 나타내는 어조사로서 뜻이 없다. 강强은 굳세다, 강하다는 뜻이다. 중中은 가운데, 중심을 뜻한다. 교矯는 바로잡다, 곧추다, 바루다는 뜻으로 많이 쓰이지만, 여기서는 굳세다는 맥락으로 쓰인다. 의倚는 의지하다, 기울어지다는 뜻이다. 변變은 변하다, 바뀌다, 달라지다, 움직이다는 뜻이다. 색塞은 막히다, 힘겹다, 어렵다는 뜻이다.

여언 유학은 '중용'을 강조한다. 많은 사람들은 장정일처럼 유학의 중용을 어정쩡하다고 비판한다. 사람이 어떤 상황에 놓여 어떻게 할까 고민하다가 하나의 입장을 선택하게 된다. 선택은 '한다'와 '만다' 중 어느 쪽, 둘 중 어느 쪽에 서는 것이다. 선택은 둘 다를 동시에 할 수 없고 늘 하나를 골라야 하는 고통스런 절차이자 활동이다(신정근, 『신정근 교수의 동양고전이 뭐길래?』, 동아시아, 2012 참조).

장정일의 말에서 중용은 어떤 상황에서 입장을 확실히 선택하는 것이 아니라 이도저도 아닌 애매한 곳에 두는 것이다. 이러한 애매함은 둘 중 어느 하나에 속하지 않으니 치열하게 고민하지 않고 대충 어느 지점에서 타협한 것으로 보일 수 있다. 한국식 중용의 이미지는 이렇게 비칠 수도 있다.

과연 그럴까? 먼저 '화이불류和而不流'를 살펴보자. 화는 사람이 다른 사람 또는 서로 다른 생각을 내치지 않고 함께 어울리지만 어느 한쪽으로 휩쓸리지 않는다는 뜻이다. 『논어』에 나오는, 잘 어울리지만 우르르 몰려다니지 않는다는 '화이부동和而不同'과 비슷한 맥락이다(『마흔, 논어를 읽어야 할 시간』 1강 22조목 참조). 화는 타자를 배제하지 않고 합리적인 부분을 수용하고 타협할 수 있는 열린 마음을 나타낸다.

반면 류는 정파, 당파, 인연 등에 얽매여서 자신과 다른 사람 또는 다른 사람의 주장이 타당하더라도 그 점을 놓친다. 화와 류 중에 어느 쪽이 건강하고 살아 있는가? 류는 당파의 이익을 고려할 뿐 다른 사람을 거들떠보지 않는다. 이것은 최면이거나 세뇌라고 해야지 정상적인 사고가 아니다. 반면 화는 그때그때마다 타자의 장점을 읽어내고 나의 부족을 찾아내서 최선의 결론에 이를 수 있다. 이제 화와 류 중에 어느 쪽이 집요하게 생각하고 건전한 결론을 찾고자 하는지 분명하지 않은가!

다음으로 '중립불의'를 살펴보자. 중립은 어느 한쪽으로 기울어지지 않고 가운데 선다는 뜻이다. 이 말은 오해의 가능성이 있다. 중립이 기계적인 중앙에 자리해서 한 걸음도 왼쪽 또는 오른쪽으로 옮겨 가지 않는 것이라고 이해해서는 안 된다. 중립은 어느 한쪽으로 기울지 않은 채 선택지를 객관적으로 검토하는 자세를 가리킨다.

중립의 다른 의미도 있다. 깊이 숙고하고 차분하게 검토하고 신중하게 결정한 뒤에 선택한 중립이 물론 가운데일 수도 있지만 왼쪽 또는 오른쪽 극단에 있을 수도 있고 양극단의 어느 지점일 수도 있다. 국정이 혼란을 거듭할 때 혁신과 혁명 등이 수습 방안으로 제시될 수 있다. 이때 아무리 노력하더라도 국정 쇄신의 가능성이 없다면 정도전의 선택처럼 혁명도 중용일 수 있다. 중립은 무지를 드러내지 않고자 적당히 타협하는 것이 아니라 최선의 결론을 찾느라 칼날 위에 올라서는 치열한 결정이다.

불의는 한쪽으로 기울어지지 않은 상태다. 이미 어느 한쪽으로 기울어져 있다면 더는 객관적일 수도 공정할 수도 없다. 진영 대결에서 판세가 기울어지면 대세를 따르기 쉽다. 대세가 합리적이지 않을 경우 그쪽으로 기울어지지 않으려고 노력하는 것은 얼마나 버거운 일인가. 그래서 검찰이 살아 있는 권력을 공정하게 조사하기가 쉽지 않다. 힘들지만 기울어지지 않고 버티려면 굳세고 또 굳세어야만 한다.

27 공정 | 윗자리에 있으며 아랫사람을 깔보지 않다
재상위불릉하在上位不陵下(14장)

입문   우리는 근대에 들어서면서 계급과 신분 제도를 없앴다. 남녀노소를 가리지 않고 사람은 모두 평등하다고 생각하기 때문이다. 옛말로 표현하면 사람 위에 사람 없고 사람 아래 사람 없다. 하지만 한 사람이 모든 일을 할 수 없으므로 직무와 권한 그리고 책임에 따라 여러 사람을 적재적소에 배치하게 된다. 이것이 신분제가 살아 있을 때 고안되었지만 신분제가 사라지고도 계속 남아 있는 '관료제'다. 요즘 창의력이 요구되는 직종에서 모든 사람이 동등하게 참여하고 실적과 기여도에 따라 나누는 수평적 제도가 도입되고 있지만, 그럼에도 관료제는 여전히 현실에 강고하게 뿌리를 내리고 있다.

관료제에서 사람은 직무상으로 위와 아래로 구분된다. 현실에서 직무상의 위와 아래에 권한이 아니라 권력 관계가 투영될 수 있다. 직무상으로 위와 아래가 있으므로 이를 직무를 넘어 사적 관계로 확장시키는 것이다. 아래는 위의 말을 들어야 하지만 위는 아래의 말을 들을 필요가 없으며 아래는 위가 요구하면 직무를 벗어난 일도 해야 한다는 식이다.

최근 우리 사회에 '갑질'과 '미투'가 논란이 되면서 직무의 아래와 위를 다른 영역으로 확장하는 관행을 돌아보게 하고 있다. 『중용』에서도 아래와 위가 상생하는 길을 고민하고 있다.

승당   윗자리에 있으면서 아랫사람을 업신여기어 깔보지 않고 아랫자리에 있으면서 윗사람을 끌어내리지 않으며, 자기 자신을 올바르게 관리하고 주위 사람들에게 무리하게 요구하지 않으면, 사람 사이에 원망하는 소리가 생기지 않을 것이다. 특히 위로는 하늘에 대고 원망하지 않고 아래로는 특정 사람을 두고 탓을 하지 않을 것이다.

在上位不陵下, 在下位不援上. 正己而不求於人, 則
재 상 위 불 릉 하   재 하 위 불 원 상   정 기 이 불 구 어 인   즉

無怨. 上不怨天, 下不尤人.
무원 상불원천 하불우인

입실　위位는 자리, 지위, 품위를 뜻한다. 능陵은 깔보다, 능가하다, 범하다는 뜻이다. 원援은 잡다, 당기다는 뜻이다. 정正은 바르다, 바로잡다는 뜻이다. 구求는 찾다, 구하다는 뜻이다. 원怨은 슬퍼하다, 한탄하다, 미워하다는 뜻이다. 우尤는 허물, 탓하다는 뜻이다.

여언　관료제는 사람이 모여 살면서 풀어야 할 과제를 효율적으로 처리하기 위해 만든 제도다. 사람이 제도 속에 살다 보면 제도에 길들여진다. 그 제도가 특정한 목적을 이루기 위해 임시로 만든 틀이라고 생각하지 못하고 자연적으로 영원히 존재하는 변경 불가능한 제도로 생각하게 된다. 예컨대 결혼은 이성 간의 사랑을 담는 틀로 오랜 역사를 지니고 있다. 하지만 결혼이라는 틀은 역사적으로 끊임없이 바뀌어왔다. 아울러 우리 사회에서 동거가 아직 결혼을 대체 또는 대항할 만한 제도는 아니지만 꾸준히 그 세를 키워가고 있다. 동성애와 비혼도 꾸준히 증가하고 있다. 사랑을 결혼의 틀에만 가두면 "언제 결혼하느냐?"라는 고전적 물음이 사람 사이를 불편하게 만들 수 있다.

　아래와 위 또는 위와 아래의 관계도 일을 효율적으로 진행하기 위해 임시로 만든 제도에 지나지 않는다. 임시를 영원으로 착각하면 아래와 위 또는 위와 아래는 기능적 관계를 벗어나서 권력 관계로 변질되어 갑질이 당연해진다.

　『중용』에서는 아래와 위의 관계가 권력의 남용으로 타락하지 않도록 두 가지 제안을 하고 있다. 하나는 위가 아래를 업신여기지도 깔보지도 말라는 것이다. 아래는 위가 직무를 수행할 수 있도록 도와주는 역할을 한다. 위는 아래의 도움을 받으니 자신이 많은 일을 직접 하지 않아도 된다. 이렇게 보면 아래는 위에게 고마운 존재다. 하지만 위는 아래를 고맙다고 생각하기보다 '내가 있으니 네가 있다'라는 생각을 한다. 이로써 위는 아래가 고마워해야 할 존재가 된다. 역전이 일어나는 셈이다. 『중용』에서는 이 역전을 인정하지 않는다.

다른 하나는 아래가 위를 잡아서 끌어내리지 말라는 것이다. 아래는 늘 아래에 머물지 않고 위로 올라가고자 한다. 이때 아래와 위는 임시로 나뉜 자리가 아니다. 아래는 한시라도 빨리 탈출해야 하는 자리고, 위는 한시라도 빨리 쟁취해야 하는 자리다. 여기서도 아래와 위는 기능적 관계가 아니라 빼앗고 빼앗기는 약탈적 관계로 전환된다.

이처럼 위와 아래가 권력 관계나 약탈적 관계로 변질되면 만인이 만인을 상대로 투쟁하는 자연 상태가 된다. 아래는 위가 언제 무엇을 요구할지 몰라 불안하고, 위는 아래가 언제 자신을 전복할지 몰라 불안하다. 불안이 모두를 집어삼킨다.

약자가 되지 않으려면 서로 도움을 주는 사람끼리 모이게 된다. 여기서 전체가 파당, 파벌, 당파의 부분으로 쪼개진다. 부분들이 끊임없이 웅성거리며 불안을 잊으려고 한다. 이것이 원망의 노래다.

이렇게 보면 영화 〈내부자들〉(2015)에서 보듯 음주 파티는 일군의 사람이 그냥 모여서 기분 좋게 술을 마시는 일이 아니다. 그것은 전체에서 나뉜 분파가 모여 불안을 잠재우고 경쟁자를 무시하기 위해 거행하는 일종의 종교 의식이라고 할 수 있다. 교주 역할을 하는 리더가 있고, 사제 역할을 하는 복심이 있으며, 뭐가 뭔지 모르고 시키면 시키는 대로 하는 평신도가 있다. 이들은 주기적으로 모여 거나하게 술을 먹으면서 이름 부르며 출석을 확인하고 결의를 다지며 조직의 무궁한 영광을 꿈꾼다.

『중용』에서는 아래와 위 또는 위와 아래가 권력 관계나 약탈적 관계로 변질되지 않도록 '불릉'과 '불원'의 원칙을 제시했다. 나아가 사람에게 '릉'과 '원'으로 타락하지 않으려면 '자기 자신을 바로잡아라'라고 주문하고 '다른 사람에게 무리하게 요구하지 말라'고 주문한다. 이 두 가지 주문이 받아들여지면 사람 사이에 웅성거리는 원망의 노랫소리가 들리지 않는다. 대신에 흥얼거리는 독창과 필요하면 누구나 알아들을 수 있는 합창 소리가 나게 된다.

28 용기 | 부끄러워할 줄 아는 것은 용기에 가깝다
지치근용知恥近勇(20장)

입문 사람은 일상과 도덕에서 늘 성공만 할 수 없다. 실패하기 마련이다. 실패를 했을 때 그 자리에 주저앉고서 다시 일어서지 않으면 포기가 된다. 반면 넘어진 지점에서 다시 일어서서 했던 일을 이어서 계속하면 끈기가 된다. 포기와 끈기의 차이는 자신을 일으킬 힘이 있느냐 없느냐에 달려 있다. 이때 힘은 체력을 포함하기는 하지만 정신력에 초점이 놓인다. 체력으로는 도저히 일어설 수 없더라도 정신력이 있으면 그만두려는 자신을 다독이고 설득하여 재출발을 할 수 있다.

초등학생이 자신을 마중 나온 부모에게 뛰어가다가 길에 넘어졌다고 해보자. 달리다 넘어졌으니 분명 무릎에 찰과상을 입었을 것이다. 하지만 친구들이 보는 상황에서 넘어진 학생은 부끄러움을 느껴서 빨리 그 자리를 벗어나거나 자신이 투명 인간이 되어 다른 사람의 눈에 보이지 않았으면 한다. 이 부끄러움은 상황을 빨리 피하게 할 수 있지만 자신이 왜 넘어졌는지 얼마나 다쳤는지에 주목하지 못하게 한다.

앞서 말한 정신력은 대체 어디에서 오는 것일까? 정신력이 부끄러움에서 온다고 해보자. 초등학생의 부끄러움은 한계가 있다. 그러한 특성만으로 용기에 가깝다고 할 수 없다. 용기에 가까운 부끄러움은 어떤 것일까?

승당 배우기를 좋아하는 것은 지혜에 가깝고, 온 힘으로 실행하는 것은 사랑(연대)에 가깝고, 부끄러워할 줄 아는 것은 용기에 가깝다.

好學, 近乎知. 力行, 近乎仁. 知恥, 近乎勇.
호학 근호지 역행 근호인 지치 근호용

입실 호好는 좋아하다는 뜻이다. 이는 대상에게서 한시도 떨어지지 않으려는 성향을 나타낸다. 근近은 가깝다는 뜻이다. 근近은 비교하는 두 대상이 완전히 동일하지 않지만 상당히 근접한 공통성이 있다는 맥락이다.

여언 부끄러움이 용기와 연결되지 않으면 체면이 구겨지는 정도다. 체면이 구겨지는 상황만 해결되면 부끄러움은 그 역할을 다하게 된다. 부끄러움이 용기와 연결되려면 도전의 계기가 들어가야 한다. 연설을 해야 하지만 사람들 앞에 서면 긴장해서 아는 말도 생각나지 않아 그 자리에서 빨리 벗어나고 싶은 상황에 처해 있다고 가정하자. 그 자리를 내려와서 상황을 피한다면 부끄러움은 체면 차리기와 비슷하다. 사람들이 웅성거리고 할 말이 하나도 기억나지 않지만 심호흡을 가다듬고 준비한 것을 하나씩 떠올리며 연설을 끝마치면 부끄러움은 용기와 연결된다고 할 수 있다. 부끄러운 상황을 피하지 않고 맞서서 해야 할 일을 해냈기 때문이다.

우리는 '용기' 하면 보통 총알이 빗발처럼 날아오고 비명이 여기저기서 들리는 상황을 연상한다. 그렇다 보니 용기는 특수한 상황에서 목숨을 걸고 발휘하는 덕목이라고 생각한다. 하지만 용기는 못하는 것을 시도하고, 모르는 것을 해결하고, 부끄러운 것을 넘어서는 모든 활동과 관련이 있다. 상황을 피하지 않고 정면으로 맞서서 이전보다 조금씩 나아지고 있기 때문이다.

이렇게 보면 부끄러움은 체면과 용기 등 다양한 영역에 걸쳐 있는데, 적어도 용기 쪽으로 나아갈 때 사람이 자신을 좋은 방향으로 변화시키는 원동력이 될 수 있다. 심지어 어떤 상황에 놓이는 게 부끄러워서 죽어도 싫지만 해야 하기에 용기를 발휘하여 자신을 일으켜 세우기도 한다. 이러한 부끄러움은 사람을 이전과 확연히 다른 사람으로 상승시키는 힘이 될 수 있다.

초의 항우와 한의 유방이 패권을 다투던 시절에 칼을 차고 다니던 한신韓信이 시장 왈패들에게 둘러싸여 싸워보지도 못하고 왈패의 가랑이 사이를 기어갔다. 치욕을 이기지 못하고 칼을 뽑았다면 한신은 한갓 사소한 시비에 칼부림을 한 깡패가 되었을 것이다. 그는 체면이 깎이는 것을 자신이 무너지는 것으로 보지 않았다. 그는 자신이 하고자 하는 일을 위해 칼을 뽑으려는 자신이 그렇게 하지 않도록 용기를 냈고 그 도전을 이겨냈다.

이순신도 괜한 오해와 질투로 극심한 국문을 겪었다. 그러한 상황에 놓이는 것 자체가 수치다. 수치에 굴복하면 상황이 될 대로 되라고 스스로 포기할 수도 있고 분을 이기지 못하고 자살할 수도 있다. 이때 자신이 처한 상황보다 일본의 침입에 제대로 대항하지 못해 백성들이 고통을 당해도 그냥 두고 봐야 하는 상황이 더 수치라고 생각했기에 무너질 수 있는 자신을 일으켜 세워 자신의 운명에 도전할 수 있었다.

이제 용기 이야기는 그만두고 나머지 두 가지, 즉 지혜와 사랑을 간단하게 살펴보자. 배운다는 것은 사람이 자신에게 없는 것을 채우는 활동이다. 사람이 자신에게 없는 것을 자기 것으로 만들려면 오랜 시간을 들여 반복하고 노력하는 과정을 거치지 않을 수 없다. 건강을 위해 수영을 배우거나 외국어를 하기 위해 어학을 배우거나 작품 창작을 위해 연습하거나 정의 구현을 위해 좋은 정책을 찾는 것은 모두 고통이다. 고통은 사람으로 하여금 하고 있는 활동을 당장 그만두게 만들 수 있다. 그러나 고통에도 불구하고 얻는 것이 자유를 가져다준다면 고통에 지지 않을 수 있다. 지혜의 빛을 쬐면 아무리 힘들어도 끝까지 배우게 된다.

이웃과 세상을 돕는 것이 선행이다. 선행이 일시적인 활동에 그치지 않고 평생의 활동으로 나아가려면 무엇이 필요할까? 사랑의 힘이다. 선행을 하다 보면 뜻하지 않게 주위의 오해를 받기도 한다. 선행이 오해를 받으면 계속하기 어렵다. "내가 왜 오해를 받아가면서 누구를 도와야 할까?"라고 물으면 할 말이 없기 때문이다. 사랑의 힘이 약해질 수 있다. 선행이 오해를 받고 시련을 겪을지라도 사랑의 끈을 놓지 않을 수 있다. 사랑이 진실하고 그 힘이 강력하면 그럴 수 있다. 그러면 오해에 억울해하지 않고 오해마저 녹일 수 있다.

29 증거

증거가 없으니 믿지 않네

무징불신無徵不信(29장)

입문 사람은 과과寡過, 즉 실수를 덜하고 싶다. 하지만 제한된 능력과 지식으로 판단하고 그에 따라 행위를 할 수밖에 없다. 더 많은 정보와 데이터를 모아서 완전한 판단을 내리고 싶더라도 사람은 제한된 시간 안에서 살아가므로 무한정 판단을 미룰 수 없다. 이것이 바로 인간이 피할 수 없는 인간의 조건이다. 요즘 각광받는 인공지능과 빅 데이터 분석도 결국 알고 보면 인간의 조건을 보완하는 길이라고 할 수 있다. 빅 데이터가 있으면 통계적 수렴으로 인해 오류가 줄어들고 인공지능은 감정의 기복에 흔들리지 않아 합리적 선택을 도울 수 있기 때문이다.

우리가 인간의 조건을 인정하고 인공지능과 빅 데이터의 도움을 받더라도 실수할 가능성을 완전히 없앨 수는 없다. 지금으로서는 실수할 가능성을 최대한으로 줄일 수밖에 없다. 이때 인공지능과 빅 데이터의 도움 이외에도 판단을 내릴 때 참고할 수 있는 기준 또는 체크 포인트가 있다면 실수할 가능성을 조금 더 줄일 수 있다.

일찍이 묵자는 삼표三表를 통해 판단의 오류를 줄이고자 했다(아래에서 설명하기로 한다).『중용』에서는 유학의 입장에서 삼표에 대응할 만한 기준을 제시하고 있다. 그것이 바로 삼중三重이다. 삼중이 무엇인지『중용』속으로 들어가보자.

승당   천하를 다스리는 데 세 가지 소중한 것, 즉 앞의 의례·제도·문화(기록)가 있는데 이대로 하면 실수(행정 낭비)를 줄일 수 있을 것이다. 이전의 것(상고 시대 성왕의 의례)은 비록 훌륭하다고 하더라도 증거가 없고, 증거가 없으므로 믿을 만하지 않고, 믿을 만하지 않으므로 백성이 그것을 따르려고 하지 않는다. 지금의 것(당시의 의례)은 비록 훌륭하다고 하더라도 말하는 사람의 지위가 높지 않고, 지위가 높지 않으므로 사람들이 믿을 만하지 않고, 믿을 만하지 않으므로 백성들이 그것을 따르려고 하지 않는다.

王天下有三重焉, 其寡過矣乎. 上焉者, 雖善無徵, 無
왕 천 하 유 삼 중 언   기 과 과 의 호   상 언 자   수 선 무 징   무
徵不信, 不信民弗從. 下焉者, 雖善不尊, 不尊不信, 不
징 불 신   불 신 민 불 종   하 언 자   수 선 부 존   부 존 불 신   불
信民弗從.
신 민 불 종

입실   중重은 무게, 무겁다, 소중하다는 뜻이다. 과寡는 적다, 줄이다는 뜻이다. 과過는 지나치다, 잘못, 실수를 뜻한다. 상上은 위, 앞, 처음을 뜻한다. 수雖는 접속사로 두 문장을 이어주며 비록, 그러나로 새긴다. 징徵은 부르다, 거두다, 조짐, 증거를 뜻한다. 종從은 좇다, 따르다, 받아들이다는 뜻이다. 존尊은 높다, 높이다, 우러러보다는 뜻이다.

여언　한 번의 판단과 선택이 인생을 좌우할 수 있다. 학교 다닐 때는 '학교를 계속 다니느냐 그만두느냐?' '운동을 하느냐 마느냐?'를 고민한다. 직장을 다니면 '지금 회사를 그만둘까 말까' '이 계약을 추진할까 말까?'를 고민한다. 공무원이라면 '출산율 저하를 막기 위해 어떤 정책을 할까?'를 고민한다. 대통령이라면 '국민 다수가 반대하는 정책을 실시할까?' '청문회에서 야당이 반대하는 고위 공직자 후보를 임명할까 말까?'를 고민한다.

모든 판단과 선택의 순간은 고독하다. 대통령처럼 주위에 아무리 참모가 많다고 하더라도 회사 CEO처럼 오랜 경험과 예리한 직감을 지녔다고 하더라도 판단과 선택은 오로지 당사자가 내려야 한다. 그리고 그 결과에 대해 좋든 나쁘든 책임을 져야 한다.

묵자는 실수를 줄이는 과과寡過의 문제를 해결하고자 다음의 세 가지 기준, 즉 삼표를 제시했다(『묵자』「비명非命」). 첫째, 과거 성왕들의 언행에서 유사한 사례가 있는지 살피는 본本이다. 역사적인 참조다. 둘째, 다수의 일반 백성이 실제로 무엇을 믿고 따르는지 따져보는 원原이다. 대중 지성의 힘이다. 셋째, 어떤 결정이 실제로 어떤 효과가 있을지 따져보는 용用이다. 효용성을 점검하는 것이다. 간단히 말하면 본은 근거, 원은 신뢰, 용은 실용이라고 할 수 있다. 묵자는 사람이 판단과 선택을 할 때 이 세 가지의 허들을 검토하면 실수를 줄일 수 있다고 보았다.

유학은 묵자가 삼표에서 말하는 기준을 긍정하기도 하지만 완전히 똑같지는 않다. 『중용』에서는 삼표에 대응해서 삼중三重을 제시했다. 삼중은 의례議禮, 제도制度, 고문考文을 가리킨다. 즉 예에 따라 논의하고, 도(규정)를 살피고, 문(전통)을 고려하는 것이다. 예禮는 개인의 처지와 상황에 따라 무엇을 해야 하는지 내용을 담고 있고, 도度는 할 수 있는 것과 없는 것을 나누고 또 하더라도 어떻게 하는지 방법을 담고 있고, 문文은 과거의 오랜 시간을 통해 검증된 지식을 담고 있기 때문이다.

같은 삼중이라도 시대의 차이가 있다. 상上은 가깝게는 지금 이전을 가리키고 멀리는 기억과 이야기로 전해지는 고대를 가리킨다. 하下는 지금 현재를 가리킨다. 이렇게 시대를 구분해놓고 보니 각각 한계가 있다. 고대는 좋은 이야기, 모범적인 사례를 남겨주었지만 사실성 여부를 판단할 증거가 부족하다. 증거가 부족하면 예찬과 찬사의 이야기만으로 사람을 믿게 할 수는 없다. 우리도 술자리에서 '왕년에 빛나는 추억', '화려한 가문의 영광'을 말하며 자신을 뽐내지만 그걸 사실로 다 믿지는 않는다.

현재도 여전히 좋은 내용과 신뢰할 만한 방안을 담고 있지만 권위가 없다. 정치인이 대통령이 되고 하는 말이랑 선거에 연거푸 져서 낭객으로 떠돌 때 하는 말의 무게가 같을 수는 없다. 권위가 실리지 않으면 사람이 잘 믿지 않는다. 또 같은 말이라도 말하는 사람에 따라 신뢰가 달라진다. 이렇게 『중용』에서는 실수를 줄이기 위해 삼중이 증거와 권위를 가져야 한다고 말하고 있다(7강 34조목 '징저서민' 참조).

30
병행

나란히 자라나더라도 서로 해치지 않는다

병육이불상해竝育而不相害(30장)

입문　50~60대는 자랄 때 형제자매가 많았다. 없는 살림에 식구가 많으니 자식들은 밥상머리에서 서로 더 많이 먹으려고 한다. 자식이 아니라 부모의 입장에서 보면 모두 다 같은 자식이니 누가 덜 먹고 더 먹는지에 신경 쓰기보다는 자식에게 조금이라도 더 많이 먹이려고 뼈 빠지게 일하게 된다.

하늘(하느님)은 세상 모든 사물의 부모에 해당한다. 개별 사물의 입장에서 보면 각자 자연에서 더 많은 혜택을 받으려고 할 것이다. 하늘(하느님)의 입장에서 보면 다 잘되었으면 좋지, 뭐는 잘되고 뭐는 못되기를 바라지 않는다.

우리가 한 정파의 입장에 서면 자연히 그 편의 주장에 동조하기 쉽고 반대파를 비판하기 쉽다. 이렇게 굳어지면 진영 논리가 판을 치게 된다. 누가 옳고 그른지 제대로 보지 않고, 나는 무조건 옳고 상대는 무조건 틀리다고 생각하게 된다. '내로남불'이라고 할 수 있다. 이러한 진영 논리에는 모두 만족할 수 있는 공통 영역이 있을 수 없다. 나에게 무한히 관대하고 반대자에게 추상같이 엄격해진다.

이런 진영 논리가 득세하면 경쟁과 대립이 사회에 만연하여 해결할 길이 없다. 『중용』에서는 이와 입장이 다르다. 자연과 사회는 원래 경쟁하고 대립하지 않고 공존하고 조화한다는 것이다. 『중용』 속으로 들어가서 좀 자세하게 살펴보도록 하자.

승당　만물이 나란히 자라나더라도 서로 해치지 않고, 도가 나란히 실행되더라도 서로 어긋나지 않는다. 작은 생성력은 흐르는 강물이고, 위대한 생성력은 되돌릴 수 없는 강대한 변화다. 이것이 하늘-대지가 위대하게 여겨지는 까닭이다.

> 萬物竝育而不相害, 道竝行而不相悖, 小德川流, 大
> 만물병육이불상해 도병행이불상패 소덕천류 대
> 德敦化, 此天地之所以爲大也.
> 덕돈화 차천지지소이위대야

입실　병竝은 아우르다, 나란히 하다는 뜻이다. 상相은 돕다, 재상, 서로라는 뜻으로 많이 쓰인다. 육育은 기르다, 자라다는 뜻이다. 해害는 해치다, 훼방하다는 뜻이다. 패悖는 어그러지다, 벗어나다는 뜻이다. 돈敦은 도탑다, 힘쓰다, 노력하다는 뜻이다. 이위以爲는 여기다, 간주하다는 뜻이다. 돈화敦化는 창덕궁 정문 이름의 출처다. 대大는 크다, 넓다, 대단하다는 뜻이다.

여언　『중용』이 쓰인 시대는 극단의 시대였다. 극단의 시대는 경쟁하는 나라와 사람끼리 이해가 첨예하게 맞서게 된다. 영토든 자원이든 할 것 없이 함께 나누지 못하고 독차지해야 한다. 공유보다는 독점으로 나아가게 된다. 독점은 다시 경쟁을 낳는다. 빼앗은 자는 더 많이 빼앗으려고 하는 반면 빼앗긴 자는 다시 빼앗으려고 한다. 이러한 관계는 빼앗고 빼앗기는 악순환을 피할 수 없다.

『중용』에서는 세상 곳곳에 자라는 만물을 보고 사람이 걸어가는 길을 살펴보자고 제안했다. 먼저 길부터 살펴보자. 한 곳에서 다른 곳으로 가려고 할 때 길이 하나뿐이라면 사람은 모두 그 길만 다닐 뿐 다른 길을 갈 수 없다. 하지만 사람은 이미 길이 있더라도 새로운 길을 낸다.

이렇게 두 지역 사이에 여러 갈래 길이 나더라도 서로 피해를 주지 않는다. 한 곳을 출발하여 다른 곳으로 갈 수 있으면 그것으로 충분할 뿐이다. 자갈길도 있고 흙길도 있고 포장도로도 있고 고속도로가 있을 수 있다. 이에 대해 『중용』에서는 도가 나란히 실행되더라도 서로 어긋나지 않는다고 한다. 오히려 두 지역을 오갈 수 있는 기회와 가능성을 넓혔다고 할 수 있다.

   사람은 일상과 인륜에서 다양한 관계에 놓인다. 예컨대 나는 한 명의 사람이지만 관계에 따라 역할이 다르다. 어머니에게 자식이고, 아내에게 남편이고, 딸·아들에게 아버지이고, 학생에게 선생이다. 이때 내가 어머니에게 하는 역할, 아내에게 하는 역할, 딸·아들에게 하는 역할, 학생에게 하는 역할이 같을 수는 없다. '나'라는 사람은 한 명이지만 관계에 따라 다양하게 역할을 수행하더라도 서로 전혀 부딪치지 않는다.

   만물이 서로 관계를 맺는 방식을 보면 서로 나란히 자라나더라도 서로 해치지 않는다. 창경궁의 홍화문을 들어서면 나오는 옥천교玉泉橋 주위에는 봄이면 살구나무, 자두나무, 앵두나무, 벚나무 등 여러 나무의 꽃이 함께 핀다. 어느 나무의 꽃이 다른 나무의 꽃이 피지 못하게 다투지도 싸우지도 않는다. 그렇게 여러 나무가 서로 어울려 있으니 더욱더 아름답다. 이를 『중용』에서 만물이 서로 어울려 나란히 자라기도 하고 서로 해치지 않는다고 말하고 있다.

   이를 바탕으로 『중용』은 우리에게 시선을 교정하도록 요청한다. 전국 시대는 전쟁의 시대였다. 나라와 나라, 개인과 개인이 대립하고 갈등하고 심지어 전쟁을 벌였다. 자연히 경쟁과 대립이 다른 어떤 것보다도 두드러지게 드러난다. 이렇게 경쟁과 대립이 두드러지면 사람의 눈에 다른 것은 보이지 않고 그것만 보인다.

『중용』에서는 그것만 보인다고 해서 그렇게 보이는 것이 진실은 아니라고 본다. 보고 싶은 대로 보는 것이지, 있는 대로 보는 것이 결코 아니다. 『중용』에서는 눈을 돌려 만물과 길을 살펴보라고 제안한다. 만물은 서로 어울리며 해를 끼치지 않고 오히려 도움을 주고 길은 여기저기 나 있더라도 서로 어긋나지 않는다. 여기서 새삼 공존과 평화가 세상의 진실로 드러난다.

우리가 경쟁과 대립을 넘어 공존과 평화에 더 관심을 기울일수록 세상의 참모습이 더 드러난다. 나는 의령 장박의 시골에서 대학을 다니러 서울로 왔을 때 "서울 사람은 깍쟁이다"라는 말을 듣고서 서울 사람을 부정적으로 생각했다. 살아보니 그렇지 않다는 것을 알게 되었다. 정도 많고 친절하기도 하다. 보고 싶은 대로 착각하며 살 것이 아니라 있는 대로 보면 공존과 균형의 가치에 관심을 더 기울일 수 있다(신정근, 『중용, 극단의 시대를 넘어 균형의 시대로』, 사계절, 2010 참조).

7강 중용

삶에 중용이 들어오는 순간

7강에서는 중용이 추상적 이론 차원이 아니라 구체적 삶으로 들어서는 이야기를 하려고 한다.

원래 윤리학은 이론만을 밝히는 것이 아니라 옳고 가치 있는 것을 실천으로 옮기는 데 그 목적이 있다. 아름다운 가치와 훌륭한 덕목은 현실에서 실현될 때 빛이 난다. 예컨대 용기는 개념적 정의로 머무르지 않고 구체적 상황에서 발휘될 때 더 위대해진다.

왜 그럴까?

개념적 정의로서 용기는 사전과 사람의 의식 속에만 있을 뿐이다. 위험에 처한 이웃을 구하려는 마음, 성과를 동료와 나누려는 자세, 자신의 단점을 고치려는 시도 등은 모두 주저할 수도 있고 이랬다저랬다 할 수 있는 상황이다.

이러한 상황에서는 용기만이 뒤로 물려나려는 자신을 다시 앞으로 나아가게 하고 포기하려는 자신을 다시 일으켜 세울 수 있다. 이때 용기의 발휘는 나를 더 큰사람으로 나아가게 하는 원동력이다.

이렇게 중용이 시공간으로 들어서려면 이론과 보편의 차원에서 특수한 상황을 고려하지 않을 수 없다. 그것이 바로 시중時中이다. 그러지 않으면 보편적 기준을 현실에다 무조건 적용하게 된다. 개별 사정이 충분히 고려되지 않을 수 있다. 이는 바로 "글로벌 차원에서 생각하고 로컬 차원에서 실천하라"는 말과 통한다.

사람이 선택을 할 때 사전에 들어보았다면 그쪽으로 기울고 연고가 있으면 그쪽으로 치우칠 수 있다. 그것은 사고가 한쪽에 갇혀 있는 꼴이다. 『중용』에서는 『논어』와 마찬가지로 양극단을 두루 살피라고 제안한다. 왼쪽 끝이 0의 눈금이고 오른쪽 끝이 1의 눈금이라면 그 사이에 있는 수

많은 점을 이쪽저쪽 번갈아가며 살핀다면 열린 마음을 가질 수 있다.

우리는 소중한 물건은 놓지 않으려고 손에 꽉 쥔다. 손을 풀면 소중한 물건이 빠져나갈 수 있다고 생각하기 때문이다. 아이가 주먹을 꼭 쥔 모습을 떠올려보라. 아이라도 쥐는 힘이 강해서 쉽게 풀지 않는다. 소중한 것을 지키는 방법이 손에 꼭 쥐는 것만 있는 것은 아니다. 가슴에 품고 꼭 껴안거나 가슴에 새겨 기억할 수 있다. 일단 기억을 하고 있어야 실천하려고 움직일 수 있다.

중용이 아무리 좋은 덕목이라고 해도 무조건 덮어놓고 실천할 수는 없다. 옳고 그름을 따지고 않고 용기만을 내세우면 만용이 될 수도 있다. 씀씀이를 고려하지 않고 돈 쓰는 기분을 내세우면 낭비가 된다. 이처럼 상황에 필요한 덕목을 이해하고 실천하려면 카더라 통신이 아니라 증거가 분명해야 한다. 그래야 사람을 돕는 사랑의 덕목도 빛나고 잘못의 시정을 요구하는 분노의 덕목도 감동을 줄 수 있다.

마지막으로 중용의 덕목을 실천하려면 좀 명확하고 분명한 형식이 필요하다. 형식이 기준으로 작용하지 않으면 모든 행위가 중용에 맞는다고 주장할 수 있다.

또 형식이 분명하지 않으면 사람들은 각자 자신이 중용을 실천했다고 큰소리를 칠 수 있다. 아리스토텔레스의 중용은 비겁과 만용의 중간에 해당하는 덕목인 용기다.

『중용』을 비롯하여 유학에서는 'a하지만 b하지 않는다'라는 형식을 중용으로 제시한다. 예컨대 어려운 이웃이 있으면 도움을 주더라도 너무 의존하여 자립심을 잃지 않도록 하라고 할 수 있다. 이런 형식을 찾아서 자신에게 적용하면 중용대로 살기가 좀 쉽게 다가올 수 있다.

31 시중

군자는 중용을 때에 맞춘다
군자시중君子時中(02장)

입문 철학은 원래 무엇이 참으로 있는지를 밝히는 학문이다. 한마디로 말하면, 참으로 있음을 가리는 활동이다. 이때 '있음'은 이랬다저랬다 하는 것이 아니라 참으로서 늘 있는 것을 가리킨다. 철학적 사유는 무엇이 있다는 것인지 그 의미를 밝힌다. 이는 우리가 있지 않은 것을 있다고 하면 가짜라고 하면서 거들떠보지 않는 것과 비슷하다. 있는 것은 있고 없는 것은 없다. 철학은 바로 이 둘의 경계를 분명하게 가르는 활동이다.

윤리학은 무엇이 옳다는 것을 알고 실제 행위로 옮기는 학문이다. 한마디로 말하면 함을 가리키는 활동이다. 이때 '함'은 이럴 수도 있고 저럴 수도 있는 상황에서 최선을 찾아 중도에 그치지 않고 끝까지 완수하는 것을 가리킨다. 사람에게 반갑게 인사하는 것은 언제 어디서 어떻게 인사를 하는지 잘 이해하는 데 그치지 않고 실제 상황에서 마음에서 우러나와 인사를 함으로써 완수된다.

이런 맥락에서 시중時中은 아주 중요한 의미가 있다. 시중은 중용이 추상적 원칙이 아니라 특정한 시공간에서 가장 적절한 행위로 드러나야 한다는 점을 압축적으로 잘 표현하고 있다.『중용』의 원문으로 들어가서 '시중'의 의미 맥락을 자세하게 들여다보자.

승당 중니가 말했다. 자기주도적인 군자의 삶은 중용에 들어맞지만 이기적인 소인의 삶은 중용에 어긋난다. 중용을 따르는 군자는 중용을 시공간으로 옮긴다. 반면 중용에 어긋나는 소인의 삶은 이해관계를 우선시하여 어려워하거나 거리끼는 것이 없다.

仲尼曰:君子中庸, 小人反中庸. 君子之中庸也, 君子
중니왈   군자중용   소인반중용   군자지중용야   군자
而時中. 小人之反中庸也, 小人而無忌憚也.
이시중   소인지반중용야   소인이무기탄야

입실　반反은 되돌리다, 뒤집다, 뒤엎다는 뜻이다. 시時는 때, 제때, 때 맞추다는 뜻이다. 기忌는 꺼리다, 미워하다, 싫어하다는 뜻이다. 탄憚은 꺼리다, 삼가다, 화내다는 뜻이다.

여언　먼저 마지막에 나오는 '무기탄無忌憚'의 의미를 살펴보자. 기탄은 둘 다 꺼리다, 삼가다는 소극적 태도를 가리킨다. 그러니 무기탄은 공격적이며 도전적인 태도를 나타낸다. 이런 무기탄의 의미를 이해한다면 1강 1조목에서 살펴본 '소은행괴'를 떠올릴 만하다. '소은행괴'는 언행의 두 측면에서 색다르고 자극적인 극단을 표출하는 것이다. 이는 무기탄의 의미와 일맥상통한다고 할 수 있다.

무슨 일을 하고 싶지만 주저주저하며 못하고 꺼려서 진행하지 못할 때가 있다. 멈칫거리면서 행위로 나아가지 못하는 것이다. 이처럼 주저하고 꺼리는 바탕에는 도덕적으로 허용되기 어렵다는 판단이 깔려 있다. 도덕적으로 허용되기 어렵다고 생각하니 뭔가 하려고 해도 앞으로 나아가지를 못하고 멈칫거리는 것이다.

어떠한 주저함도 없고 꺼림칙함도 없다는 것은 무엇을 가리키는가? 그것은 사람이 무엇을 하려고 할 때 통제하는 규칙을 전혀 신경 쓰지 않는

다는 말이다. 누가 뭐라고 하든 어떤 도덕 원칙을 제시하든 그것의 규제를 받으려고 하지 않는다. 아니, 거부한다고 하는 편이 더 적절할 듯하다. 이는 1강 1조목에서 살펴본 극단의 삶을 살려는 태도라고 할 수 있다.

인용문에서는 제일 먼저 군자와 소인을 각각 중용과 반중용으로 구분한다. 자기주도적인 군자는 중용대로 살아가는 삶을 지향하는 반면, 이기적인 소인은 중용과 어긋나는 삶을 살려고 한다. 후자의 반중용은 달리 말하자면 무기탄의 삶이고 1강 1조목에서 말하는 '소은행괴'의 삶이라고 할 수 있다. 이렇게 보면 군자는 극단의 삶을 살아가는 다수의 이기적인 소인에 둘러싸여 있다고 할 수 있다.

이처럼 수세에 놓여 있는 군자는 그 국면을 어떻게 풀어나갈 수 있을까? 그 실마리는 바로 시중에서 찾을 수 있다. 중용은 원래부터 구체적인 현실을 완전히 초월한 추상적인 규범이 아니다. 그것은 일상과 인륜을 규율하는 규범이다. 운동 경기의 규칙을 연상하면 좋겠다. 하지만 일상과 인륜을 규율하는 규범은 특정한 인간관계가 아니라 세상의 모든 인간관계를 규율한다는 점에서 보편성을 지닐 수밖에 없다. 우리 집 식구 사이에서만 통용되는 규범을 이웃집이나 다른 집에 그대로 적용하자고 할 수는 없다.

일상과 인륜의 규범이 보편성을 지니지만, 그 규범은 개별적인 일상과 인륜에 따라 다르게 적용된다. 예컨대 사람을 죽이는 살인은 나쁘다. 이 규정은 언제 어디서나 적용되는 보편성을 지닌다. 하지만 전쟁에서 군인 사이의 교전과 살해 위협에서 벗어나기 위한 정당방위는 일반 살인과 다르게 취급된다. 살인이더라도 개인의 이해를 도모하기 위해 벌이는 살상과 다르기 때문이다.

제사는 격식이 많아 까다롭다. 제사를 지내는 포괄적인 규정은 있지만 절하는 방식이나 상을 차리는 음식은 지역마다 다르다. 이를 획일적으로 규제하는 규범을 정하면 어느 지역에는 합당하지만 어느 지역에는 부당하게 된다. 김영란법이 실시되면서 사람 사이의 자연스러운 감사 표시로 선물을 하기가 쉽지 않아졌다. 법의 테두리를 벗어나지 않는 범위 안에서 우리는 사람 사이의 자연스러운 정리, 예컨대 고마움을 표현할 수 있다. 이때의 표현 방식에도 개인의 차이가 있을 수밖에 없다.

이러한 특성 때문에 바로 중용과 시공간이 결합되는 시중 개념이 도출될 수밖에 없는 것이다. 고대와 현대가 다르므로 고대에 맞는 예절이더라도 현대에는 수정되고 보완된 시중이 필요하다. 이는 물론 현재의 시중도 미래의 시중에게 규범의 자리를 내주어야 한다는 것을 의미한다. 시중은 중용을, 시공간을 초월하여 현실에 무조건 욱여넣는 것이 아니라 시공간의 고유한 특성을 살려서 인간답고 자연스런 행위를 길어내는 예술적 특성을 갖는다고 할 수 있다.

32
집중   사태의 두 극단을 다 고려하라
집기양단執其兩端(06장)

입문   사과를 바라볼 때 앞면을 보면서 동시에 그 뒤를 볼 수 없다. 물론 사과를 집어 들고 돌리거나 사람이 반대 방향으로 움직이면 나머지를 다 볼 수는 있다. 그 자리에만 머문다면 한 번에 전체를 볼 수는 없다. 사태를 바라보는 시각도 비슷한 측면이 있다. 선입견이 있으면 보고 싶은 대로 보게 되지, 사태가 지닌 객관적 특성을 제대로 보지 못한다.

그럼 어떻게 해야 할까? 사과의 한 면을 보고 이렇다고 단정할 것이 아니라 다른 측면을 볼 때까지 판단을 유보해야 한다. 다른 측면을 보고 종합해서 사과가 어떠하다고 하더라도 결코 늦지 않는다. 언론에서 제공하는 뉴스를 볼 때도 설혹 자신이 특정한 견해가 있다고 하더라도 다른 편의 주장을 펼치는 언론을 같이 보는 것이 좋다. 견해가 다르더라도 배울 것이 있기 때문이다.

요즘에는 정치적 견해가 다른 패널이 나와 정치적·사회적 의제를 두고 토론하는 프로그램이 많다. 견해가 달라 혼자라면 전혀 상상할 수 없는 생각을 함께 토론하다 보니 들을 수 있고 또 서로를 더 정확하게 이해할 수 있다. 자신의 기존 견해를 굳히는 것도 중요하지만 상황마다 최선의 판단을 하는 것이 디 중요하지 않을까?『중용』에서는 이 문제를 이떻게 풀어가는지 살펴보자.

승당　공자가 말했다. 순임금은 틀림없이 완전한 지자일 것이다. 그는 궁금하면 잘 물었고 대중적인 언어를 잘 살피며 주위 사람의 단점을 숨겨주고 장점을 드러내며 사태의 두 극단을 다 고려하고서 그것의 중을 백성에게 사용했다. 이런 덕택으로 사람들이 높이 받드는 순임금이 되었을 것이다!

　　　子曰：舜其大知也與, 舜好問而好察邇言, 隱惡而揚
　　　자 왈　순 기 대 지 야 여　순 호 문 이 호 찰 이 언　은 악 이 양

善, 執其兩端, 用其中於民, 其斯以爲舜乎!
선 집기양단 용기중어민 기사이위순호

입실   순舜은 고대의 신화 전설에서 이상적인 군주로 평가받는다. 순은 요堯와 함께 『서경』의 첫 부분에 집중적으로 나오고, 공자 등 후대의 유학자도 자신의 책에서 그를 이상적인 제왕으로 평가했다. 호好는 좋아하다, 걸핏하면 ~하다는 뜻이다.

찰察은 살피다, 조사하다는 뜻이다. 이언邇言은 늘 하는 말, 일상적인 말, 쉬운 말을 가리킨다. 집執은 잡다, 지키다는 뜻이다. 단端은 바르다, 곧다, 바로잡다는 뜻으로 많이 쓰이지만, 여기서는 사물의 양쪽 끝, 극단의 맥락으로 쓰인다.

여언   우리는 일상에서 입장을 표명하거나 윤리적 판단을 내려야 할 때 부담을 느낀다. 모든 가능성을 다 검토할 수도 없고 검토한다고 해도 실제로 어떻게 될지 정확하게 알 수 없다. 이런 조건에서 사람은 선택을 앞두고 고민하고 두려워하지 않을 수 없다.

선택 상황은 두 가지로 압축할 수 있다. 하나는 '한다'와 '만다' 중에 한쪽을 고르는 것이고, 다른 하나는 둘 이상의 대안 중에 어느 것을 고르는 것이다. 이때 사람은 모든 것을 알 수 없는 한계를 안고서 최선의 선택을 내리고자 한다. 이때 선택에 앞서 일어날 수 있는 모든 상황을 생각해내서 차분하게 검토하고 대안을 하나 또는 둘로 압축하게 된다.

이렇게 압축된 대안 또는 가능성 중에서 하나를 최종적으로 선택할 때 어떻게 해야 할까? 이와 관련해서 『중용』에서는 '집기양단'을 제안한다. 이는 『논어』에 나오는 '고기양단叩其兩端'과 흡사하다(『마흔, 논어를 읽어야 할 시간』 1강 8조목 참조).

양단은 무엇을 하지 않는다는 왼쪽의 끝과 무엇을 한다는 오른쪽 끝을 나타낸다. 이해의 편의를 위해 왼쪽 끝을 숫자 0으로 나타내고 오른쪽 끝을 1로 나타내보자. 0과 1 사이를 직선으로 이으면 그 사이에는 0.001, 0.999 등 수많은 숫자가 있다. 중용은 0.5의 자리가 아니다. 0에서 1사이의 모든 지점이 전부 다 중용이 될 수 있다. 최종으로 결정하기 이전에 모든 지점을 동등하게 고려할 수 있다.

이를 위해서 자유로운 관점의 이동이 필요하다. 처음부터 고정된 지점에 집착하면 다른 지점이 중용일 가능성을 고려하지 않게 된다. 하나의 지점마다 그것이 중용일 가능성을 염두에 두고 하나씩 검토해봐야 한다. 이 작업을 하려면 나의 관점과 특정 지점에 대한 고집에서 벗어나지 않으면 안 된다.

이렇게 하려면 나의 관점마저 틀릴 수 있는 가능성을 인정해야 한다. 아울러 나의 관점을 실제로 다른 사람의 관점처럼 객관화해서 장점과 단점을 엄격하게 평가할 수 있어야 한다. 나의 관점이라고 해서 다른 사람에게 적용하는 엄격한 틀을 건너뛰면 안 된다. 다른 사람에게는 엄격한 검증의 칼날을 들이대면서 정작 자신의 관점에는 느슨한 칼날을 들이대서는 안 되는 것이다.

나아가서 '역지사지易地思之'의 필요성이 있다. 자칫 관점의 차이를 선악의 대결로 간주하면 자신이 진리를 독점했다고 생각하게 된다. 자신과 생각이 다르면 단지 생각만 다른 것이 아니라 갖출 것을 갖추지 못한 결격자로 간주하게 된다.

사람은 누구도 신적 지능과 권능을 가지고 있지 않다. 내가 늘 옳고 다른 사람이 늘 틀릴 수는 없다. 내가 이번에 옳다고 하더라도 다음에 틀릴 수 있다. 다른 사람도 마찬가지다. 여기서 우리는 틀릴 가능성이 있으므로 다른 사람과 대화하면서 부족하고 모자란 것을 보충하여 최선으로 나아간다는 공통감을 가져야 한다.

이제 우리는 '집기양단'의 특성을 잘 파악할 수 있다. '집기양단'의 중용은 이미 정해진 특정한 방안을 융통성 없이 고집스레 지키는 것을 말하지 않는다. 사람마다 상황마다 개별적인 특성이 있다는 것을 인정하고 0과 1 사이에서 가장 적절하고 적합한 지점을 찾는 것이다. 그렇게 하려면 나를 다양한 가능성에 놓아보는 익숙하지 않은 도전을 즐겨야 한다.

33
명심
가슴에 꼭 품고서 절대로 놓지 않는다
권권복응拳拳服膺(08장)

입문 소중한 것은 잃고 싶지 않다. 안전한 곳에 보관하려고 한다. 돈이나 귀중품이라면 열기 어려운 금고를 마련해서 보관하려고 할 것이다. 금고가 없다면 어떻게 해야 할까? 몸속 깊숙이 간직하려고 할 것이다. 우리는 소중한 것을 몸에 지닐 때 '가슴에 품는다'고 표현한다. 가슴은 다른 사람에게 결코 내보이려고 하지 않는 곳이기 때문이다.

물건도 그러할진대 사람이 살아가면서 지켜야 할 중용과 선을 알게 되었다면 어떻게 해야 할까? 한 귀로 듣고 한 귀로 흘려버리면 자신에게 아무런 도움이 되지 않는다. 행여라도 놓칠까 봐 가슴에 꼭 품어야 한다. 『중용』의 원문에서 알게 된 것을 놓치지 않으려는 안회顔回의 태도를 살펴보자.

승당   공자가 말했다. 안회의 사람 됨됨이를 보면 중용의 삶을 선택해서 하나의 선을 발견하면 그것을 소중히 가슴(마음)에 꼭 품고서 결코 놓지 않는다.

子曰：回之爲人也, 擇乎中庸, 得一善, 則拳拳服膺, 而
자왈 회지위인야 택호중용 득일선 즉권권복응 이
弗失之矣.
불실지의

입실   회回는 공자 제자 안회를 가리킨다. 위인爲人은 사람됨, 사람 됨됨이를 나타내는 상투적인 표현법이다. 택擇은 가리다, 고르다는 뜻이다. 권권拳拳은 쥐고서 놓지 않으려고 하는 모양을 나타내는 의태어다. 복服은 옷, 입다, 따르다는 뜻으로 많이 쓰이지만 여기서는 붙잡다, 품다는 뜻으로 쓰인다. 응膺은 가슴, 안다는 뜻이다.

여언   '권권복응'의 뜻을 말이 아니라 조선 후기 신한평申漢枰의 그림에서 생생하게 확인할 수 있다. 신한평은 신윤복의 아버지다. 이 그림은 많은 설명이 필요 없다. 그림을 들여다보면 엄마의 젖을 서로 먹으려고 하는 한 집안의 정경이 고스란히 전해진다.

  오른쪽의 우는 아이는 형이고 어머니 품을 차지하고 젖을 먹는 아이는 동생이리라. 딸은 젖 먹을 나이를 넘긴 듯 두 아들의 싸움(?)에 끼어들려고 하지 않는다. 어머니는 동생을 무릎에 앉히고 젖을 물리며 쳐다보고 있다. 실제로 신한평은 신윤복과 신윤수 두 아들과 외동딸을 두었다. 그러면 나도 젖을 먹고 싶다며 울고 있는 아이가 바로 신윤복이지 않을까?(정민·김동준, 『한국학 그림과 만나다』, 태학사, 2011 참조) 그림 왼편 위쪽의 '일재逸齋'는 신한평의 호다.

어머니는 평소라면 옷으로 가슴을 가리고 남에게 보이지 않으려고 할 것이다. 아이에게 젖을 물리는 순간 그렇게 감추었던 젖을 그대로 드러낸다. 그러지 않으면 젖을 물릴 수 없기 때문이다. 이렇게 젖을 드러내는 것은 가슴에다 깊숙이 묻고 놓지 않으려는 '권권복응'과 다르지만 결국 같다.

소중한 것을 감춘다는 점에서 보면 어머니의 드러내기는 '권권복응'과 반대된다. 하지만 아이에게 젖을 물리려면 드러낼 수밖에 없다. 더 소중한 것을 위해 기꺼이 가슴을 드러내는 것이다. 꼭 쥐고서 놓치지 않으려는 것과 젖을 드러내고서 물리는 것은 결국 소중한 것을 지키는 서로 다

신한평, 〈자모육아慈母育兒〉, 종이에 담채, 23.5×31cm, 간송미술관 소장

른 방식이라고 할 수 있다.

안회는 공자의 제자 중에서 학습 능력이 출중하고 성취도 높았다. 그는 공자의 말을 스펀지마냥 흡수했던 터라 선생의 총애를 받았다. 그는 공자에게 배우고 듣는 것이 얼마나 좋았는지 그만두려고 해도 그럴 수 없다고 술회했다(『마흔, 논어를 읽어야 할 시간』 2강 38조목 '욕파불능' 참조). 안회가 얼마나 뛰어난지는 동학 자공子貢도 증언하고 있다. 자신은 하나를 들으면 둘을 아는 정도지만 안회는 하나를 들으면 열을 알았을 정도다(『마흔, 논어를 읽어야 할 시간』 1강 18조목 '문일지십' 참조). 안회가 동학들로 하여금 선의의 열등감을 느끼게 했을 것이다.

이러한 안회는 공자가 그렇게 어렵다고 말한 중용을 실천하고자 했다. 배울 때 들으면 알 것 같지만 교실을 벗어나면 뭐를 들었는지 기억이 잘 나지 않는다. 나도 수업할 때 연신 고개를 끄덕이는 학생을 보면 시험과 과제를 잘하리라고 예상했다. 그러나 그 학생의 시험 성적은 형편없어 놀란 적이 많다. 아마 교실에서 이해했다고 생각한 나머지 집에 돌아가서 공부를 하지 않았던 모양이다.

안회는 듣고 알게 된 것이 어느 순간 슬며시 자신에게서 빠져나갈까 두려워했다. 들었다고 해서 이해한 게 아니고 이해했다고 해서 내 것이 되지 않기 때문이다. 듣고 이해한 것을 기억하고 또 수시로 기억에서 되살려 이해도를 다지고 다져야 한다. 그렇게 하려면 어떻게 해야 할까?

안회는 방법을 생각해냈다. 그것이 바로 '권권복응'이다. 예습과 복습은 기본이다. '권권복응'은 듣고 배운 것이 기억의 영역으로 넘어가서 나중에 내가 듣고 배운 적이 있는지 잘 모르는 망각의 영역으로 가는 것을 막는 활동이다. 듣고 배운 것이 나의 가슴과 마음에 늘 남아서 현재 진행

형으로 작용하는 것이다. 이렇게 보면 '권권복응'은 마음에 새기는 명심
銘心과 같은 뜻인 셈이다.

누군가 비슷한 이야기를 해도 듣고 배운 것이 생각나고, 다른 이야기
를 들어도 앞서 듣고 배운 것과 연결시키게 된다. 이것이 바로 자공이 안
회를 높이 평가했던 '문일지십'이고 안회가 공자에게 끊임없이 배우려고
했던 '욕파불능'이다.

34 증험
보통 서민에게 타당성을 묻다
징제서민徵諸庶民(29장)

입문 사람은 판단과 선택에서 실수를 줄이고 싶어 한다. 이때 판단
과 선택이 옳은지를 가늠할 수 있는 기준이 있으면 일차적으로 실수를
줄일 수 있다(6강 29조목 '무징불신' 참조). 기준이 있다고 해서 자동으로
실수가 줄어들지는 않는다. 사람은 주관적이어서 자기중심적으로 생각
하기 쉽고 감정적이어서 일관성을 잃을 수 있다. 즉 같은 정보와 자료를
토대로 하더라도 사람에 따라 해석이 다를 수 있다. 또 같은 사람이라도
화장실에 가기 전과 후가 다른 것처럼 상황에 따라 해석이 다를 수 있다.

기준에 이어서 그 기준을 해석하는 실천적 매뉴얼이 필요하다. 일종의
체크 포인트라고 할 수 있다. 체크 포인트가 있으면 기준을 어떤 안목에
서 바라보고 해석하는지 객관적이며 합리적인 검토가 가능하다. 사람인

한 주관과 감정을 완전히 배제할 수 없다고 하더라도 체크 포인트가 있으면 주관과 감정이 모든 것을 좌지우지 못하게 할 수 있다.

『중용』은 모두 3500여 자로 분량이 적지만 이처럼 중요한 문제에 대한 기준만이 아니라 세부 사항을 다루고 있다. 이 때문에 『중용』은 일종의 제왕학 교재로 여겨졌고 실제로 조선 시대 경연에서 널리 사용되었다(백승종, 『중용, 조선을 바꾼 한 권의 책』, 사우, 2019 참조).

하지만 이러한 기준과 세부 사항은 왕에게만 필요한 것이 아니라 모든 사람에게 필수적이다. 따라서 『중용』을 제왕학의 틀에 가둔다면 그 가치를 좁게 만들 우려가 있다. 이제 기준을 검토하는 체크 포인트를 살펴보도록 하자.

승당   자기주도적인 군자가 가는 길은 자신에게서 뿌리를 찾고, 보통 서민에게 타당성을 검토해보고, 이상적 군주들의 언행에 비추어봐서 잘못이 없는지 살펴보고, 하늘과 대지에 적용해봐도 어긋나지 않고, 귀신에게 문의하여(제사 지내) 바로잡아서 의심이 생기지 않고, 백세 이후 성인을 기다려도(장기의 시간에 걸쳐 검증받더라도) 문제점이 없으리라.

君子之道, 本諸身, 徵諸庶民, 考諸三王而不謬, 建諸
군 자 지 도 본 저 신 징 저 서 민 고 제 삼 왕 이 불 류 건 저
天地而不悖, 質諸鬼神而無疑, 百世以俟聖人而不惑.
천 지 이 불 패 질 제 귀 신 이 무 의 백 세 이 사 성 인 이 불 혹

입실   신身은 몸, 나 자신을 뜻한다. 류謬는 그릇되다, 어긋하다, 속이다는 뜻이다. 건建은 세우다는 뜻이다. 패悖는 어그러지다, 벗어나다는 뜻이다.

질質은 바탕, 순진하다, 수수하다는 뜻으로 많이 쓰이지만, 여기서는 옳고 그름을 따져 바로잡다는 뜻이다. 사俟는 기다리다는 뜻이다. 혹惑은 헷갈리다, 의혹을 뜻한다.

여언 『중용』은 판단과 선택을 하는 기준으로 묵자의 삼표에 대응하여 삼중, 즉 의례, 제도, 고문을 제시한 바 있다(6강 29조목 '무징불신' 참조). 삼중이 있다고 하더라도 해석은 결국 사람이 한다. 사람이 해석을 자의적으로 할 가능성이 있다. 그러면 아무리 기준이 잘 갖춰 있다고 하더라도 실수할 가능성이 줄어들지 않는다.

『중용』에서는 먼저 증거와 권위에 바탕을 둔 삼중을 제시한 뒤에 다시 삼중을 검토하는 여섯 가지 체크 포인트를 제시하고 있다. 이중삼중의 장치로 사람이 판단과 선택을 내릴 때 실수할 가능성을 줄이려고 시도하고 있는 것이다. 자칫 삼중의 기준과 육층의 체크 포인트가 다소 복잡하고 어렵다고 생각할지 모르겠다. 하지만 한 번의 판단과 선택이 돌이킬 수 없는 결과를 낳는다는 점을 인정한다면 이중삼중의 장치를 어렵다고 내칠 수는 없다.

육층의 체크 포인트는 자기 자신, 서민, 삼왕三王, 천지, 귀신, 미래의 성인을 가리킨다. 육층의 체크 포인트는 내용도 중요하지만 순서도 무시할 수 없다. 먼저 자기 자신에서 시작한다. 이것은 아주 중요한 의미가 있다.

우리가 무슨 일을 할 때 주위의 권고 등 외부적인 요인에서 시작할 수 있다. 하지만 자신이 제대로 고려하지 않고 충분히 공감하지 않는다면 일을 끝까지 하기가 쉽지 않다. 일을 하는 중에 의심이 들고 확신이 없어지면 쉽게 그만둘 수 있다. 그러지 않으려면 제일 먼저 우리는 자기 자신을 납득시켜야 한다. 이 때문에 제일 먼저 자기 자신의 검증을 통과하라고 요구하는 것이다.

　다음으로 보통 서민의 처지를 우선 고려해야 한다. 우리가 무슨 일을 하더라도 그 일은 나에게만 영향을 주는 것이라 주위의 많은 사람과 결부될 수밖에 없다. 이때 나 자신의 상황만을 고려하는 것이 아니라 영향을 받을 주위 사람들의 반응을 함께 검토해볼 필요가 있다. 관점을 달리하면 같은 일도 다른 측면이 드러나기 때문이다. 그래서 서민의 눈으로 보는 검증을 통과해야 한다.

　오늘날 산업에서 상품을 만들 때 생산자의 관점만이 아니라 소비자의 안목을 거치게 된다. 만든 사람만이 아니라 실제로 사용할 사람의 입장에서 제품의 기능, 디자인 등을 고려하는 것이다. 이를 경영학에서 "고객의 가치를 창출한다"라고 말한다. 따라서 상품은 누군가가 만들기만 하는 것이 아니라 다양한 사람의 바람을 충족시키는 장이라고 할 수 있다.

　이것만으로도 충분하지 않다. 셋째로 삼왕이라는 한 민족이 축적해온 문화 전통의 검증을 통과해야 한다. 넷째와 다섯째로 천지와 귀신의 검증을 통과해야 한다. 마지막으로 미래에 출현할 성인의 검증을 통과해야 한다. 이렇게 보면 군자의 삼중은 과거·현재·미래에서 의문을 제기하더라도 의혹이 남지 않아야 할 정도로 엄격한 절차를 거쳐야 한다.

　이로써 중용이 왜 찬란한 기억을 가진 고대의 삼중과 지금 많은 사람이 알고 있는 현실의 삼중을 넘어 군자가 제시하는 삼중을 기준으로 삼는지 수긍할 만하다. 군자의 삼중은 육층의 체크 포인트를 가질 정도로 엄격하고 철저하다.

35 담백

담박하지만 물리지 않는다
담이불염 淡而不厭(33장)

입문   횡단보도를 건너는 것과 중용대로 사는 것 중 어느 쪽이 어려울까? 당연히 후자가 어렵다. 횡단보도는 초록불이 켜지면 건너면 된다. 반면 중용대로 살기는 사람마다 견해가 다르기도 하고 시대마다 기준이 다르기도 하다. 사정이 이렇다 보니 나는 중용대로 산다고 하지만 다른 사람은 그것이 중용이 아니라 적당한 타협이라고 비판한다.

그렇다면 중용대로 살기는 사람마다 기준이 달라서 일반화할 수 없는 것일까? 만약 그렇다면 중용대로 살기는 규범이 될 수 없다. 사람마다 중용이 다르다고 하면 결국 중용대로 사는지를 규범적으로 판단하는 것은 불가능하기 때문이다. 사정이 이렇다면 중용대로 살면 좋기는 하지만 사람들에게 꼭 그렇게 살아야 한다고 말할 수는 없다.

일반화할 수 있다면 중용대로 살기는 과연 횡단보도를 건너는 것처럼 명시적으로 규정할 수 있을까? 중용대로 살기가 명시적으로 규정되지 않는다면 규범이 있다고 하더라도 또 해석의 문제가 생겨난다. 사람마다 해석을 달리한다면 중용대로 살기의 규범이 있더라도 별다른 구속력을 가질 수 없다. 이제 우리는 중용대로 살기를 어떻게 형식화할 수 있는지 살펴보고자 한다.

승당   군자의 도리는 담박하지만 물리지 않고, 간결하면서 문채가 있고, 온화하면서 조리가 있다. 또 멀고 깊은 것이 가깝고 얕은 것에서 시작하는 것을 알고, 바람이 어떤 연유로 시작되는지를 알고, 은미한 것이 분명하게 드러나는 것을 안다면 함께 덕의 세계로 들어갈 수 있는 것이다.

君子之道, 淡而不厭, 簡而文, 溫而理, 知遠之近, 知風
군자지도 담이불염 간이문 온이리 지원지근 지풍
之自, 知微之顯, 可與入德矣.
지자 지미지현 가여입덕의

입실　담淡은 묽다, 싱겁다, 담박하다는 뜻이다. 맛과 성향이 강하지 않아 부담스럽지 않다는 맥락이다. 염厭은 싫다, 족하다, 물리다는 뜻이다. 간簡은 단순하다, 복잡하지 않다는 뜻이다. 문文은 문채, 꾸미다, 가닥을 뜻한다. 온溫은 따뜻하다, 순수하다, 온화하다는 뜻이다. 리理는 이치, 조리, 다스리다는 뜻이다. 미微는 작다, 자질구레하다는 뜻이다. 현顯은 드러나다, 뚜렷하다는 뜻이다. 가可는 옳다, ~할 수 있다는 뜻이다.

여언　인용문을 의미론으로 바라보면 그저 군자의 도리가 어떤 특성이 있는지 설명하는 느낌을 준다. 이를 읽고서도 군주의 도리가 어떤 특성이 있는지 어느 정도 느낄 수 있지만, 중용대로 살기의 형식이 무엇인지 포착하기는 쉽지 않다.

　원문을 여러 번 읽다 보면 인용문에서 중용대로 살기의 두 가지 형식을 찾을 수 있다. 모르면 그것이 어디에 있는지 찾을 수 없다. 하나가 '담이불염'이고 다른 하나가 '간이문簡而文'과 '온이리溫而理'다. 이렇게 말해도 이게 도대체 어떻게 중용대로 살기의 형식을 담고 있느냐고 반신반의할 수 있다. 하나씩 설명해보자.

　첫째, 담박하지만 물리지 않는다는 '담이불염'은 'a를 하지만 b를 하지 않는다'는 중용대로 살기의 형식을 나타낸다. 이 형식은 사람이 닥친 상황을 해결하기 위해 a를 하더라도 그것이 b로 흘러가서는 안 된다는 말이다. 이때 a는 문제를 풀기 위한 적절한 덕목을 가리키고, b는 a의 덕목을 실천하다 보면 초래할 수 있는 부정적 현상을 가리킨다. 즉 b까지 가서는 안 된다는 맥락이다. a를 하더라도 b의 위험성에 빠져서 안 된다는 것이다.

예컨대 어려운 처지에 있는 사람을 돕는 경우를 생각해보자. 도움을 주더라도 혼자 일어설 수 있는 자활의 의지를 없애서는 안 된다. 이것이 사람을 도울 때의 중용이다. 선생이 학생을 가르칠 때 모르는 것을 알려줄 수 있지만 모든 것을 의존하도록 해서는 안 된다. 이것이 사람을 가르칠 때의 중용이다. 두 사람이 사랑을 할 때 자연스럽게 애정을 표현하더라도 일방적으로 상대에게 부담을 줘서는 안 된다. 이것이 사람이 서로 사랑할 때의 중용이다.

둘째, 간결하면서 문채가 있고 온화하면서 조리가 있다는 '간이문'과 '온이리'는 공통으로 'a를 하면서도 b도 한다'라는 중용대로 살기의 형식을 나타낸다. 간결하다 보면 단조로울 수 있지만 문채가 있어야 한다. 온화하다 보면 온정으로 흐를 수 있지만 조리를 지켜야 한다. 이 형식의 중용은 a를 하다 보면 새로운 문제가 생길 수 있는데 b는 바로 그런 문제를 해결할 수 있어야 한다는 것이다.

예컨대 부모가 자식을 엄격하게 키우다 보면 사이가 다소 멀어질 수 있으므로 너그러울 필요가 있다. 이것이 바로 자식을 키울 때의 중용이다. 평가 기준이 획일적이다 보면 경우에 따라 가혹한 일이 생길 수 있으므로 융통성이 필요하다. 이것이 바로 사람을 평가할 때의 중용이다. 경험이 많다는 것을 강조하다 보면 섬세하지 못하고 놓칠 우려가 있을 수 있으므로 꼼꼼한 것을 요구할 수 있다. 이것이 바로 사람의 능력을 균형 있게 키울 때의 중용이다.

우리는 '담이불염' 그리고 '간이문'과 '온이리'라는 두 형식의 중용을 살펴보았다. 이러한 형식화가 길에서 횡단보도를 건너고 때가 되면 밥을 먹는 것처럼 쉽고 분명하다고 말할 수 없다. 중용대로 살기의 형식화를 아무리 시도한다고 하더라도 만인이 쉽다고 할 수 있는 수준에 이를 수는 없다.

하지만 위에서 살펴본 형식화는 '사람이 특정한 상황에 놓였을 때 어떻게 해야 할까?'라는 분명한 기준을 제시한다. 각자가 처한 상황의 정체를 분명히 하고 선택할 수 있는 모든 방안을 도출하여 중용의 지점을 찾으려고 한다면 아무것도 없어 막막하기만 한 상황을 줄일 수 있을 것이다.

8강 진실

나와 우리를 움직이는 진실의 힘

8강에서는 중용의 논의를 바탕으로 진실의 문제를 이야기하고자 한다. 진실을 뜻하는 성誠은 『중용』에서 상당한 분량을 차지할 정도로 중요하게 논의된다. 이 때문에 『중용』을 '중용中庸'과 '성誠' 두 부분으로 되어 있다고 주장하기도 한다. 『노자』도 앞에서 도道를 다루고 뒤에서 덕德을 다루어 '도덕경道德經'이라는 별칭을 갖고 있다. 이런 사례에 비추어보면 『중용』을 '중용경'과 '성경'의 결합으로 보더라도 전혀 허무맹랑하다고 할 수 없다.

왜 진실을 뜻하는 성이 그렇게 중요하게 다루어질까? 우리가 치열하게 사유하고 다각도로 고민하여 중용을 찾아냈다고 하더라도 행위로 나아가지 못할 수 있다. 진리가 압도적인 힘을 발휘할 때는 근거 없는 유언비어를 말할 수 없듯이 하나의 거짓도 없는 진실의 막강한 힘은 나를 움직이게 만든다. 이 때문에 중용과 성은 한꺼번에 논의할 수밖에 없다.

먼저 『중용』은 진실로서 성이 천이 운행하는 길이라는 점을 밝힌다. 거짓은 진실인 양 위세를 부릴 때 큰 힘을 가지고 많은 사람의 관심을 끌 수 있다. 거짓이 거짓으로 밝혀지는 순간 아무도 관심을 가지지 않는다. 진실은 그렇지 않다. 진실은 한번 시작되면 중간에 멈추지 않고 끝까지 진행될 수 있다.

사람은 하늘(하느님)과 같을 수는 없다. 사람은 욕망을 지니고 있고 주위를 의식하기에 완전히 진실하기가 쉽지 않다. 사람은 다만 하늘(하느님)을 닮으려고 할 뿐이다.

사람은 진실하려고 하더라도 부분을 통해 가능하다. 사람이 한꺼번에 전체를 만날 수는 없다. 사람이 벽 앞에 서면 뒤를 볼 수 없고 입시나 입사 시험에서 지원을 하더라도 처음부터 그 결과를 알 수 없다. 이처럼 사람은 한계가 있지만 부분에 집중하면 집중할수록 세계와 더 깊이 더 넓게 만날 수 있다.

나는 한 분야에 10년 이상 종사한 사람이 하는 말을 들으며 철학적인 언어를 쓰지 않을 뿐 생각의 깊이와 폭이 예사롭지 않다는 것을 여러 차례 느꼈다. 사람이 한 분야를 오랫동안 깊이 파면 부분을 통해 전체로 통하는 길을 찾게 되는 것이다.

진실은 하늘(하느님)의 길에 한정되지 않는다. 존재와 사태도 마찬가지다. 주위의 권유로 기부를 시작했더라도 보람을 느끼면서 진정으로 할 수 있다. 이런 사람은 오랫동안 기부를 지속할 수 있다. 반면 권유로 시작했지만 계속 겉도는 느낌을 받을 수 있다. 이런 사람은 기부를 중도에 포기할 수 있다. '나'와 '내가 하는 것' 사이에 한 치의 틈새도 없는 것이 진실이다. 30대나 40대에 잘나가던 일을 그만두고 하고 싶었지만 하지 못했던 것을 나이가 들어서 새로 시작하는 사람이 종종 있다. 진실을 외면하기란 그만큼 어려운 것이다.

진실은 나와 남 사이에 있는 날카롭고 깊게 파인 선을 허물어뜨린다. 나에게 진실은 남에게도 진실이다. 내게 목숨만큼 소중한 것은 남에게도 그러하다. 내가 진실을 따라가며 성취를 맛보았지만 남은 진실에 어울리는 삶을 누리지 못한다고 해보자. 가만히 있으려고 해도 있을 수 없다. 진실은 내가 누리는 것을 남도 누리도록 도우라고 요구한다.

우리가 진실을 만나려면 눈과 길을 열어야 한다. 마음의 눈도 열고 끊임없이 묻고 배워야 한다. 그 과정을 통해 진실은 우리에게 자신의 더 많은 모습을 보여준다. 진실이 전체를 보여줘도 우리가 준비하지 않으면 일부만 보게 된다.

36 진실

진실이란 하늘의 길이다

성자천도誠者天道(20장)

입문　하늘과 사람의 차이는 어디에 있을까?

하늘은 한번 일을 시작하면 중단 없이 계속한다. 한 달 30일, 일 년 365일처럼 주기가 있어서 일이 끝난 것처럼 보인다. 그러나 한 달이 끝나면 다른 달이 시작하고 일 년이 끝나면 새로운 해가 시작한다. 서로 물고 물려서 끊임없이 이어진다.

반면 사람은 어떤가? 무슨 일을 시작했다가도 금방 그만두고, 또 어느 때에 새로운 일을 벌인다. 사람도 처음 시작할 때부터 금방 그만두리라 예상하지 않았다. 이를 두고 사람의 변덕만 탓할 수는 없다. 사람은 애초에 지식, 의지, 감정 등 다양한 측면에서 완전하지 않다. 완전하지 않은 상태에서 출발하니 일을 하다가 예상치 않은 전개를 만나게 되고 그러다 보면 '계속'하는 것은 너무나도 큰 고통이 된다.

이러한 인간의 근원적 한계와 고통은 '시시포스 신화'에 잘 나타난다. 시시포스는 그리스 신화에 나오는 제우스의 노여움을 사서 그 벌로 무거운 바위를 산 정상까지 밀어 올려야만 했다. 그가 힘들게 바위를 정상까지 밀어 올리자마자 바위는 맥없이 산 아래로 다시 굴러떨어졌다. 시시포스는 굴러떨어진 바위를 다시 정상으로 올리는 일을 끝없이 반복해야만 했다. 인간은 시시포스와 마찬가지로 영원히 '다시 시작하는' 운명을 타고 태어났다.

그리스 신화에서 시시포스는 영원히 다시 시작하는 반복을 하지만,

『중용』을 비롯하여 유학에서는 '다시 시작하는' 고통을 끊을 수 있다고 주장한다. 그것이 바로 성誠이다. 성이 도대체 어떤 특성을 지니고 있기에 인간이 '다시 시작하는' 근원적 조건을 벗어날 수 있는지 살펴보도록 하자.

승당 진실이란 하늘(하느님)의 길이고, 진실로 나아가는 것은 사람의 길이다. 진실이란 힘쓰지 않아도 중정에 들어맞고 숙고하지 않아도 원칙과 부합하므로 차분하고 침착하게 도에 맞으니 성인에게 가능하다. 진실로 나아가는 것은 선을 골라서 굳건하게 잡는 것이다.

誠者, 天之道也. 誠之者, 人之道也. 誠者不勉而中, 不思而得, 從容中道, 聖人也. 誠之者, 擇善而固執之者也.
성자 천지도야 성지자 인지도야 성자불면이중 불사이득 종용중도 성인야 성지자 택선이고집지자야

입실 성誠은 정성, 진실하다, 삼가다, 공경하다는 뜻이다. 지之는 명사와 형용사를 동사로 만드는 문법적 기능을 한다. 면勉은 힘쓰다, 권하다는 뜻이다.

중中은 여기서 두 번 쓰이는데 모두 들어맞다는 뜻이다. 사思는 생각하다, 따지다, 그리워하다는 뜻이다. 득得은 얻다, 이익, 터득하다는 뜻이다. 종용從容은 침착하고 섣불리 덤비지 않는다는 뜻이다.

여언 『중용』에서 성誠은 원래 무엇이 선하고 악한지 구별하는 지혜와 늘 이어져 있다. 선과 악에 밝지 않은 성은 없었다(9강 43조목 '성신명

선' 참조). 성은 보통 '성실하다'로 풀이한다. 하지만 현대에 이르러 사회가 급격하게 바뀌자 성실은 무엇이 옳고 그른지 따지지 않고 무조건 하는 일에 반복적으로 집중하는 의미로 쓰이게 되었다. 이 때문에 성실은 원의와 달리 '바보스럽다'라는 의미로 쓰이게 되었다. 흔히 "사람이 성실하긴 한데 좀 꽁한 데가 있다"라고 하는 말에 잘 드러나듯이 성실한 사람은 융통성 없는 사람을 가리킨다.

그래서 나는 성誠을 성실보다 진실로 옮기고자 한다. "마음에 거짓이 없이 순수하고 바르다"라는 진실의 사전적 의미에서 나타나듯이, 진실한 사람은 자기 자신을 속이지 않는 만큼 무엇을 왜 하는지 자각하고 있다. 자신이 바라는 바를 알고 있으므로 자신이 바라지 않는 것을 바란다고 스스로 속일 수 없다. 또 무엇이 옳고 그른지를 알고 있으니 주위에서 뭐라고 한다고 해서 우르르 몰려가지 않는다. 이 때문에 진실은 성의 의미를 가장 잘 드러낸다고 할 수 있다.

이제 입문에서 제기한 문제를 살펴보자. 성은 '다시 시작하는' 인간의 고통을 도대체 어떻게 끊어낼 수 있을까? 우리는 혼자 살 수 없으므로 가족·친구·동료 등과 어울려 지낸다. 내가 무슨 일을 시작하고 무엇을 사려고 할 때 혼자 모든 것을 잘 알 수 없다. 주위에 물어서 결정하게 된다.

이때 내가 충분히 따져보지 않고 주위 말만을 믿고 덜컥 일을 크게 벌이거나 덜컥 물건을 사면 처음에는 좋은 면만 보이다가 시간이 갈수록 생각하지 못한 일이 생긴다. 내가 알아서 시작하지 않았으니 '계속'하는 것은 엄청난 압박과 부담으로 다가온다. 계속하려니 문제가 더 커진다. 주위의 도움으로 내가 알고 있는 것이 사실도 아니고 진실도 아니라는 것이 드러나면 일을 더 진행하지 못하고 그만둘 수밖에 없다.

이처럼 가짜는 아무리 화려해도 들통나면 끝장이 난다. 진실이야말로 '다시 시작하지' 않고 앞으로 나아갈 수 있는 동력을 제공한다. "성자誠者, 천지도야天之道也. 성지자誠之者, 인지도야人之道也"라는 구절은 진실이 하늘과 사람에 작동하는 차이를 극명하게 잘 나타내고 있다. 그것도 '지之'라는 단 한 글자를 덧보태는 표현으로 말이다.

이처럼 앎이 깊어지면 언어적 표현도 뛰어나게 되는 듯하다. 철학이 언어와 깊은 관련이 있다는 것을 새삼 깨닫게 된다. 어떻게 한 글자만으로 하늘과 사람의 차이를 드러낼 수 있다는 말인가? "천은 진실 그 자체이고 사람은 진실로 걸어간다"라고 하니 멋진 표현에 참으로 감탄하지 않을 수 없다. 길지 않으니 외우면 좋겠다. "성자, 천지도야. 성지자, 인지도야."

성誠과 달리 성지誠之의 길은 '택선고집擇善固執'과 만나야 한다. 진실에서 출발하여 그중에서 최고를 찾아 굳게 잡고서 놓지 않아야 한다. 이는 윤리적 행위와 예술 창작에도 그대로 적용된다. 사람이 시행착오를 겪으며 좋은 것을 찾아내서 반복하고 그중에서 또 좋은 것을 최종적으로 골라서 놓치지 않으면 인간의 성지가 천의 성을 닮아갈 수 있다.

37
변화

부분에 간절하면 진실해지리라
곡능유성曲能有誠(23장)

입문 사도세자의 아들 정조가 영조를 이어 왕위에 오른 첫해에도 반대파는 정조를 암살하려는 기도를 늦추지 않았다. 영화 〈역린〉(2014)에서는 정조가 암살의 위기에도 자신을 지키는 말로 『중용』 23장을 인용했다. 그 덕분에 이 구절을 여러 사람이 알게 되었다.

> 작은 일도 무시하지 않고 최선을 다해야 한다. 작은 일에도 최선을 다하면 정성스럽게 된다. 정성스럽게 되면 겉에 배어 나오고, 겉에 배어 나오면 겉으로 드러나고, 겉으로 드러나면 이내 밝아지고, 밝아지면 남을 감동시키고, 남을 감동시키면 이내 변하게 되고, 변하면 생육된다. 그러니 오직 세상에서 지극히 정성을 다하는 사람만이 나와 세상을 변하게 할 수 있는 것이다.

나와 번역이 다르지만 23장의 의미를 탁월하게 소개하고 있다. 인문학, 특히 동양고전이 어렵다고 하지만 이렇게 영화에 나오니 관심이 늘어난다. 나는 서로 도움이 되는 고전과 영화의 만남을 반긴다.

<u>승당</u>　다음으로 부분에 간절히 하라. 부분에 간절하고 탁월하면 진실해질 수 있다. 진실하면 변화의 싹(형상)이 드러나고, 싹이 드러나면 흐름이 한층 뚜렷해지고, 한층 뚜렷해지면 흐름이 누구에게도 분명해지고, 한층 분명해지면 흐름이 사람을 흔들어서 움직이게 하고, 사람을 흔들어서 움직이게 하면 흐름의 작은 변화가 일어나고, 흐름의 작은 변화가 쌓이면 최종적으로 흐름의 커다란 변화가 일어나게 된다. 오직 세상에서 완전한 진실만이 커다란 변화를 제대로 일구어낼 수 있다.

其次致曲, 曲能有誠. 誠則形, 形則著, 著則明, 明則動,
기 차 치 곡　곡 능 유 성　성 즉 형　형 즉 저　저 즉 명　명 즉 동
動則變, 變則化. 唯天下至誠, 爲能化.
동 즉 변　변 즉 화　유 천 하 지 성　위 능 화

입실 치致는 끝까지 다하다, 정성스레 하다, 이르다는 뜻이다. 곡曲은 굽다, 구석, 부분을 뜻한다. 則은 접속사로 쓰이면 '즉'으로 읽고 법칙, 규칙이라는 뜻으로 쓰이면 '칙'으로 읽는다.

형形은 몸, 꼴, 형, 드러나다는 뜻이다. 저著는 드러나다, 분명하다, 뚜렷하다는 뜻이다. 변變은 바뀌다, 달라지다는 뜻이다. 화化는 되다, 바뀌다, 고쳐지다는 뜻이다. 변과 화는 서로 비슷한 의미를 전달하지만 전자는 양적 변화를, 후자는 질적 변화를 나타낸다는 점에서 차이를 보인다. 유唯는 오직을 뜻한다.

여언 인간은 후천적 학습을 통해 자신의 모자라고 부족한 부분을 메우게 된다. 아무리 메운다고 해도 결국 인간이 하는 일이라 부족함이 있다. 최근 각광받는 인공지능과 빅 데이터가 인간의 이러한 작업을 더 도와줄 것으로 예상된다. 이는 이전의 인간이 개인적으로 누려보지 못한 새로운 기회라고 할 수 있다. 어느 정도 컴퓨터 운영 능력에다 알고리즘과 코딩을 이해하면 간단한 조작으로 개인이 평생 수집해도 될까 말까 한 정보를 빨리 얻을 수 있다. 그 덕분에 앞으로의 인류는 호모 사피엔스 혹은 호모 사이언스를 뛰어넘은 종족이 되리라 본다. 유발 하라리는 '호모 데우스', 즉 '신이 된 인간'이란 말로 새로운 인종의 탄생을 예고했다.

인간은 유사 이래로 전체를 파악하려는 지적 모험을 게을리하지 않았다. 철학이 바로 그런 모험에 적합한 학문이라고 할 수 있다. 하지만 불완

전하고 부분적인 인간이 완전한 전체를 어떻게 인식하고 실천할 수 있을까? 우리가 기부를 한다고 해도 특정한 사람에게 할 뿐, 인류 전체와 세계 전체를 대상으로 할 수 없다. 생태 운동을 한다고 해도 특정한 하천, 임야를 대상으로 할 뿐, 모든 자연과 세계를 대상으로 할 수 없다.

주희가 『대학』을 읽으면서 '격물치지格物致知'에 필이 꽂혔다. 사람이 단 한 번에 모든 것을 알 수 없다. 하나를 알고 또 하나를 알고 그렇게 아는 것을 바탕으로 모르는 것으로 나아가고 그 과정이 오래되면 '활연관통豁然貫通'의 기회가 생긴다고 말하고 있다. 칼로 대나무를 쪼갤 때 대나무가 처음에는 둘로 나뉘지 않다가 칼이 더 깊이 들어가면 어느 순간에 '쫘악' 하며 갈라진다.

'활연관통'은 하나씩 아는 것이 쌓여서 그것이 나중에 하나로 연결되어 부분에서 전체를 만나는 과정을 참 생생하게 표현하고 있다. '활연관통'은 아르키메데스가 목욕탕에 들어가다 왕관의 순도를 측정할 수 있는 길을 알아차리고 외친 '유레카'와 같은 뜻이다.

영어를 배울 때 처음에 알파벳을 익히고 단어를 익히고 문장을 익힌다. 이때 초보자에게는 알파벳 배우기랑 해당 언어를 구사하는 것 사이에 연관성이 보이지 않는다. 이 단계는 '점의 공부'다. 공부를 계속하면 점이 선이 되고, 선이 면이 되고, 면이 입체가 된다. 이때는 전체를 만나게 된다. 공부에서 점이 결국 전체로 확대되듯이, 중용에 따라 사는 삶도 무수한 점들이 이어져서 전체를 만나게 된다. 이것이 사람이 한계 안에서 자신을 무한히 확장하여 새로운 지평으로 올라서는 과정이라고 할 수 있다. 점의 단계가 어렵고 지루하다고 중도에 멈추면 전체를 만나는 일도 일어나지 않는다.

38 종시

진실하지 않으면 존재가 있을 수 없다
불성무물不誠無物(25장)

입문 우리나라의 드라마는 선악의 날카로운 대립으로 진행되거나 극의 전개에 막장 요소가 많다. 잘 나가다가 주인공의 출생의 비밀이 밝혀지거나 암에 걸려 죽거나 가난한 주인공이 원래 재벌가의 자식이라는 사실이 드러난다. 이렇게 막장 요소가 하나씩 나올 때마다 극의 흐름이 출렁거린다.

막장 드라마는 대부분 권선징악과 해피엔딩으로 끝을 맺는다. 악인이 마지막까지 기세등등하다가 출생의 비밀이나 음모의 내막이 밝혀지면서 급속하게 몰락한다. 몰락한 악인은 이전의 화려하고 잘나가던 과거와 이별한다. 악인은 모든 영광을 잃고 처음에 출발했던 지점으로 돌아가거나 교도소에 수감되는 장면으로 끝을 맺는다.

악인이 아직 힘이 있을 때 그 힘은 영원할 것만 같다. 당분간 무너지지 않을 철옹성 같아 보인다. 하지만 극의 말미에 이르러 악인은 한없이 초라한 인물로 탈바꿈하게 된다. 박해를 받던 선인은 잃어버린 영광을 되찾고 화려하게 제자리로 돌아간다.

극이 한참 진행될 때 도무지 일어나리라 생각지도 않던 일이 극의 마지막에 일어난다. 어떻게 이렇게 선인과 악인의 처지가 하루아침에 바뀔 수 있을까? 그것은 바로 밝혀지면 아무것도 할 수 없는 무력한 허위와 모든 것을 가능하게 하는 진실의 차이 때문이라고 할 수 있다. 『중용』의 원문에서 진실이 얼마나 막강한 힘을 발휘하는지 살펴보기로 하자.

승당   진실이란 존재(사태)의 시작이자 끝이고, 진실하지 않으면 존재 (사태)가 있을 수 없다. 그러므로 자기주도적인 군자는 진실을 고귀한 것 으로 여긴다.

誠者物之終始, 不誠無物, 是故君子誠之爲貴.
성 자 물 지 종 시   불 성 무 물   시 고 군 자 성 지 위 귀

입실   종시終始는 끝과 처음을 나타내는데 알파이자 오메가로 바꿀 수 있다. 보통 처음이 있어야 끝이 있으므로 시종始終이 많이 쓰일 듯하 다. 하지만 종시도 만만찮게 쓰인다. 이것은 끝이 영원한 종말이 아니라 다시 시작으로 이어진다는 것을 암시한다. 시종이 시작과 끝의 시간 순 서를 나타낸다면, 종시는 끝과 시작이 서로 맞물린다는 점을 나타낸다. 귀貴는 귀하다, 빼어나다, 우수하다, 소중하다는 뜻이다.

여언   다시 드라마로 돌아가자.
악인은 가짜 위에 성채를 지었으니 그 성채는 원래 있던 것이 아니라 신기루였다. 가짜로 밝혀지는 순간 모든 것을 잃게 된다. 엄밀히 말하면 잃는 것이 아니다. 원래 악인의 소유가 아니었으니 말이다. 반면 선인은 악인의 훼방과 장난에 가려서 진실이 드러나지 않았다. 진실이 밝혀지는 순간에 선인은 거짓말처럼 잃었던 자리를 자기 것으로 되찾게 된다. 선 인은 처음에 이러한 급격한 반전에 반신반의할 수 있지만, 진실은 급격한 반전을 당연하게 만든다.

드라마에서만 이러한 급격한 반전이 일어나는 것은 아니다. 보통 사람 의 인생도 급격한 반전을 보이는 경우가 많다. 회사의 일이 나의 일인 양

살던 사람이 어느 날 구조 조정으로 인해 퇴사하게 되면 어떻게 될까? 나와 회사를 동일시했던 것은 나의 짝사랑일 뿐이지 상호적인 교감이 아니었다. 사랑이라고 하면 어려울 때 서로 도와야지 회사를 위해 '나'를 쉽게 내보낸다면 받아들이기가 쉽지 않다. 퇴사한 내게는 그간 회사를 다니며 일구었고 자부심을 느꼈던 모든 일이 그 의미를 잃어버린다.

가족과 자식을 위하느라 잠을 줄이고 시간을 쪼개 자영업을 하던 사람이 40대와 50대의 언저리에 불치병에 걸릴 수 있다. '나'는 나를 위해 사는 데 익숙하지 않고 가족을 위해 사는 데 익숙하다. 내가 맛있는 것을 먹지 않고 놀러 가지 않아도 자식이 잘 먹고 잘 노는 모습을 보면 행복하고 뿌듯했다. 하지만 큰 병에 걸리고 나면 회사도 가족도 1순위가 아니라 '내'가 1순위가 된다. 그간 일군 것이 모두 의미를 잃지는 않는다고 해도 가치와 중요도의 순위를 재조정하게 된다. 이전에 나를 위해 쓰는 돈이 아깝다고 벌벌 떨었다면 이제는 당당히 나를 위해 돈을 쓸 수 있다.

취업을 못해 집에서 눈치를 보고 매사 의욕도 없던 사람이 취직을 하면 눈빛이 달라진다. 이전에 '나'는 자존감도 없고 자긍심도 없었다. 어디를 가더라도 묻혀 있고 싶을 뿐 누가 자신을 알아볼까 봐 두렵기까지 했다. 그러나 취직을 하니 당당하게 자신을 드러낼 수 있다. 이것은 왜 그럴까? 취업을 못했을 때는 자신을 드러내고 싶어도 숨고 말하고 싶어도 침묵을 지킨다. 내가 하고 싶은 것과 반대로 행동하는 것이다. 진짜 나가 아니라 가짜 나로 사람을 만나는 것이다. 그러나 취직을 하면 나는 더는 가짜에 기댈 필요가 없으니 당당해지는 것이다.

위에서 살펴보았듯이 진실로서 성은 일의 끝이자 시작이다. 무슨 일이든 진실과 결합하지 않으면 정점을 찍었다가 거품처럼 사라지고, 진실과 결합하면 억울하고 힘겨운 과정을 겪더라도 누려야 할 것을 되찾게 된다. 이로써 '성자물지종시誠者物之終始'는 처음에는 시비是非와 곡직曲直을 제대로 가리지 못하여 그릇되더라도 모든 일은 결국에 가서는 반드시 정리正理로 돌아간다는 '사필귀정事必歸正'과 통한다. 성誠과 정正은 서로 통하기 때문이다.

'성자물지종시'에 이어서 '불성무물'로 이어지는 과정은 설명이 필요하다. 자칫하면 '불성무물'을 절대 관념론으로 오해할 수 있다. "성이 없으면 존재가 없다"라는 말은 "성이 있으면 존재가 있다"라는 말로 해석될 수 있다. 이에 따르면 성은 존재 여부를 결정짓는 절대적인 기준이 된다. 이때 성誠은 시공간을 차지하는 사물이 아니라 정신의 특정한 상태를 가리키므로 '불성무물'은 절대 관념론을 주장하는 맥락으로 파악될 수 있다.

'불성무물'은 존재(사태)가 제값으로 있게 하는 충만한 의미 활동을 가리키는 것일 뿐 성이 존재(사태)를 생성한다는 맥락이 아니다. 그러니 절대 관념론을 옹호하는 것으로 오해할 필요는 없다.

39 자타

진실은 나를 이루고 남도 이루도록 한다
성기성물成己成物(25장)

입문 오늘날 우리는 "소득이 생기면 누구를 위해 쓸 것인가?"라는 질문을 받으면 바로 대답한다. "나를 위해 쓰겠다." 현대인은 나와 남의 구분이 확실하다. 가족에 대한 생각도 많이 달라졌다. 50~60대 이상이라면 내가 먹지 않고 쓰지 않더라도 가족이나 자식을 위해 한 푼이라도 더 쓰겠다는 생각을 한다. 왜 그렇게 하느냐고 물으면 "당연한 게 아니냐!"라는 반응을 보인다. 쓸데없는 질문을 한다는 식이다.

1990년대생은 가족에 대한 생각에서 50~60대와 같은 점도 있지만 많이 다르다. 나를 위해 쓰는 일을 후순위에 두고 가족을 위해 뭔가를 하겠다는 생각이 그리 강하지 않다. '각자 알아서 해야 하는 게 아닌가!'라는 반응이 주조를 이룬다(임홍택, 『90년대생이 온다』, 웨일북, 2018 참조). 나와 남의 경계가 선명하다.

이렇게 보면 50~60대와 1990년대생이 남을 돕는다고 할 때도 그 이유가 다를 수 있다. 50~60대는 가족과 친척을 도울 때 길게 생각하고 말로 뚜렷하게 표현할 게 없다. '그냥 가족이니까' '그냥 친척이니까' 돕는 것이다. 나와 남의 경계가 확실하지 않으니 여유가 있으면 돕는 게 당연하고, 여유가 없더라도 내가 못 쓰더라도 도울 만하면 돕는다고 생각한다. 반면 1990년대생은 철저하게 따진다. 내가 남을 왜 도와야 하는지 따지고 난 뒤에 그 이유가 합당하다면 그제야 비로소 돕는다. 남을 돕는 데도 자신을 설득할 이유가 필요하다. 『중용』에서는 어떤 주장을 펼치는지 살펴보기로 하자.

승당 진실이란 스스로 자신을 이룰 뿐 아니라 타자를 이루게 하는 바탕이다. 자기를 이루는 것이 사랑이요, 타자를 이루게 하는 것이 지혜다. 이것은 본성의 힘이고 자기 내부와 외부의 도리를 종합한 것이다. 그러므로 현실(시대) 상황에 맞게 처리하는 것이 합당한 것이다.

誠者, 非自成己而已也, 所以成物也. 成己, 仁也. 成物,
성 자 비 자 성 기 이 이 야 소 이 성 물 야 성 기 인 야 성 물
知也. 性之德也, 合內外之道也, 故時措之宜也.
지 야 성 지 덕 야 합 내 외 지 도 야 고 시 조 지 의 야

입실　비非는 아니다, 틀리다는 뜻이다. 기己는 몸, 나라는 뜻으로 일인칭 대명사로 쓰인다. 이已는 그치다, 이미, ~뿐이다는 뜻이다. 이야已也는 합쳐서 ~할 뿐이다로 풀이한다. 소이所以는 까닭, 까닭이다는 뜻이고 접속사로 쓰이면 그래서로 풀이한다. 성成은 이루다, 이루도록 돕다는 뜻이다. 물物은 만물, 일이라는 뜻으로 많이 쓰이는데, 여기서는 남(사람)을 포함하여 나 아닌 모든 것을 가리킨다. 시時는 때, 상황을 뜻한다. 조措는 두다, 섞이다, 처리하다는 뜻이다. 의宜는 마땅히, 마땅하다, 마땅히 ~하다는 뜻이다.

여언　『중용』을 비롯하여 유학은 사람이 신의 도움 없이 자신의 힘으로 윤리적 완성을 이루는 것을 목표로 한다. 이때 사람은 나와 남으로 철저하게 나뉘지 않는다. 사람은 자신을 중심으로 관계의 그물망에 놓여 있기 때문이다. 나는 부모에게 자식이고, 자식에게 부모이고, 아내/남편에게 배우자이고, 연상에게 연하이며, 연하에게 연상이고, 친구에게 친구다. 특히 친구는 관계가 확장될 수 있는 특성이 있다.

　그렇다 하더라도 유학에서는 나와 남 중에 누구를 먼저 도와야 하는지와 관련해서 단계론을 주장한다. 사람에 대해서는 나를 먼저, 남을 다음에 돕는다. 만물에 대해서는 가족을 먼저, 타인을 다음에, 동식물을 마지막으로 돕는다. 이처럼 유학은 나와 가족을 최우선에 두고 사랑을 차례로 넓혀간다.

공자에 이어 등장한 묵자墨子는 '사랑에서 왜 나와 남을 구분하는가?'라는 의문을 제기했다. 이를 별애別愛와 겸애兼愛로 구분했다. 별애는 사랑을 단계로 나누자는 것이고, 겸애는 단계를 가리지 않고 등등하게 사랑하자는 것이다. 유가의 별애가 현실적이라고 생각할 수 있다. 하지만 묵자는 결정적인 상황에서 별애와 겸애는 큰 차이를 보인다고 주장한다.

예컨대 전쟁이다. 나는 나와 가족 그리고 조국을 대상으로 전쟁을 벌이지 않지만 남과 다른 인종 그리고 타국을 상대로 전쟁을 벌일 수 있다. 따라서 묵자는 내가 남과 다르다는 생각을 바꿔서 "나를 돌보고 사랑하는 것과 남을 돌보고 사랑하는 것이 같다(위기유위피爲己猶爲彼)"라고 생각해야 한다고 주장한 것이다.

이 주장을 받아들인다면 유학에서는 나와 남을 단계적으로 사랑하는 차등애를 약간 수정해야 한다. 어떤 상황에서 나와 남의 경계를 뛰어넘을 수 있으면 별애의 폐쇄성과 배제성을 다소 완화시킬 수 있다. '내'가 배가 많이 고프지만 상대가 며칠을 굶어 조금의 음식으로 목숨을 건질 수 있다면 우리는 자신이 먹을 것을 상대에게 양보할 수 있다. 또 도로에서 앰뷸런스 소리가 들리면 우리는 차의 방향을 바꿔 응급 환자가 빨리 이송되도록 돕는다.

내가 먹을 것을 남에게 양보하고 내가 앰뷸런스에게 길을 양보하는 것은 모두 진실에 바탕을 둔다. 그 사람이 먹지 않으면 죽을지 모르고 앰뷸런스 안에 일분일초를 다투는 환자가 있다고 생각하기 때문이다. 누가 시키지 않더라도 우리는 흔쾌히 '내가 먼저' 양보하고 타인에게 우선권을 준다. 우리는 왜 이렇게 행동할까? 진실의 압도적인 힘 때문이다. 진실은 다른 이유와 항의를 침묵하게 하는 힘이 있다.

현대인은 자신의 욕망과 가치를 최우선에 놓는다. 내가 무엇을 하고 싶은 것은 진실하기 때문이다. 이 진실은 나에게만 한정되지 않고 타자에게로 확장될 수 있다. 타인이 절실하게 도움이 필요하고 고통으로 괴로워하고 있다면 진실은 타인을 우선적으로 돌보라고 요구할 수 있다. 그것이 바로 『중용』에서 말하는, 나를 이루는 성기成己에서 남도 이루도록 돕는 성물成物로 나아가는 힘이라고 할 수 있다.

40 덕성

덕성을 존중하고 학습으로 이끌다
존덕성도문학尊德性道問學(27장)

입문 유학의 역사를 보면 선진 시대에는 공사의 위상이 독보적이고 맹자와 순자의 인성 논쟁이 주목을 받는다. 한당 제국을 거치면서 유학은 정치 문화의 제도로서 여전히 기초를 이루고 있었지만, 종교 사상에서는 불교와 도교에 주도권을 넘겨주었다.

한 제국 이후로 불교가 인도에서 전래되었고, 천당과 지옥 그리고 삼세三世 사상은 지배 계층만이 아니라 일반 서민에게도 큰 영향을 미쳤다. 특히 정국이 몇몇 문벌 귀족의 손아귀에 놀아나면서 뜻있는 사인士人들은 재야에 머물면서 울분을 느꼈다. 이때 불교는 삼세 사상으로 사람들에게 현세가 아니라 내세에서 지금 누리지 못한 복을 누릴 수 있다는 희망을 주었고, 도교는 섭생에 주의하고 양생 수련을 하면 사람이 신선神仙

이 될 수 있다는 희망을 주었다.

당 제국 후기에 이르러 유학은 기지개를 다시 켜기 시작했고, 송나라에 이르러 문예 부흥의 흐름이 큰 기세를 이루게 되었다. 아울러 유학도 사람으로 하여금 자신의 힘으로 윤리적 완성을 꾀하게 하려면 믿을 만한 확실한 기초를 찾아야 했다. 당시 유학은 선천적인 덕성과 후천적인 학습을 스스로 변화시킬 수 있는 양대 기둥으로 보았다. 이를 바탕으로 평범한 보통 사람이 윤리적으로 완성된 성인聖人이 될 수 있다고 믿었다. 그래서 유학을 달리 성인이 되는 학문, 즉 성학聖學이라고 한다.

하지만 송나라에 이르러 유학자의 진영이 다양하게 나타났다. 이 진영은 한번 생겨나자 청 제국까지 이어졌고, 조선에도 그대로 영향을 미쳤다. 이 진영을 탄생시킨 것이 바로 주희와 육상산의 논쟁이다. 이 논쟁은 명 제국의 왕양명으로 이어졌다. 이 두 학파의 특징은 바로 존덕성尊德性과 도문학道問學으로 구분된다.

사실 두 학파 모두 둘의 가치를 인정하지만, 상대적으로 육상산과 왕양명은 존덕성을 앞세우고 주희는 도문학을 앞세운다고 분류되었다. 존덕성과 도문학이 두 학파의 결정적 차이로 이야기되는 만큼 그 의미를 좀 더 깊이 들여다보자.

승당   자기주도적인 군자는 선천적 덕성을 존중하고 후천적 학문으로 이끌어가며, 광대하고 보편적인 것을 완전히 하고 정밀하고 특수한 것을 세세하게 파악하며, 고명하고 순수한 것(초월적인 것)을 극단화하고 현실과 결부된 중용을 추구하고, 옛것을 재해석하여 새것을 창조하며, 품성(습성)을 확고하게 길들여서 문명의 예절을 높이 친다.

> 君子, 尊德性而道問學, 致廣大而盡精微, 極高明而
> 군자 존덕성이도문학 치광대이진정미 극고명이
> 道中庸, 溫故而知新, 敦厚以崇禮.
> 도중용 온고이지신 돈후이숭례

입실 존尊은 높이다, 우러러보다는 뜻이다. 도道는 이끌다, 말미암다는 뜻이다. 치致는 힘쓰다, 정성스레 하다는 뜻이다. 문학問學은 학문學問과 같은 뜻으로 후천적으로 묻고 배워서 알게 되는 앎을 가리킨다. 정精은 자세하다, 면밀하다, 순수하다는 뜻이다. 극極은 치致와 같은 맥락으로 지극히 하다, 최대로 하다는 뜻이다.

온溫은 따뜻하다, 데우다는 뜻이다. 고故는 까닭, 옛것을 뜻한다. 고古와 고故는 둘 다 오래되다, 옛날이라는 뜻으로 쓰인다. 하지만 사람이 죽으면 고인古人이 아니라 고인故人이라 하고, 옛날 사람들의 이야기를 고사古事라고 하지 않고 고사故事라고 한다. 고故는 오래된 것에다 사연 등 인간적 요소가 곁들이는 반면 고古는 그냥 시간적으로 오래되었다는 사실만을 말한다. 숭崇은 높다, 높이다는 뜻이다.

여언 우리는 음식을 만들려다 좋은 레시피를 알고 싶으면 인터넷을 검색한다. 인기 블로그를 보기도 하고 유튜브의 동영상을 찾기도 한다. 나에게 없으니 다른 곳과 사람에게 의존하는 것이다. 『중용』을 비롯하여 유학에서는 사람이 윤리적으로 살아가는 데 든든한 밑바탕을 가지고 있다고 생각한다. 이것이 바로 맹자가 크게 기여한 성선性善이다. 유학이 성선을 바탕으로 도덕의 일상화를 기획하면서 순자는 주류가 아니라 비주류로 평가받게 되었다.

성선은 '본성이 착하다'는 뜻도 있지만 '사람이 도덕적으로 완전하다'

는 의미 맥락을 나타낸다. 따라서 사람은 성선만을 믿고 따르면 도덕적 인간으로 성장하여 성숙한 인격을 갖출 수 있다. 하지만 '성선에다 뭔가를 더 첨가해야 하지 않는가?'를 두고 주희 대 육상산과 왕양명은 대를 이어가며 오랫동안 지속적으로 논쟁을 벌였다.

사람은 진공 상태가 아니라 특정한 상황에서 행위를 한다. 이때 사람은 구체적인 상황에 대한 지식이 있어야 성선을 실천할 수 있을까, 아니면 성선만으로 충분히 도덕적 삶을 살 수 있을까? 왕양명은 성선만 있으면 얼마든지 도덕적 삶을 살 수 있다고 생각했다. 사람이 도덕적 상황에 놓이면 오로지 성선에 따르려는 흐름과 이해관계를 따지려는 흐름의 양 갈래가 생기는데, 오로지 후자를 누르고 전자만을 따르면 그것만으로 충분하다고 보았다. 사람이 성선만으로 부족하다며 구체적인 사실과 정보를 더 알려고 한다면 그것은 전자를 따르지 않고 후자를 따르려고 하는 성향을 나타낸다고 주장했다. 이를 위해 왕양명은 특별히 '치양지致良知'라는 개념을 만들어 사람이 각자 선천적으로 지닌 양지良知를 끝까지 밀고 나가면 된다고 주장했다. 양지는 성선처럼 압도적 힘으로 사욕의 발동을 누그러뜨릴 수 있다.

반면 주희는 성선을 믿지만 특정 상황에 대한 앎이 필요하다고 보았다. 상황을 제대로 알아야 성선이 행위로 드러날 때 새로운 문제를 낳지 않는다고 보았다. 사람은 성선을 믿는다고 해도 끊임없이 의문을 제기한다. "꼭 이래야 하는 건가?" 이러한 질문을 잠재우려면 정확한 앎이 필요하다고 보았다. 반면 왕양명은 성선 또는 양지에 인욕과 사심이 의문을 제기하지 못하는 압도적 힘이 있다고 보았다. 이 때문에 존덕성과 도문학을 각각 왕양명과 주희의 학문적 특징으로 분류하게 되었다.

9강 정직

진실을 삶의 틀로 담아내라

9강에서는 진실이 국가와 개인 차원에서 현실화되려면 어떻게 해야 하는지를 살펴보고자 한다. 진실은 사람을 움직이게 하지만 모든 방향을 정하지는 않는다. 사람은 진실을 느끼고 그 진실에 어울리는 삶을 기획해야 한다. 하나를 풀고 나면 또 다른 문제가 생겨난다.

우리는 패키지여행을 가면 편안하다고 느낀다. 잠자리며 식사며 여행사에서 모두 알아서 척척 준비해준다. 나는 가만있기만 해도 갈 데가 있으면 갈 수 있고, 배가 고프면 먹을 곳으로 가고, 쉬고 싶으면 자는 곳으로 갈 수 있다. 이것이 패키지여행의 매력이다. 반면 배낭여행을 떠나면 비행기는 그럭저럭 탄다고 해도 비행기에 내리는 순간부터 유익하고 즐거운 여행을 위해 자신이 하나하나 준비해야 한다.

도덕적 삶에도 패키지여행과 배낭여행이 있다. 몇몇 종교에서는 신의 이름을 몇 차례 반복적으로 외치거나 알아들을 수 없는 주문을 외우거나 하는 단순한 의례적 행동이 복을 가져오고 평안을 준다고 한다. 이것이 바로 신을 믿기만 하면 모든 것이 다 풀리는 패키지 종교라고 할 수 있다. 반면 배낭 종교에서는 자신을 늘 돌아보고, 잘못했으면 회개하고, 자신만이 아니라 이웃을 도와야 한다고 말한다. 유학은 철저하게 배낭 종교다. 불교와 도교가 패키지 종교에 해당한다고 날카롭게 비판하곤 했다.

『중용』에서는 진실을 삶의 틀로 담아내기 위해 '구경九經'을 제시했다. 구경은 아홉 가지 경전이 아니라 아홉 가지 규칙이라고 할 수 있다. 구경은 정치 지도자가 천하나 국가를 통치하려면 반드시 지켜야 할 규칙이다. 이 구경은 『중용』이 나온 이후에 동아시아 정치에 커다란 영향을 끼쳤다. 왕에게는 자신이 의거해야 할 규칙이었고, 사대부에게는 왕을 견제하면서 자신들이 구체화해야 할 이론적 바탕이었다.

구경은 '9'라는 숫자의 어감에서 예상할 수 있듯이 많은 내용을 담고 있다. 전체적으로 보면 정치 지도자가 자신이 하고 싶은 대로 하는 것이 아니라 일을 추진하면서 점검해야 할 체크 포인트라고 할 수 있다. 기분과 감 그리고 기억만으로 대사를 처리할 수는 없기 때문이다. 여기에는 개인적인 절제만이 아니라 대신과 기술자를 대우하는 문제가 있고 또 국제 관계도 들어 있다. 어디 하나를 잘못하면 그 후과가 예사롭지 않을 수 있다.

진실은 허위와 가짜에 대해 절대적인 우위에 선다. 다른 이유가 없다. 진실이기에 그럴 수밖에 없다. 하지만 사람은 도덕에 대해 진실할 수도 있지만 욕망에 대해 진실할 수도 있다. 도덕이 욕망을 이끌어가는 상황에서는 아무런 문제가 발생하지 않는다.

하지만 도덕과 욕망의 경계가 애매해지면 진실만으로 판정을 내리기 어렵다. 이때 무엇이 옳고 그른지를 가리는 명선明善이 필요하다. 무엇이 옳고 그른지가 밝혀지면 도덕과 욕망의 경계가 애매한 상황을 판정할 수 있는 기준을 갖게 된다.

우리가 진실과 명선을 갖춘다고 하더라도 사람 사는 세상에는 사람마다 차이가 발생한다. 한두 번만으로 이전에 했던 것처럼 도덕적 삶을 잘 살 수 있는 사람도 있고 한두 번 해봐도 여전히 어설픈 사람도 있다. 『중용』에서는 중용대로 살기라는 도덕적 숙제를 제대로 풀지 못하는 사람을 위해 나름의 방안을 제시한다. "사람이 열 번 해서 잘하면 나는 천 번이라도 할 것이다." 될 때까지 하겠다는 각오가 있어야 한두 번 실패에 좌절하지 않는다는 말이다.

『중용』은 참으로 주도면밀하다.

41 구경

스스로 균형을 잡고 현자를 우대하다
수신존현修身尊賢(20장)

입문　『중용』의 앞부분에서는 중용을 정의하고 중용을 실천하는 길을 제시하고 있다. 또 뒷부분에서는 진실을 뜻하는 성誠의 의미를 다루며 길게 논의했다. 이것만으로 도덕 윤리가 바로 현실에 그대로 실현된다고 할 수 없다. 도덕 윤리를 어떻게 실천하느냐의 문제는 여전히 남아 있다. 『중용』에서는 이러한 도덕 윤리의 문제를 현실에 적용하여 실현하기 위해 구경, 즉 아홉 가지 규칙을 제시하고 있다. 구경은 정치 영역을 나타낸다.

연산군은 자신을 믿고 따르지 않는 재상과 대간을 대상으로 불만을 터뜨리며 『중용』의 구경을 인용한 적이 있다(백승종, 『중용, 조선을 바꾼 한 권의 책』, 사우, 2019, 56쪽 참조).

> 『중용』에서 '경대신敬大臣, 체군신體群臣'이라고 한다. 나는 평소에 승지들이 임금의 혀와 목구멍 같은 위치에서 몹시 수고한다고 여겼다. 그들을 아끼고 잘 대접하지 않은 적이 없다. 재상과 대간들도 역시 존대하였다. 하건마는 그들은 그러지 아니하였다. 대간은 궁중의 비밀스러운 일까지 감히 들먹였다.

연산군은 구경을 제대로 알았던 것일까? 그 의미를 하나씩 차근차근 살펴보자.

승당 천하와 국가를 다스리는 데는 구경, 즉 아홉 가지 지도 규칙이 있다. 하나하나 나열한다면 몸을 닦아 균형을 잡는 것, 현자를 높이는 것, 친척과 가깝게 지내는 것, 대신(중역)을 우대하는 것, 여러 관료의 처지를 헤아리는 것, 백성을 자식처럼 아끼는 것, 각 분야의 기술자를 오게 하는 것, 먼 곳(변방과 외국)의 사람을 회유하는 것, 제후들에게 혜택을 주는 것 등이다.

凡爲天下國家, 有九經. 曰 : 修身也, 尊賢也, 親親也,
범 위 천 하 국 가 유 구 경   왈   수 신 야 존 현 야 친 친 야
敬大臣也, 體群臣也, 子庶民也, 來百工也, 柔遠人也,
경 대 신 야 체 군 신 야 자 서 민 야 래 백 공 야 유 원 인 야
懷諸侯也.
회 제 후 야

입실 친친親親은 같은 한자지만 의미와 기능이 다르다. 앞의 친은 친하다, 가까이하다는 뜻의 서술어이고, 뒤의 친은 친척, 가까운 사람을 가리키는 목적어다. 친친은 가까운 사람을 그렇지 않은 사람에 비해 가깝게 대우하다는 뜻이다. 유柔는 부드럽다, 구슬리다는 뜻이다. 자子는 자식처럼 아끼다, 사랑하다는 뜻이다. 래來는 오다는 뜻으로, 여기서는 찾아오게 하다, 귀순하게 하다는 맥락으로 쓰인다. 백공百工은 수레, 도자기 등 다양한 분야의 기술을 가지고 있는 전문가를 가리킨다. 백공은 통치에 필수적인 존재다. 회懷는 품다, 끌어안다는 뜻이다. 유와 회가 합쳐서 회유懷柔가 될 수 있다. 제후諸侯는 천자로부터 특정 지역의 통치를 위임받는 군주를 가리킨다.

여언 첫째는 수신修身이다. 수신은 자신을 균형 잡힌 사람으로 가다

듭는 활동이다. 이 수신은 윤리와 정치의 영역을 가리지 않고 공통의 기초가 된다. 이는 『대학』에 나오는 말과 일맥상통한다.

천자에서 서인에 이르기까지 하나같이 모두 수신을 바탕으로 한다
(자천자自天子, 이지어서인以至於庶人, 일시개이수신위본壹是皆以修身爲本).

이제 자신에게서 다른 사람으로 나아간다.

둘째는 존현尊賢이다. 현자를 높이 대우한다는 뜻이다. 오늘날 공무원이 되려면 시험에 합격해야 한다. 근래에는 민간에 실력자가 있으면 개방직 공무원으로 임용하기도 한다. 민간에 있는 현자를 전격으로 발탁하여 관료제의 한계를 보완하는 것도 존현의 하나라 할 수 있다. 이는 재야에 있는 유능한 인재들에게 언제라도 정부에 중용될 수 있다는 기대와 희망을 심어줄 수 있다.

셋째가 친친親親이다. 친친은 다수의 왕족을 잘 다독이는 일이다. 왕족은 신분의 특수성으로 인해 쉽게 관직에 나갈 수도 없고 이익을 꾀하는 생업에 종사하기도 어렵다. 이들이 생계에 어려움을 겪지 않으면서 품위를 유지할 수 있도록 생계를 보장해줘야 한다. 그래야 왕과 왕족의 틈새를 벌이려는 시도도 막을 수 있다.

넷째가 경대신敬大臣이다. 대신은 나이도 많고 직책이 높을 뿐 아니라 경력이 풍부하다. 대신이 왕보다 국정에 참여한 기간과 경험이 더 많을 수도 있다. 왕이 세자 시절에 아무리 제왕학을 공부한다고 해도 노련한 대신의 언행을 쉽게 재단할 수는 없다. 대신이 사소한 잘못을 하더라도 책임을 묻지 않는 대우가 필요하다. 경대신을 융통성 있게 운용하면

왕과 대신의 관계를 안정적으로 유지할 수 있지만, 기계적으로 운용하면 대신의 권위가 비대해져서 왕의 권위가 상대적으로 약해질 수 있다.

다섯째가 체군신體群臣이다. 사람은 혼자서 모든 일을 할 수 없다. 정치의 왕과 대통령, 경제의 최고 경영자도 마찬가지다. 모두 다른 사람의 도움을 받아야만 한다. 『중용』에서는 사람이 다른 사람과 도움을 주고받는 관계를 '체'로 표현하고 있다. 연필은 도구로써 사람이 맨손으로 할 수 없는 것을 표현하도록 도와준다. 관료제도 마찬가지다. 관료제의 숱한 관료는 왕을 대신하여 수많은 일을 조사하고 조치를 취한다. 왕은 이러한 관료들을 통해 자신의 몸을 연장시키는 셈이다.

여섯째가 자서민子庶民으로 백성을 세금을 거둘 대상으로 보지 말고 자식처럼 아껴야 한다는 뜻이다. 권력은 백성이 있기 때문에 가능하다 (나머지는 9강 42조목 '가선이긍불능' 참조).

42
격려 | 잘하면 우대하고 못하더라도 기회를 주다
가선이긍불능 嘉善而矜不能(20장)

입문 『중용』에서 천하와 국가를 경영하는 아홉 가지 규칙, 즉 구경을 제시하고 있다. 구경 하나하나는 오늘날에도 곱씹어볼 만한 내용을 다룬다. 구경은 개인이 자신을 균형 잡힌 존재로 만드는 수신修身에서부터 세계의 질서를 조직하기 위해 국제 관계의 협력을 끌어내는 회제후懷

諸侯에 이르기까지 방대한 내용을 다룬다(9강 41조목 '수신존현' 참조).

여기서는 구경 중에서 외부의 사람을 끌어들이는 내용을 살펴보고자 한다. 외부에 있는 사람은 보통 나에게서 공간적으로 멀리 떨어진 사람을 가리킨다. 이 밖에도 나와 심리적으로 먼 사람을 가리키기도 한다. 내가 혼자 살 수 없다면 주위 사람과 어울리면서 살아야 한다. 사람이 나에게로 가까워지지 않고 멀어진다면 나는 원하든 원치 않든 고립될 수밖에 없다. 우리가 주위 사람과 잘 어울리려면 어떻게 해야 할까? 『중용』에서 제안하는 처방 또는 리더십을 살펴보도록 하자.

승당   철에 따라 백성들을 동원하고 세금을 덜 걷는 것은 백성들을 북돋우는 길이다. 일별로 월별로 시험하여 하는 일에 어울리게 대우하는 것은 여러 전문가를 북돋우는 길이다. 떠나는 이를 따뜻하게 보내고 찾아오는 이를 반갑게 맞이하며, 뛰어난 사람을 대단하게 여기고 뒤떨어지는 사람을 안타깝게 여겨서 기회를 주는 것은 먼 곳의 사람을 회유하기 위한 길이다.

끊어진 세대를 이어주고 망한 나라를 일으켜서 시조의 제사를 지내게 하며, 다른 나라의 혼란을 안정시키고 위기에 처한 나라에 도움의 손길을 뻗치며, 조회와 예방은 때에 맞춰서 하며, 보내는 원조와 은전을 풍부하게 하고 받는 공물을 간소하게 하는 것은 제후(인접국 또는 동맹국)에게 혜택을 주는 길이다.

時使薄斂, 所以勸百姓也. 日省月試, 旣稟稱事, 所以
시 사 박 렴 소 이 권 백 성 야   일 성 월 시   기 품 칭 사   소 이
勸百工也. 送往迎來, 嘉善而矜不能, 所以柔遠人也.
권 백 공 야   송 왕 영 래   가 선 이 긍 불 능   소 이 유 원 인 야

繼絶世, 擧廢國, 治亂持危, 朝聘以時, 厚往而薄來, 所
계 절 세 거 폐 국   치 란 지 위   조 빙 이 시   후 왕 이 박 래   소
以懷諸侯也.
이 회 제 후 야

입실   시時는 때, 제때, 때를 맞추다는 뜻이다. 사使는 시키다, 부리다는 뜻이다. 시사時使는 정부가 백성에게 세금 이외에 강제로 노동력을 징발하는 요역을 때에 맞게 하여 백성들이 농사를 지을 수 있도록 보장한다는 맥락으로 쓰인다. 박薄은 엷다, 적다, 가볍다는 뜻이다. 렴斂은 거두다, 부과하여 긁어모으다는 뜻이다. 박렴薄斂은 세금을 덜 거둔다는 맥락으로 쓰인다. 권勸은 권하다, 즐기다는 뜻이다. 성省은 살피다, 조사하다, 깨닫다는 뜻이다. 시試는 시도하다, 시험 보다, 조사하다는 뜻이다. 주회에 따르면 기旣는 봉록(월급)을 뜻하는 희餼를 가리킨다. 품禀은 주다, 녹, 곳집이라는 뜻으로 름廩과 뜻이 같다. 기품旣禀이 의미가 불명하여 희름餼廩의 맥락으로 바꿔서 풀이한다. 칭稱은 어울리다, 걸맞다, 저울을 뜻한다. 칭사稱事는 기술자를 하는 일에 어울리게 대우한다는 뜻이다.

    가嘉는 아름답다, 뛰어나다, 훌륭하다는 뜻이다. 긍矜은 불쌍히 여기다, 아끼다는 뜻이다. 조朝는 아침, 뵙다, 조회하다는 뜻으로, 여기서는 제후가 천자를 찾아가는 의례를 말한다. 빙聘은 찾아가다, 방문하여 안부를 묻다, 부르다는 뜻으로, 여기서는 제후가 대부를 시켜 천자에게 예물을 보내는 의례를 말한다. 조빙은 천자 중심의 국제 질서를 관리하는 방식이다. '후왕박래厚往薄來'는 천자가 제후에게 받는 예물보다 제후에게 더 많은 예물을 준다는 뜻이다.

여언   여기서는 구경 중에서 6~9조항을 구체적으로 살펴본다. 6조항

부터 9조항까지는 조정을 벗어나 일반 서민, 기술자, 외국인(이주민), 국제 관계를 다루고 있다.

6조항의 요역과 세금 문제는 경감이 가장 큰 원칙이다. 내가 일하지 않고 농사를 짓지 않으면 법으로 백성의 수확물을 거두고 힘을 빌리는 문제를 가볍게 생각할 수 있다. 있는 것을 조금 나누고 힘을 보태면 좋은 일을 할 수 있으니 대수가 아니라고 보는 것이다. 궁에서만 살면 피땀 흘려서 키운 수확물을 조금이라도 덜어내는 것이 얼마나 아깝고 주위에 할 일이 많아 잠깐 하던 일을 멈추는 것이 얼마나 버거운지 알지 못한다. 모른다고 국가를 위한다는 명분으로 더 많이 거두고 더 자주 불러서는 안 된다는 점을 밝히고 있다.

7조항은 기술자와 기능인, 요즘 말로 하면 전문가를 대우하는 방식을 말하고 있다. 큰 원칙은 일을 맡기고 정례적으로 실적을 평가하고 급여 등 대우는 하는 일에 비례해서 정하는 데 있다. 전문가를 연고와 온정이 아니라 실적과 실력에 따라 객관적으로 대우하라는 것이다.

8~9조항은 천자의 나라가 외국과 제후의 나라를 대우하는 방식을 나타낸다. 오늘날 국제 사회에서 한 나라가 자국의 이해와 안전을 위해 외교 관계를 풀어가는 데 필요한 원칙을 제시하고 있다.

8조항에서는 교류를 하지만 천자와 제후처럼 천자가 임명하고 해임하는 관계가 아닌 사례를 다룬다. '송왕영래送往迎來'는 사전적으로 보면 가는 사람을 잘 보내고 찾아오는 사람을 잘 맞이한다는 뜻이다. 관례로 보면 갈 때는 상대가 바라는 관계나 직책을 부여하고 올 때는 생활필수품 등을 공급한다. 이는 천자 중심의 국제 관계를 안정적으로 관리하려는 방법이다. '가선이긍불능'은 상대의 능력과 실력을 인정하고 아쉽고 모자라는 점이 있으면 도와준다는 뜻이다. 이를 통해 교류를 지속하면서 관계가 갑자기 악화되는 상황을 미리 막을 수 있다.

9조항은 망한 나라가 제사를 지내서 명맥을 유지하게 하고 위기에 처한 나라를 구원하여 국정을 정상화할 수 있게 하고 정상 국가에게 요구하는 것보다 혜택을 더 많이 제공하자는 내용을 담고 있다. 천자의 나라가 국제 관계를 이끄는 경찰 국가의 위상에 어울리는 역할을 하도록 주문하고 있다. 오늘날 트럼프 미국 대통령이 힘의 우위를 바탕으로 이해 당사국을 압박하고 미국 제일주의를 주장하는 방식과 대비된다.

43
지선　진실하려면 옳고 그름에 밝아야 한다
성신명선誠身明善(20장)

입문　전국 시대의 문헌을 보면 존재와 사태의 복합적 연관성을 파악하려는 시도가 많이 보인다. 이 시도는 연쇄법의 구문으로 나타났다. 여기서도 윤리와 정치의 다양한 현상이 어떻게 서로 물고 물리는지를 잘 보여주고 있다. 또 다양한 현상이 궁극적으로 어떤 근원과 연결되는지 추적한다. 이 시도는 최종 근원에 이르러서야 탐구를 멈추는 소급법의 양상을 나타낸다. 공무원의 길에 들어선 사람이라면 평생 실무자로 머물려고 하지 않을 것이다. 지방자치단체의 장이 되어 평소 품고 있던 꿈을 실현하고자 할 수 있다. 그렇다면 지금 어떻게 해야 할까? 『중용』에서는 이와 관련해 무엇이 옳고 그른지를 분명하게 알아야 한다는 점을 최종적으로 제시한다. 중간에 생략된 부분을 포함해 전체 과정을 살펴보자.

승당　아랫자리에 있으면서 윗사람에게 믿음을 얻지 못하면 백성을 다스릴 기회가 없다. 윗사람에게 믿음을 얻는 방법이 있는데, 친구들 사이에서 믿음을 얻지 못하면 윗사람에게 믿음을 얻을 수 없을 것이다. 친구들 사이에서 믿음을 얻는 방법이 있는데, 어버이와 원만하게 지내지 못하면 친구들 사이에서 믿음을 얻을 수 없을 것이다. 어버이와 원만하게 지내는 방법이 있는데, 저 자신을 반성해서 진실하지 않으면 어버이와 원만하게 지낼 수 없을 것이다. 자신에게 진실해지는 방법이 있는데, 좋음과 옳음(선善)에 분명하지 못하면 자신에게 진실해질 수 없을 것이다.

在下位, 不獲乎上, 民不可得而治矣. 獲乎上有道, 不信乎朋友, 不獲乎上矣. 信乎朋友有道, 不順乎親, 不信乎朋友矣. 順乎親有道, 反諸身不誠, 不順乎親矣. 誠身有道, 不明乎善, 不誠乎身矣.
재하위 불획호상 민불가득이치의 획호상유도 불신호붕우 불획호상의 신호붕우유도 불순호친 불신호붕우의 순호친유도 반제신불성 불순호친의 성신유도 불명호선 불성호신의

입실　획獲은 얻다, 넣다, 손에 잡다는 뜻이다. 치治는 다스리다, 관리하다, 바로잡다는 뜻이다. 도道는 길, 원리라는 뜻으로 많이 쓰이지만, 여기서는 방법이라는 뜻으로 쓰인다. 유도有道는 도가 있다 또는 도가 잘 규제하고 있다는 뜻이 아니라 방법이 있다는 맥락이다. 신信은 믿다, 진실이라는 뜻이다. 순順은 따르다, 잇다, 이어받다는 뜻이다. 반反은 되돌리다, 뒤집다, 뒤엎다는 뜻이다. 명明은 밝다, 밝히다는 뜻이다.

여언　공무원 시험에 합격하여 막 발령을 받거나 회사 취업에 성공하여 직원 연수를 마치고 막 출근했다고 하자. '나'는 평생 말단으로 누가 시키는 일을 하면서 공직과 회사 생활을 끝내고 싶지 않다. 취업에 성공하기 전부터 꿈꾸거나 직장 생활을 하면서 갖게 된 꿈 또는 이상을 펼쳐 보고 싶은 바람을 가질 수 있다.

'나'는 어떻게 해야 할까? 이 질문은 자격증을 딴다거나 경력을 쌓는다거나 상사의 마음에 드는 비법을 익힌다는 식의 멘토링을 요청하는 질문이 아니다. 이 질문은 구체적이고 일상적인 인간관계에서 자신의 진실을 찾아가려면 어떻게 해야 할지 묻는 질문이다.

순서대로 질문을 따라가보자. 내가 막 취업을 했다면 상사가 있기 마련이다. 내가 더 높은 자리에서 그에 걸맞은 책임을 지고 일을 하려면 먼저 상사와 잘 호흡하면서 협업해야 한다. 신입 직원은 상사의 안내와 평가를 잘 받아야 다음 단계로 나아갈 수 있다. 이때 우리는 "상사에게 신뢰를 얻으려면 어떻게 해야 하느냐?"는 질문을 던질 수 있다. 이에 대해 『중용』에서는 '친구 사이에서 신뢰를 얻으면 상사에게 신뢰를 얻을 수 있다'는 해법을 내놓는다. 상사에게 신뢰를 얻으려면 내게 상사보다 한 단계 더 가까운 친구의 신뢰를 얻어야 한다.

다음으로 친구의 신뢰를 얻으려면 어떻게 해야 할까? 이에 대해 『중용』에서는 '어버이에게 신뢰를 얻으면 친구에게 신뢰를 얻을 수 있다'는 해법을 내놓는다. 친구에게 신뢰를 얻으려면 내게 친구보다 한 단계 더 가까운 어버이의 신뢰를 얻어야 한다. 여기까지 보면 『중용』에서는 상사 문제를 상사와의 관계에서 찾지 않고 좀 더 근원적인 관계로 소급한다. 친구 문제도 어버이로 소급해 들어간다.

셋째로 어버이에게 신뢰를 얻으려면 어떻게 해야 할까? 이에 대해 『중용』에서는 '자신에게 진실해야 어버이에게 신뢰를 얻을 수 있다'는 해법을 내놓는다. 어버이에게 신뢰를 얻으려면 내게 어버이보다 한 단계 더 가까운 자기 자신에게 진실해야 한다.

마지막으로 내게 진실하려면 어떻게 해야 할까? 이에 대해 『중용』에서는 '스스로 무엇이 옳고 그른지 분명히 알아야 한다'라는 해법을 내놓는다. 무엇이 옳고 그른지를 알아야 나 자신에게 진실할 수 있기 때문이다.

이렇게 보면 『중용』은 무엇이 옳고 그른지 판가름하는 명선明善에서 출발하여 어버이로 나아가고, 다시 친구로 나아가고, 상사로 나아간다. 이에 대해 '명선이 이후의 관계와 어떻게 연관이 되느냐?'라는 의문이 생길 수 있다.

오늘날에는 명선과 사람의 교제가 별 관련이 없다고 생각할 수 있다. "직장은 직장이고 윤리는 윤리이지, 직장이 왜 윤리와 관련이 되느냐?"라고 말할 수 있다. 근대 이후에 나타난 가치관의 변화다.

반면 『중용』에서는 윤리적 선악과 인간관계가 연결되었다고 본다. 인간관계는 직무상의 업무 관계에 한정되지 않고 늘 만나는 일상적 관계이고 함께 공동체에서 수행할 역할을 공유한다고 생각하기 때문이다. 이는 분명 『중용』에서 그리고 있는 이상 사회이지만 현대와 좀 다른 특성을 보여준다. 지금 우리는 서로 윤리적 부담을 주지 않는다는 점에서 명선과 인간관계를 소극적으로 연결시킬 수 있다. 우리는 직장 동료와 친구들에게 좋은 정보와 일을 소개하여 그들이 더 나은 삶을 살도록 도움을 줄 수 있다.

44 학행

널리 배우고 돈독하게 실천하라

박학독행博學篤行(20장)

입문　사람은 한번 하기로 했으면 끝까지 가기를 바란다. 이런 바람에도 불구하고 중도에 그만두고 이전 상황으로 되돌아가기 쉽다. 나는 이를 '도돌이표 인생'이라 부른다.

악보에 도돌이표가 있으면 계속 앞으로 진행하지 않고 이전으로 돌아가서 다시 반복하라는 뜻을 나타낸다. 한번 시작하면 앞으로 쭉 나아가려는 성향이 강해서 웬만해선 돌아보지 않는다. 이런 사람에게 도돌이표는 죽기보다도 싫다.

하지만 어떻게 하겠는가? 사람이란 시작하다 도중에 그만두고 다시 시작하고 그러다가 자신을 믿지 못해 웬만해선 선뜻 시작하려고 하지 않는다. 사람이 처음부터 자신에게 실망하지 않고 앞으로 나아가려면 어떻게 해야 할까? 이는 유학에서도 중요하게 생각하는 문제다. 특히 유학에서는 사람 사이에서 지켜야 할 덕목을 중시하는 만큼 후천적으로 길러지는 제2의 천성을 아주 중시한다. 『중용』에서 제2의 천성을 어떻게 만들어가는지 살펴보자.

승당　널리 배우고, 자세하게 묻고, 조심스레 생각하고, 분명하게 분별하고, 돈독하게 실천하라!

博學之, 審問之, 愼思之, 明辨之, 篤行之!
박학지　심문지　신사지　명변지　독행지

입실　박博은 널리, 넓다는 뜻이다. 이 글자는 최고의 학위인 박사博士에 쓰인다. 심審은 살피다, 환히 알다는 뜻이다. 신愼은 삼가다, 진실로라는 뜻이다. 변辨은 나누다, 분명히 하다는 뜻이다. 독篤은 돈독하다, 두텁다는 뜻이다.

여언　한자의 뜻을 찾아보면 독篤과 돈敦은 도탑다, 돈독하다는 의미로 풀이한다. 나는 이 뜻이 선뜻 와닿지 않는다. 무슨 말일까 생각하고 생각해도 그 의미가 생생하게 잡히지 않았다. '위안부(또는 군의 성 노예)' 문제를 두고 일본 정부가 한국 정부에게 불가역적인 결론을 요구하고, 미국이 북한과 비핵화 협상을 하며 불가역적 해결을 모색했다.

　이때부터 '불가역적'이라는 말을 자주 들으면서 독과 돈의 의미가 확 다가왔다. 한 사람이 다른 사람을 생각하는 정리가 도탑다는 것은 서로 믿고 의지하는 관계가 그렇지 않은 관계로 되돌아가지 않는다는 뜻이다. 물론 사람이기에 헤어질 가능성을 배제할 수는 없지만 도타운 정리는 웬만해선 사람 사이를 없던 것으로 만들 수 없다는 말이다.

　불가역적인 결론과 불가역적인 합의는 여러 차례 논의를 통해 결론을 내리고 또 수많은 협상 끝에 서로 만족할 만한 합의에 도달하면 이전 상황으로 되돌아가지 않는다는 말이다. 불가역적인 결론과 합의를 해놓고 이와 상반되는 이야기를 한다면 앞으로 상대의 말을 절대로 믿을 수 없다. 말을 언제 어떻게 뒤집을지 모르기 때문이다.

　『중용』에서는 사람이 덕목을 불가역적으로 실천할 수 있도록 하기 위해 5단계를 제시하고 있다. 하나씩 살펴보기로 하자.

　첫째, 박학博學은 널리 배운다는 뜻이다. '널리'는 빠뜨리는 부분이 없도록 한다는 뜻이다. 배우더라도 그 범위가 좁으면 문제가 생긴다. 자신이 아는 것을 전부로 착각하여 다른 것을 인정하지 않으려고 한다. 즉 자신이 아는 것 이외에 다른 부분은 없는 것이다. 이렇게 되지 않으려면 배우는 범위를 넓혀야 한다. 아는 범위가 넓어지면 넓은 관점에서 전체를 조망할 수 있다. 산 위에 올라 시가지를 내려다보고 비행기에 타서 아래를 굽어보는 장면을 생각해보면 박학의 의미가 더 생생하게 다가오리라.

둘째, 심문審問은 자세하게 묻는다는 뜻이다. 수업을 하면서 연신 고개를 끄덕이는 학생이 있었다. 나는 저 학생이 내 강의를 잘 이해하나 보다고 생각했다. 정작 시험을 치니 답안지가 영 엉망이었다. 학생에게 왜 답안지를 잘 쓰지 못했냐고 물으니 수업 시간에는 다 알아들은 듯했는데 막상 시험을 치르다 보니 정리도 잘 되지 않고 기억이 잘 나지 않았다고 말했다.

왜 이런 일이 일어날까 생각해보니 심문에 원인이 있다는 것을 느꼈다. 들어서 안다고 생각하지만 자신의 말과 생각으로 정리하려면 묻는 과정이 필요하다. 선생의 설명과 나의 생각이 일치하는지 따져보지 않으니 선생이 말할 때는 이해했다고 생각하지만 선생이 없으니 기억이 잘 나지 않는 것이다.

셋째, 신사愼思는 조심스레 생각한다는 뜻이다. 내가 생각할 때 모든 문제가 다 해결되었다고 결론 내리지만 다른 사람과 이야기해보면 상황이 많이 다르다. 내가 생각하지 못한 것을 다른 사람이 생각할 수도 있고, 내가 생각해서 말하는 것을 전혀 다른 방식으로 받아들일 수도 있다. 심지어 같은 말을 하는 듯하지만 쉽게 결론에 이르지 못할 수도 있다. 생각할 때 섣불리 결론을 내리지 않고 이모저모를 따져보며 종합적으로 따져봐야 실수를 줄일 수 있다.

넷째, 명변明辨은 분명하게 분별한다는 뜻이다. 생각이 꽉 막히거나 뭐가 뭔지 몰라서 뒤엉키는 경우가 있다. 생각이 갈래로 나뉘지 않고 덩어리로 뭉쳐져 있기 때문이다. 여행을 갈 때 여권, 비행기표, 숙박, 식사, 이동 등 하나씩 차례로 따져보면 실수를 줄일 수 있지만 한꺼번에 뒤죽박죽 하다 보면 놓치는 것이 많다. 복잡한 문제일수록 잘게 잘라서 사고하면 혼선을 피할 수 있다.

다섯째, 독행篤行은 돈독하게 실천하라는 뜻이다. 박학, 심문, 신사, 명변을 거쳐 독행에 이르렀다. 독행은 이전 상황으로 되돌아가지 않도록 못을 박는 것이다. 이를 통해 불가역적인 제2의 천성을 기르는 것이다. 한 번 하고 또 한 번 하면서 언행을 심신의 일부로 만드는 것이다(9강 45조목 '인십기천' 참조).

45 노력
남이 열 번에 성공하면 나는 천 번을 한다
인십기천人十己千(20장)

입문 사람은 다 똑같은 듯하지만 다 다르다. 달리기를 하면 달릴 수 있다는 점에서 비슷하지만 속도가 다르다. 이러한 차이는 교육과 노력을 통해 어느 정도 좁힐 수 있다. 사람마다 외국어를 배우는 소질과 능력이 다르다. 처음에는 현격한 차이가 나더라도 노력하면 그 간격을 좁힐 수 있다. 이때 우리는 보통 상대적으로 실력이 떨어지는 사람에게 "당신도 잘할 수 있어요"라고 격려의 말을 한다. 상대적으로 실력이 떨어지는 사람이 이 말을 듣고 '나도 잘할 수 있다'고 믿을 수 있을까? 그냥 나에게 격려와 위로를 보내기 위해서 하는 말이라고 단정하고 포기할 수 있다.

어떻게 하면 자신을 믿지 못하고 패배감에 빠진 사람을 일으켜 세울 수 있을까? 이것은 과거에만 있었던 문제도 아니고 오늘날에도 여전히 어려운 숙제라고 할 수 있다. 『중용』에서도 이 문제를 중요하게 검토하고 있다. 이 문제를 풀지 않으면 『중용』을 비롯하여 유학에서 말하는 인륜 도덕이 '그들만의 리그'를 벗어날 수 없다. 모든 사람이 군자의 도를 실현하게 하려면 사람 사이의 차이를 어떻게 극복할 것인지 길을 찾아야만 한다. 『중용』 속으로 들어가보자.

<u>승당</u>　실행하지 못한 것이 있어서 실행하려고 할 경우 독실하게 되지 않으면 그만두지 말 것이다. 주위 사람이 한 번 해서 잘하면 나는 백 번을 할 것이며, 주위 사람이 열 번 해서 잘하면 나는 천 번이라도 할 것이다. 과연 이 방법을 제대로 한다면 비록 사람이 처음에 어리석다고 하더라도 나중에 반드시 똑똑해질 것이고, 비록 사람이 유약하다고 하더라도 나중에 반드시 강건해질 것이다.

　　　　有弗行, 行之, 弗篤弗措也. 人一能之, 己百之. 人十能
　　　　유 불 행　행 지　불 독 불 조 야　인 일 능 지　기 백 지　인 십 능
　　　　之, 己千之. 果能此道矣, 雖愚必明, 雖柔必强.
　　　　지　기 천 지　과 능 차 도 의　수 우 필 명　수 유 필 강

<u>입실</u>　불弗은 아니다는 뜻이다. 독篤은 도탑다, 굳다, 신실하다는 뜻

이다. 인人은 일반적으로 사람 일반을 가리키지만, 여기서는 자신과 어울리는 주위 사람을 가리킨다. 일一은 숫자 1이지만 여기서는 한 번 하다는 뜻이고, 백百은 숫자 100이지만 여기서는 백 번 하다는 맥락으로 쓰인다. 과果는 과일, 이루다는 뜻도 있지만 여기서는 과연으로 쓰인다.

능能은 보통 보조동사로서 ~할 수 있다는 뜻으로 쓰이지만, 여기서는 탁월하게 하다, 능숙하게 하다는 뜻으로 쓰인다. 우愚와 유柔는 각각 어리석다, 둔하다와 무르다, 유약하다는 뜻으로 쓰이면서 그런 사람을 가리키기도 한다. 명明과 강强은 각각 밝다와 굳건하다는 뜻으로 쓰이면서 그런 사람을 가리킨다. 특히 명과 강은 그렇게 된다는 변화의 어감을 담고 있다.

여언   늘 그렇듯이 모든 문제는 '어떻게 해야 할까?'에서 시작한다. 사람 사이에 차이가 나기 마련이고 이 중 뜻대로 되지 않는 나는 어떻게 해야 차이를 극복할 수 있을까? 『중용』에서는 크게 두 가지 측면에서 실마리를 제공하고 있다.

첫째, 끝까지 물고 늘어져서 해결되지 않으면 그만두지 말라는 끈기를 강조했다. 뭔가를 배워야겠다고 결심했으면 배운 것이 확실해지지 않은 상태에서 그만둬서는 안 된다. 『중용』에서는 이러한 논리를 배우는 학學, 질문하는 문問, 생각하는 사思, 분별하는 변辨에다 골고루 적용하고 마지막으로 실천하는 행行에 적용하고 있다. 뭔가 잘하지 못하는 게 있으면 실천해봐야 한다. 실천하더라도 제대로 되지 않으면 결코 그만둬서는 안 된다.

이것이 바로 '불독불조弗篤弗措'다. 이때 '독'의 의미가 중요하다. 독은 사전적으로 '돈독하다'로 풀이하지만 그 의미가 확 다가오지 않는다. 돈독함이란 무거운 바위처럼 한번 정해지면 그 이전으로 결코 돌아가지 않을 정도로 묵직하고 앞으로 나아갈 정도로 듬직한 이미지를 나타낸다. 즉 여기서 독이란 이전으로 되돌아오지 않고 앞으로 나아가도록 확실하게 다진다는 뜻이다. 우리는 '독'에 이르지 않으니 결국 앞으로 조금 나아가다 이전으로 돌아가는 것이다.

둘째, 한두 번 하고 안 된다고 선언할 것이 아니라 잘하는 사람보다 백배 천배 노력을 기울여야 한다. 뭔가를 해보려다 안 되면 몇 번 해보고 그만두어야 할까? 이왕 안 될 거면 빨리 그만두는 게 나으니 한두 번으로 괜찮을까? 아니면 이왕 시작한 거 될 때까지 밀어붙이자고 해야 할까? 이와 관련해서 정답이 있을 리 없다. 각자가 해보는 수밖에 없다.

『중용』에서는 주위 사람이 한 번 해서 성공하면 나는 백 번 시도하고 주위 사람이 열 번 해서 성공하면 나는 천 번을 하라고 제안하고 있다. 숫자로 보면 주위 사람보다 적어도 백배 이상의 노력을 하라는 말이다. 이때 백배는 단순히 횟수나 양이 아니라 무슨 일이든 내게 익숙해져서 내 것이 되는 시간을 가리킨다. 단어라면 내가 적재적소에 쓸 수 있게 되고 운전이라면 안전하게 운행할 수 있게 되는 것을 말한다. 이렇게 사람마다 도달하는 시간이 다르니 일찍 이루는 남과 비교해서 서둘러 포기하지 말고 내게 맞는 시간과 길을 찾으라는 맥락으로 이해하면 좋겠다.

마지막 부분을 보면 『중용』에서는 낙관적일 정도로 사람을 신뢰한다. 어리석은 사람도 밝게 변하고 흐물흐물한 사람도 강하게 변하리라고 예상하고 있다. 사람마다 차이를 보이지만 노력하면 어느 정도 발전을 이루리라고 보는 것이다. 이처럼 『중용』을 비롯해서 유학에서는 기본적으로 사람에게 희망이 있다고 생각한다.

　흔히 인간을 부정적으로 보았다고 알고 있는 순자조차 사람이 노력하면 성악을 성선으로 바꿀 수 있다고 생각했을 정도다. 유학이 사람에게 이래야 하고 저래야 한다며 엄격하게 간섭하는 까닭에 차가운 이미지로 비칠지 모르지만, 여기서는 사람이 차이를 극복하기 위해 노력하는 시간을 충분히 기다려주고 있다.

10강 효성

죽음을 통해 삶을 돌아보다

10강에서는 효孝가 『중용』에서 차지하는 의미와 맥락을 살펴보고자 한다. 보통 『중용』하면 '중용'과 '성誠'에 주목한다. 그리하여 이 둘에 관심이 집중된다.

효는 다소 서운한 대접을 받는다고 할 수 있다. 심지어 『중용』에서 왜 효를 많이 언급하는지 의아해하는 사람도 있다. 이것은 『중용』이란 책이 쓰인 시대의 맥락을 제대로 몰라서 생기는 오해다.

우리는 이 세상을 철저하게 산 사람 위주로 생각한다. 영국에 가면 시내의 사원에도 무덤이 있다. 만약 우리나라에서 시내에 공동묘지를 조성하려 한다면 거세게 반대하는 사람들의 소식이 TV 뉴스에 연일 등장할 것이다. 우리는 죽은 자에게 한 뼘의 땅도 내줄 수 없다는 듯이 사자를 도시에서 멀리 내보내려 한다. 사자가 산 자에게서 멀리 떨어질수록 더 좋다고 생각한다. 이는 인류사에서 일찍이 없던 일이다. 지금 도시와 사자의 결합을 반대하지만 산 자는 결국 죽기 마련이므로 자신도 결국 도시를 떠나 산속으로 깊숙이 들어가야 한다.

『중용』이 쓰인 시대에는 산 자와 죽은 자의 거리가 그리 멀지 않았다. 죽은 자는 산 자 근처에 있었다. 그 덕분에 산 자는 죽은 자에게 의지하여 든든함을 느끼기도 하고 죽은 자를 통해 자신을 돌아볼 수 있었다. 『중용』에서는 이런 기억과 관행을 다시 생각해보자고 제안한다. 또한 살아 있는 사람의 오륜五倫만이 아니라 산 자와 죽은 자의 오륜으로 확장시키기도 한다. 산 자가 죽은 자를 어떻게 기억하고 기리는 것이 중용일까? 이는 『중용』에서 아주 중요하게 다루고 있는 주제다.

산 자는 제사를 지내면서 죽은 자를 주기적으로 불러낸다. 죽은 자가 죽음으로 완전한 망각의 세계로 들어가도록 방치하지 않는다. 일 년에 한 번은 시간을 내어 죽은 자를 기념하는 방식으로 충만하게 사용한다. 그리고 평소에 입지 않던 화려한 옷을 입는다. 죽은 자를 잘 대우한다는 것은 산 자를 쉽게 내버리지 않는다는 신호이기도 하다. 죽음을 통해 사람은 산 자와 죽은 자의 관계만이 아니라 산 자끼리의 관계를 돌아보게 된다.

제사는 산 자가 죽은 자를 만나는 사건이다. 제삿날이 아닐 때 산 자는 죽은 자를 어떻게 대우하는가? 산 자는 죽은 자가 걸어왔던 길을 '죽었다'고 하루아침에 뜯어고쳐서 천지개벽을 한 듯이 부산을 떨지 않는다. 하루아침에 고친다면 결국 그 사람이 하루라도 일찍 죽기를 기다렸다는 말이 된다.

급변하는 오늘날에도 바꾸기만 하면 뭔가 잘될 것이라고 착각하는 경우가 있다. 이어받을 것은 그대로 이어받고 고쳐야 할 것은 하나씩 고쳐 나가는 것이 현명한 일일 텐데 말이다.

옛날에는 집을 지을 때 죽은 자의 영혼을 모시는 집을 제일 먼저 지었다. 그것이 오늘날 서울에 종묘로 남아 있고, 종가에 사당으로 남아 있다. 종묘와 사당은 나라와 가문을 일으켜서 이어온 영혼들의 안식처다. 안식처를 주기적으로 수리하고 기물을 늘어놓고 제철 음식을 올린다. 산 자들이 일상에서 하는 것을 죽은 자에게 일 년에 한 번씩 누리게 하는 것이다.

제사는 기억을 연장하는 엄숙한 의식이기도 하고 참여하는 사람끼리 친목을 다지는 축제이기도 하다. 모두가 함께 어울려서 흥겨운 이야기가 나오면 좋다.

이렇게 보면 제사가 하나의 정치다. 제사를 잘하면 산 자와 죽은 자 그리고 산 자와 산 자의 관계를 두텁게 할 수 있기 때문이다.

46 성복

재계하고 정갈한 태도로 성대하게 차려입다

재명성복齊明盛服(16장)

입문　우리는 뭔가 특별한 일을 앞두면 여러 가지 신경을 쓴다. 무슨 옷을 입을지, 무슨 신발을 신을지, 무슨 말을 먼저 할지, 머리를 어떻게 손질할지 등등 관심을 두지 않는 곳이 없다. 맞선을 보는 자리라면 사소한 것 하나하나 신경을 쓸 것이다. 옷을 입고 거울 앞에 섰다가 몇 차례 옷을 갈아입을 것이다.

　나는 지금까지 강의를 수없이 해왔지만 첫 강의를 나갈 때는 수업 시간에 할 농담까지 준비한 적이 있다. 그래야만 실수를 줄이고 원하는 수업을 할 수 있으리라 생각했기 때문이다. 여러 사람 속에서 한 사람을 바라보는 학생의 입장이랑 나 혼자서 수업을 전적으로 진행하며 여러 사람을 마주 보는 선생의 입장이 같을 수 없다. 중요한 일은 조금이라도 실수하면 '내'가 그르쳤다는 생각이 든다. 일이 잘되게 도와주지는 못할망정 망쳤다고 생각하면 쥐구멍이라도 찾고 싶은 심정이다. 그렇게 되지 않기 위해 했던 동작도 되풀이하고 순서도 외우려고 노력한다.

　제사를 지내려면 어떤 태도로 무엇을 준비해야 할까? 산 사람이 죽은 사람을 만나 교류하는 특이한 장이니만큼 긴장하고 엄숙했으리라 짐작이 간다. 『중용』 속으로 들어가서 살펴보도록 하자(제물은 10강 48조목 '수진설천' 참조).

승당　온 세상의 사람들, 즉 후세로 하여금 재계하여 정갈한 태도로 복식을 성대하게 갖추어서 제사를 받들도록 한다. 존재감이 곳곳으로 흐르며 넘실거려서 사람들(현세대)의 머리 위에 있고 또 사람들의 좌우에 있는 듯하다.

使天下之人, 齊明盛服, 以承祭祀, 洋洋乎如在其上,
사 천 하 지 인   재 명 성 복   이 승 제 사   양 양 호 여 재 기 상
如在其左右.
여 재 기 좌 우

입실 재齊는 재계하다, 엄숙하다, 공경하다는 뜻으로 재齋와 같고 음도 '재'다. 옛날에 제사를 지낼 시기가 되면 부부 관계만이 아니라 상갓집 출입도 자제했다. 이는 제사에서 오로지 조상신에게만 집중하겠다는 태도를 나타낸다. 명明은 깨끗하다, 정갈하게 하다는 뜻이다. 성盛은 담다, 풍성하다, 멋지다, 아름답다는 뜻이다. 복服은 입다, 옷을 뜻한다. 성복盛服은 제사를 지낼 때 입는 옷이 일상적으로 입는 옷과 달리 화려하고 예쁘다는 점을 나타낸다. 이는 산 사람이 제사의 대상에게 잘 보이려고 예를 갖춘다고 할 수 있다. 승承은 받들다, 공경하다는 뜻이다. 양洋은 바다, 넘치다는 뜻이다. 양양洋洋은 한없이 넓은 모양을 나타내는 의태어다. 여기서는 '넘실넘실'로 옮긴다.

여언 religion은 라틴어로 다시 묶다는 뜻의 religare에서 유래한 단어로, 신과 인간을 결합시킨다는 뜻이다. 근대 일본에서 religion을 '종교'로 번역하면서 널리 쓰이게 되었다. 이 때문에 종교를 정의하라고 하면 절대신에 대한 믿음을 강조한다. 이에 따르면 유학은 종교가 될 수 없다. 절대신에 대한 믿음이 없기 때문이다.

종교에 대한 이러한 정의는 서구의 기독교를 기준으로 하는 배타적 정의라고 할 수 있다. 종교의 정의를 달리하면 유학이 종교가 될 수 있다. 예를 들어 종교를 인간이 엄숙한 예식을 통해 성숙해지며 삶의 근원적 의미를 탐구하는 학문으로 정의해보자. 유학은 예禮, 도道, 리理, 성性, 성誠, 학學 등의 개념을 바탕으로 개인의 구원과 사회의 구원을 기획하는 만큼 종교가 아니라고 할 수 없다.

특히 제사는 유학을 종교로 볼 수 있는 중요한 이유가 된다. 제사는 산 사람이 죽은 사람을 만나고 교류함으로써 죽은 자를 주기적으로 소환하여 공동체에서 영원히 기억되게 하는 활동이다. 유학에는 사후 심판과 천당이라는 개념이 없다. 죽은 사람이 살아생전 행적에 따라 영혼이 구원되는 절차가 없다. 죽으면 육체적으로 소멸할 뿐 아니라 영적으로 철저히 잊힐 수 있다. 제사, 특히 명절 제사보다 일 년 단위로 지내는 기제사忌祭祀가 중요하다. 제사에서 향을 피워 영혼을 부르고 술을 따라 육신을 불러 제상에서 혼과 백이 만나게 된다. 제사상을 보고 후손이 자리하니 결국 조상과 후손이 만나게 된다.

이렇게 죽은 조상은 주기적으로 자신이 살았고 후손이 살고 있는 곳으로 돌아온다. 후손이 축문으로 일 년간 있었던 일을 고유告由하면 조상과 후손이 같은 소식을 공유하게 된다. 이렇게 제사를 되풀이하면 세상은 산 사람이 독점하는 곳이 아니라 산 사람과 죽은 사람이 교류하는 장이 된다. 이를 통해 조상은 죽어도 죽지 않게, 즉 영원히 살게 된다. 따라서 제사는 동아시아 문화에서 유한한 인간이 무한한 생명, 즉 영생을 누리게 되는 의식이라고 할 수 있다.

이렇게 제사가 공동체에서 중요한 의미가 있다면 나는 어떻게 준비해야 할까? 『중용』에서는 이를 '재명성복'으로 제시한다. 재齊는 재齋와 같은 뜻으로 부정不淨을 탈 만한 모든 일을 피하는 활동을 가리킨다. 부정을 피하려면 자연히 여러 일상 중 손님 접대 등 외부와 접촉을 그만두어야 한다. 스스로를 일상 중 먹고 자는 최소한의 활동만 하는 감옥 아닌 감옥에 가두는 것이다. 나는 함양에 있는 남계서원의 춘향례春享禮에서 아헌관亞獻官을 맡은 적이 있는데, 과거에는 서원에 들어서면 춘향례가 끝날 때까지 바깥출입을 할 수 없었다고 한다. 이것이 바로 재계齋戒의 일종이었다. 명明은 목욕을 하는 등 심신을 정갈하게 하는 활동이다. 외부의 어떤 것도 제사를 지내는 공간으로 들어오지 못하게 방비하는 것이다.

성복은 좋은 재질에다 아름답게 수놓은 옷을 입는 것이다. 제사는 죽은 조상이 돌아오게 하는 의식이니만큼 최상의 의복을 갖춰 입는다. 이것은 사치와 낭비가 아니라 조상에 대한 최대한의 예우이자 존경의 표시라고 할 수 있다. 여재如在는 죽은 조상 또는 귀신이 강림하여 제사의 공간에 임한 상황을 가리킨다. 죽은 조상은 제사를 통해 사라지지 않고 주기적으로 되살아나게 된다.

47 계승

뜻을 잇고 일을 풀어나가다
계지술사繼志述事(19장)

입문 오늘날에는 그 위상이 옛날처럼 강력하지는 않지만, 효도는 여전히 사람이 지켜야 할 덕목으로 인정된다. 이 효도가 시대마다 뜻이 다를까? 아니면 시대가 바뀌었음에도 뜻이 같을까? 뜻이 같다고 생각하기 쉽다. 효도는 사람 사이의 가장 기본적인 관계, 즉 부모와 자식 사이에 지켜야 할 덕목이므로 변화가 있을 수 없다고 생각하기 때문이다.

이런 맥락에서 우리는 효도 하면 부모와 자식의 2대 또는 조부모와 함께하는 3대의 가족을 떠올리고, 효도란 가족 속에서 자식이 부모에게 느끼는 자연스런 애정과 그 표현이라고 생각할 수 있다. 예컨대 아침이면 "잘 주무셨느냐?" 또는 "어디 불편한 곳이 없느냐?"라고 인사하고 저녁이면 "잘 주무시라"라고 인사하는 것을 효도라고 생각하기 쉽다.

이러한 효도의 개념을 바탕으로 인용문을 살펴보면 생각한 것과는 뭔가 다르다는 느낌이 든다. 무왕과 주공을 공인받는 효자라고 추켜세워 놓고 뭔가 결이 다른 효도의 내용을 말하고 있다. 도대체 어떻게 된 일일까? 『중용』으로 들어가서 그 문맥을 살펴보기로 하자.

승당　무왕과 주공은 틀림없이 모든 사람이 공통으로 인정하는 효자이리라. 두 사람이 보인 효란 사람(과거 세대)의 뜻을 잘 이어가며, 사람의 일을 전통에 따라 잘 풀어나간 것이다.

子曰: 武王周公, 其達孝矣乎! 夫孝者, 善繼人之志, 善
자왈　무왕주공　기달효의호　부효자　선계인지지　선
述人之事者也.
술인지사자야

입실　무왕武王은 은殷나라 마지막 왕인 주왕紂王의 폭정을 전쟁으로 끝장내고 주周나라를 천자의 나라로 세운 인물이다. 주공周公은 무왕의 동생으로 주나라 건국에 기여했을 뿐 아니라 무왕이 건국 후에 단명하자 어린 조카 성왕成王을 도와 국정을 안정시킨 인물이다. 아울러 주공은 예악禮樂을 제정하는 데 크게 기여하여 공자가 꿈속에서 만나는 인물이다(『마흔, 논어를 읽어야 할 시간』 2강 49조목 '몽견주공' 참조). 달達은 통달하다, 다다르다, 꿰뚫다는 뜻이다. 선善은 착하다, 잘하다는 뜻이다. 계繼는 잇다, 이어받다는 뜻이다. 술述은 짓다, 잇다, 말하다는 뜻이다.

여언 효孝 자의 어원을 설명할 때 보통 『설문해자』에 나오는 노耂와 자子의 결합으로 풀이한다. 이러한 꼴은 가장 초기의 한자 꼴을 나타내는 갑골문자에서도 확인할 수 있다. 다만 이러한 효孝 자의 글자 구성을 두고 풀이하는 방식이 다르다.

종래에 孝는 나이 많은 노인이 혼자 걸어갈 힘이 없으니 자식이 부축하는 모양으로 풀이되었다. 지금도 많은 사전에서 채택하고 있는 풀이다. 나는 이와 생각이 다르다. 고대 사회에서 노인은 힘이 없는 무력한 존재가 아니라 경험이 풍부하고 지혜가 많은 현자로 그려진다. 고대 사회에 개인이 풀기 어려운 문제가 생기면 그때마다 노인을 찾아가 어떻게 해야 하느냐고 물었다. 이것은 책도 없고 인터넷도 없고 선생님도 없는 상황에서 자연스러운 일이었다.

이렇게 보면 효는 힘 있는 현세대가 힘없는 기성세대를 돕는다는 맥락이 아니라, 반대로 지혜와 경험이 없는 현세대 또는 미래 세대가 기성세대에게 지혜와 경험을 물려받는다는 문맥이라고 할 수 있다(신정근, 『효, 순간을 넘어 영원을 사는 길』, 문사철, 2016 참조).

이제 『중용』의 원문으로 돌아가 보자. 제일 먼저 주나라를 천자의 나라로 만든 무왕과 주공을 두고 세상 모든 사람이 공인하는 효자라며 칭찬하고 있다.

공자가 무왕과 주공을 칭찬했다면 그에 어울리는 이유가 있을 것이다. 여기서는 효도의 정의를 계지繼志와 술사述事의 측면에서 풀이하고 있다. 계지는 현세대 또는 미래 세대가 기성세대가 중시하거나 하고자 했던 뜻을 무시하지 않고 그대로 이어간다는 취지다. 술사는 계지와 마찬가지로 기성세대가 추진했거나 추진하던 일을 도중에 그만두지 않고 그대로 지키는 것을 가리킨다.

『중용』에서 효도를 계지와 술사로 풀이하고 있는 것은, 앞서 효孝 자가 지혜와 경험이 많은 노인이 현세대에게 지혜와 경험을 넘겨주고 현세대는 넘겨받은 지혜와 경험을 고스란히 보존하는 관계를 나타낸다고 한 풀이와 잘 맞아떨어진다.

효 자의 어원 풀이와 『중용』의 효 자에 대한 정의에서 보이는 특성은 『논어』에서도 그대로 나타난다.

> 공 선생님이 일러주었다. 어버이가 살아 계실 때 자식의 하고자 하는 뜻을 들여다보고, 어버이가 돌아가신 다음에는 자식의 실제로 하는 행동을 살펴보라. 자식이 어버이가 걸으신 길 중 좋은 측면을 오랫동안 뜯어고치지 않는다면 그런 인물을 효자라고 말할 만하다[子曰: 父在觀其志, 父沒觀其行, 三年無改於父之道, 可謂孝矣.「학이」11(011)].

『논어』에 나오는 공자의 말은 효 자의 어원 풀이와 『중용』의 효에 대한 정의에 나오는 효의 특성과 약속이나 한 듯이 서로 일치한다. 이렇게 보면 효도가 부모와 자식 사이의 애틋한 정감과 그에 어울리는 행동보다 현세대가 기성세대의 뜻과 사업을 존중하고 계승하는 측면을 가리킨다고 할 수 있다.

그렇다면 뜻과 사업을 존중하는 효와 애틋한 정감으로서 효는 어떻게 다른가? 애틋한 정감으로서 효는 사회가 2대 또는 3대로 구성된 뒤에 나타나는 후대의 효도라고 할 수 있다. 『논어』에도 나타난다. 반면 뜻과 사업을 존중하는 효도는 가장 초기의 형태다. 이 때문에 후손은 조상에게 제사를 지내지 않을 수 없었다. 지금 나의 위치는 내가 일군 것이 아니라 조상에게 물려받은 것이니 고마움의 표시로서 제사를 지내지 않을 수 없다(제사는 10강 46조목 '재명성복', 10강 48조목 '수진설천' 참조).

48 제사

고치고 늘어놓고 펼치고 올린다

수진설천修陳設薦(19장)

입문 오늘날에는 명절이 되면 제사가 사회적 의제가 된다. 명절날이면 사람이 한곳에 모이기 마련이다. 사람이 모이면 함께 먹는 음식이 필요하고 함께 지낼 공간이 필요하다. 이렇다 보니 누가 일을 하고 비용을 대느냐를 두고 가볍거나 무거운 논란이 생겨난다. 특히 여성이 명절에 많은 일을 하다 보니 성 역할 차등 문제가 언론에 보도될 정도로 화제가 된다.

50~60대만 해도 형제자매가 많지만 요즘에는 자식이 없거나 한둘인 가정도 많다. 자식이 있더라도 아들이 있는 집도 있고 딸만 있는 집도 있다. 이렇다 보니 '앞으로는 제사를 지내는 일이 예전처럼 당연하지 않게 되는 것 아니냐?' '50~60대가 죽으면 누가 제사를 지낼까?'라는 새로운 화제가 제기된다.

이렇게 시간이 지나다 보면 제사는 슬그머니 없어질지도 모른다. 한둘씩 제사를 지내지 않다 보면 전반적으로 사라질지도 모르는 일이다. 그렇지 않아도 여러 번 지내던 제사를 한 날짜로 모으거나 제사를 지내더라도 음식을 간소화하는 가정이 늘어나고 있다. 이런 실정이기에 제사를 왜 지냈고 앞으로 어떻게 해야 할지 고민하지 않을 수 없다. 제사를 어떻게 지낼지 논의가 절실히 필요하다.

먼저 『중용』에서 제사를 어떻게 지내는지 살펴보도록 하자.

<u>승당</u>　봄가을에는 조상들의 영령이 깃든 사당을 수리하고 종묘에 보관해온 여러 귀중한 기물을 진열하고 조상들이 남긴 의상을 펼쳐놓고 제철에 난 음식을 제물로 올린다.

　　　春秋修其祖廟, 陳其宗器, 設其裳衣, 薦其時食.
　　　춘 추 수 기 조 묘　진 기 종 기　설 기 상 의　천 기 시 식

<u>입실</u>　춘추春秋는 봄가을로, 여름과 겨울을 뜻하는 하동夏冬과 함께 한 해를 가리킨다. 때로는 춘추만으로 한 해, 세월, 나이라는 뜻을 나타낸다. 수修는 닦다, 다스리다는 뜻으로 많이 쓰이지만, 여기서는 건물의 부서진 곳을 고치다, 손보다는 맥락으로 쓰인다.

조묘祖廟는 합쳐서 사당을 가리키기도 하고 나눠서 사당과 종묘를 가리키기도 한다. 옛날에는 사람이 죽으면 육신은 백魄으로 땅에 묻히고 정신은 혼魂으로 하늘로 간다고 생각했다. 그래서 사람이 죽으면 백이 깃드는 유택幽宅, 즉 무덤을 만들었고 혼이 깃드는 사당을 지었다. 사당은 사대부도 지을 수 있지만 종묘는 나라를 경영하는 군주의 가문에만 해당되는 기념물이다.

오늘날 국가적으로 중요한 일이 있으면 정치 지도자들이 국립묘지를 방문하여 헌화한다. 옛날에 사대부는 사당에 가서, 국왕은 종묘에 가서 있었던 일을 알리고 주기적으로 참배하고 제사를 지냈다. 이것은 반드시 수행해야 하는 필수 덕행 중 하나였다.

설設은 진열하다, 늘어놓다는 뜻이다. 상의裳衣는 오늘날 쓰이는 의상衣裳의 어순이 바뀐 형태로 아래의 치마와 위의 겉옷을 가리킨다. 천薦은 올리다, 바치다, 공물을 뜻한다. 시식時食은 제철에 나는 식재료나 그것으로 만든 음식을 가리킨다.

여언 오늘날 우리는 제사를 제사 지낼 때 올리는 제물 중심으로 알고 있지만, 원래 제사는 동아시아 사람들이 영생의 문제를 해결하기 위해 고안한 제도다. 사람은 죽고 나면 소멸하는 것이 아니라 제사를 통해 주기적으로 산 자의 세상으로 돌아와서 후손을 만난다. 이 만남이 지속되는 한 죽었다고 해서 소멸하는 것은 아니다. 이러한 제사에서 중요한 것은 향을 피우고 술을 따르는 절차에 있다. 향을 피우면 향이 위의 하늘로 올라가서 혼을 부르고 술을 땅에 따르면 틈새로 흘러 백을 부르게 된다. 혼과 백이 평소 나뉘어 있다가 제사에서 하나로 합쳐진다. 또 후손이 있으니 함께 만나게 된다.

> 조상의 제사를 지낼 때 살아 계실 때처럼 똑같이 하고, 귀신에게 제사를 올릴 때 귀신이 살아 있는 것처럼 똑같이 하라. 공자가 들려주었다. 내가 제사에 참여하지 않는다면 제사를 지내지 않은 것과 마찬가지다[祭如在, 祭神如神在. 子曰：吾不與祭, 如不祭.『논어』「팔일」12(052)].

공자가 말했듯이 제사는 조상의 혼백이 찾아오게 해야 하고 후손이 그 자리에 반드시 있어야 한다. 이것이 기본이다. 나머지는 형식이고 장식이다. 향불을 켜고 술을 따르지 않아 혼백이 찾아오지 않거나 후손이 없으면 제사를 지냈다고 하더라도 제사가 아닌 것이다.

나는 의령 장박이라는 작은 시골에서 태어나고 자랐다. 영산 신辛 씨가 많이 사는 집성촌이다. 어린 시절에 마을의 제일 높은 곳에 여느 집과 다른 건물이 한 채 있었다. 기와를 얹은 그 건물은 평소에는 사람이 드나들지 않다가 일 년에 몇 차례 제사를 지낸다고 사람이 북적거렸다.

장박에 사는 영산 신 씨의 제실 또는 사당이었다. 제실 정문에는 '여재문如在門'이라고 쓴 편액이 걸려 있었다. 내가『논어』를 읽고 위 구절을 만나기 전까지 그 세 글자는 대충 무슨 뜻인지 알아도 정확하게 알 수 없는 암호와도 같았다.『논어』를 읽고 나서야 돌아가신 조상의 영혼이 깃든 곳이고 늘 살아 계신다고 여기게 되었다[「팔일」12(052)].

이제 제사의 의미를 알게 되었다면 후손은 어떻게 해야 할까? 사당을 짓고 나서 시간이 지나면 허물어지고 부서지는 곳이 생긴다. 그런 곳을 방치하지 않고 때때로 수리해야 한다. 제실에는 위패만 있는 것이 아니라 제사를 지내는 각종 제기와 의상이 있다. 이들도 깊숙한 곳에 두기만 하면 손상되므로 꺼집어내서 청소해야 한다. 그리고 제철 의식을 바쳐야 한다. 이것이 살아 있을 때 부모를 모시는 것과 똑같이 하는 것이다.

49 동락

함께 술을 권하며 빠짐없이 어울리다

여수체천旅酬逮賤(19장)

입문 세계를 다니다 보면 전쟁에서 국가와 민족을 구한 영웅, 정치와 산업과 스포츠에서 큰 공적을 세운 인물 등을 기리는 동상이나 기념관을 흔히 볼 수 있다. 이를 통해 후손들이 그 인물들을 기억하고 높이 받들려는 것이다. 그렇지만 동아시아를 제외하면 세상 어디에도 뛰어난 학자를 위해 건물을 짓고 위패를 안치하여 주기적으로 제사를 지내는 곳은 없다. 이는 동아시아 사람들이 무력이 아니라 문화의 힘을 세상에 실현하고자 했음을 보여준다.

봄가을에 공자를 비롯하여 중국과 한국의 명현을 대상으로 석전釋奠을 지낸다. 석전은 세계적으로 독특한 제사다. 공자가 제사 대상이므로 팔일무八佾舞라는 독특한 춤을 춘다. 석전을 지내면 제관(초헌, 아헌, 종헌)을 비롯하여 예를 집행하는 집사, 의식에 참여하는 유림과 축하 인사, 일반인들이 다양하게 참여했다. 역할은 다르지만 참여한 사람들은 저마

다 공자를 비롯하여 성현의 의미를 돌아보게 된다. 식이 끝나면 울창주鬱
鬯酒라는 독특한 술과 식사를 제공한다. 이는 제사가 엄숙하게 진행되지
만 참여자들이 함께 즐기는 축제라는 점을 잘 보여준다.

승당   종묘의 의례는 조상의 출신과 서열을 매기는 것이고, 조상의 작
위를 순서대로 나누는 것은 신분의 귀천을 밝히기 위한 것이고, 일을 순
서대로 나누는 것은 똑똑한 사람을 가려서 맡기기 위한 것이다. 여럿이
모여 술을 권할 때 아랫사람이 윗사람에게 술을 따르는 것은 낮은 사람
을 포함시키기 위한 것이고, 잔치에서 머리카락의 색깔에 따라 차례를
두는 것은 나이대로 대접하기 위한 것이다.

> 宗廟之禮, 所以序昭穆也. 序爵, 所以辨貴賤也. 序事,
> 종 묘 지 례 소 이 서 소 목 야 서 작 소 이 변 귀 천 야 서 사
> 所以辨賢也. 旅酬, 下爲上, 所以逮賤也. 燕毛, 所以序
> 소 이 변 현 야 려 수 하 위 상 소 이 체 천 야 연 모 소 이 서
> 齒也.
> 치 야

입실   소목昭穆은 밝다, 기뻐하다는 개별적인 뜻보다 전문 용어로 쓰
인다. 조상의 영혼을 모시는 곳이 사당 또는 종묘이고 개인의 영혼이 깃
드는 곳이 신주 또는 위패다. 종묘에서 여러 왕이 죽으면 시조의 위패를
정중앙에 두고 후손의 위패는 좌우에 시대순으로 배열했다. 소는 왼쪽
줄에 위패를 두는 것이고, 목은 오른쪽 줄에 위패를 두는 것이다.

  서序는 차례, 차례를 매기다는 뜻이다. 려旅는 무리, 여럿을 뜻한다. 수
酬는 잔에 술을 채워주며 서로 마시기를 권하는 수작酬酌과 같은 맥락이
다. 체逮는 미치다, 이르다, 잡다는 뜻이다. 연燕은 제비를 뜻하지만, 여기

서는 잔치, 연회, 주연과 같은 맥락으로 쓰인다. 모毛는 털을 가리키지만, 여기서는 사람 머리카락의 검고 흰 색깔, 즉 나이를 헤아리는 기준을 나타낸다.

여언 종묘는 살아서 왕 노릇을 하다 죽은 사람들의 영혼을 안치하는 곳이다. 영혼을 깃든 위패를 어떻게 놓을까 고민하다가 입실에서 소개한 틀이 마련되었다. 소목을 통해 죽은 자들의 관계를 정리한다. 조선 시대 왕의 영혼을 모신 종로 3가 근처의 종묘는 입실에서 소개한 대로 위패를 안치하지 않는다. '서상제西上制'라고 하여 왼쪽이 윗세대가 되고 오른쪽으로 올수록 후손이 된다. 왼쪽의 제1실에 태조와 두 왕후의 위패가, 제19실에 순종과 두 왕후의 위패가 있다. 조선의 운명이 이어졌더라면 종묘의 오른쪽이 더 늘어났을 것이다. 종묘가 더 늘어나지 않는 것은 더는 조선의 왕이 없기 때문이다.

유학에서는 다양한 의식을 치른다. 의식을 치를 때는 누가 먼저 하고 누가 뒤에 하느냐라는 순서가 중요하다. 여럿이 한꺼번에 몰리거나 순서가 뒤죽박죽이 되면 의식을 제대로 진행할 수 없다. 종묘에서 작위의 서열을 구별하는데, 이는 신분의 귀천을 분명하게 하기 위해서다. 일을 차례대로 맡기는데, 이는 어떤 일을 잘하고 못하는 것을 가리기 위해서다. 잔치를 벌일 때는 나이의 기준에 따른다. 이처럼 상황마다 우선순위를 정해놓아야 실제 현장에서 우왕좌왕하는 일이 없다.

마지막으로 술을 권하는 상황을 검토해보자. 술을 마시면서 몇몇의 무리로 나뉘어 그 안에서만 사람들이 교제한다면 축제의 의미가 줄어든다. 신분과 서열을 따져야 할 때는 따지더라도 함께 어울리는 장이 있어야 한다. 이와 관련해서 '여수체천'을 살펴보자.

'여수체천'은 종묘를 비롯하여 다양한 곳에서 제사를 올릴 때 참여자들끼리 함께 어울려서 술을 권하는 상황을 나타낸다. 제사를 지낼 때는 각자 자신의 자리가 있기 때문에 이리저리 넘나들 수 없다. 그렇게 하지 않으면 제사를 진행할 수 없다. 반면 제사가 끝나고 연회를 벌일 때는 각자의 자리를 벗어나서 이곳저곳을 다닐 수 있다. 이때는 아랫사람도 윗사람의 자리가 있는 쪽으로 갈 수 있다. 이렇게 아랫사람이 자신의 자리를 옮겨서 윗사람에게 술을 권하면 또 윗사람도 아랫사람에게 술을 권하게 된다. 이를 통해 제사에 참여한 사람들은 남김없이 어울리게 된다.

이것은 맹자가 강조해 마지않았던 '여민동락與民同樂'과도 통한다(「양혜왕」). 왕가의 입장에서 보면 건국은 왕족의 일이라고 할 수 있다. 하지만 왕가가 건국을 주도했다고 하더라도 건국이라는 창업創業과 그 뒤의 수성守成은 왕과 그 일족의 힘만으로 이루어지지 않는다. 종묘의 제사에 참여한 사람만이 아니라 산간벽지의 일반 서민도 참여하기에 가능한 일이다. 따라서 제사를 지낼 때 축제의 장에 빠지는 사람이 있어서는 안 된다. 제사는 돌아가신 조상을 기리는 일이기도 하지만 함께 살아가는 사람을 위로하고 축하하는 일이기도 하기 때문이다.

공자는 50대에 대사구大司寇가 되어 노나라의 국정을 일신했다. 이에 이웃 제나라가 깜짝 놀라 여성 가무악단과 말을 노나라에 선물로 보냈다. 『사기』를 보면 노나라 지도자들은 선물을 즐기느라 제사를 지내고 고기를 공자에게 보내지 않았다. 고기 나누기는 자신들이 공동 운명체임을 느끼는 방식이다. 공자는 자신의 조국에 더는 미련을 갖지 않고 외국으로 떠났다. 이만큼 함께 즐기는 것이 중요하다.

50 치국

손바닥 위에 올려놓은 듯
여시저장如示諸掌(19장)

입문   하나의 단체를 운영하다 보면 어려운 점이 한두 가지가 아니다. 회비를 거두고 프로그램을 운영하고 참여를 권유하고 성과를 내는 일이 복잡하기 그지없다. 사람마다 생각이 다르고 이해관계가 걸려 있으니 의견을 모으기도 쉽지 않다.

크지 않은 단체도 이럴진대 국가나 천하 또는 기업을 운영한다고 해보자. 천자나 제후의 권한이야말로 단체를 운영하는 장에 비할 바가 아니다. 사람의 생사를 결정할 수 있고 다른 나라와 전쟁을 벌일 수도 있다. 이렇게 규모와 덩치가 커지다 보니 어려운 점도 하나둘이 아니다.

일전에 미국 대통령의 취임 초기 얼굴 사진과 재직 중의 얼굴 사진을 언론 보도에서 본 적이 있다. 취임 초기에는 의욕이 넘치고 혈색이 좋아 보이지만 재직 기간이 길어지면 길어질수록 의욕은 여전히 넘칠 수 있어도 피로와 노화가 신체에 그대로 나타났다. 국정을 책임지는 고단함이 얼굴에 그대로 묻어나는 것이다. 하지만 『중용』에서는 나라와 천하를 다스리는 것이 세상을 손바닥 위에 올려놓고 보는 것과 같다고 한다. 치국治國과 치천하治天下가 쉽다는 말이다. 도대체 무슨 맥락에서 이런 말을 하는지 『중용』 속으로 들어가보자.

승당   무왕과 주공은 선왕들의 자리에 나아가서 그분들이 만든 의례를 실행하고, 그분들이 만든 음악을 연주하며, 그분들이 귀하게 여기던 사람을 존중하고, 그분들이 친밀히 사랑하던 사람을 아끼며, 죽은 자 돌보기를 산 자를 돌보는 것같이 하고, 없는 자 돌보기를 살아 있는 자를 돌보는 것같이 한다. 이것은 더 말할 나위 없이 완전한 효도다. 하늘과 땅에 지내는 교사의 예는 상제를 섬기는 것이고, 종묘의 예는 선조에게 제사 지내는 것이다. 교제와 사직제 그리고 봄가을에 지내는 체제와 상제에 밝으면 나라를 다스리는 것이 물건을 손바닥 위에 올려놓고 보는 것처럼 쉽다.

> 踐其位, 行其禮, 奏其樂, 敬其所尊, 愛其所親, 事死如
> 천 기 위   행 기 례   주 기 악   경 기 소 존   애 기 소 친   사 사 여
> 事生, 事亡如事存, 孝之至也. 郊社之禮, 所以事上帝
> 사 생   사 망 여 사 존   효 지 지 야   교 사 지 례   소 이 사 상 제
> 也. 宗廟之禮, 所以祀乎其先也. 明乎郊社之禮, 禘嘗
> 야   종 묘 지 례   소 이 사 호 기 선 야   명 호 교 사 지 례   체 상
> 之義, 治國, 其如示諸掌乎!
> 지 의   치 국   기 여 시 제 장 호

입실   전踐은 밟다, 걷다, 지키다는 뜻이다. 주奏는 아뢰다, 모이다, 연주하다는 뜻이다. 교郊는 교외, 성 밖이라는 뜻으로 하늘에 제사 지내는 장소를 가리킨다. 사社는 토지신을 뜻한다. 서울의 사직단은 토지신 사社와 곡식신 직稷에게 제사 지내는 곳이다. 사祀는 제사 지내다는 뜻이다. 농업 사회에서 사와 직은 개인의 생명과 국가 공동체의 명운에 큰 영향을 끼쳤기 때문에 국가 제사의 대상으로 숭상되었다.

체禘는 큰 제사, 하늘 제사, 계절 제사를 가리킨다. 상嘗은 맛보다, 계절 제사를 가리킨다. 제사는 종류도 많고 분류도 다양하다. 여기서 체와 상은 정약용의 『중용강의보』에 따라 계절 제사로 간주한다. 주희는 『중용장구』에서 체를 종묘에서 천자에게 지내는 큰 제사로 보고 상은 네 계

절에 지내는 계절 제사를 가리키는데 이를 가을 제사로 예시를 들었다고 본다. 장掌은 손바닥, 솜씨를 뜻한다.

<u>여언</u>　인용문을 보니 계속해서 제사 이야기가 나온다. 상제에게 지내는 제사, 종묘에 지내는 제사, 사직에 지내는 제사, 계절에 지내는 제사가 연이어 나온다. 그리고 제사를 잘 지내면 나라와 세상을 다스리는 일이 손바닥 위에 물건을 올려놓고 보는 것처럼 쉽다고 말한다. 도대체 무슨 말을 하는지 이해하기 쉽지 않다.

　우리는 자유민주주의 체제에서 살고 있다. 부모의 재산을 물려받으려면 상속세를 내야 하는데, 그 세율이 소득세율인 10퍼센트보다 훨씬 높다. 상속 재산에 따라 세율이 다르지만 많으면 50퍼센트 세율이 적용되기도 한다. 상속 재산은 상속인이 노력하여 번 것이 아니라 그대로 물려받은 것이기 때문이다. 보통 사람은 상속받을 것이 없다. 대부분이 자신이 힘들여 노동해서 집을 장만하고 보험을 들어 노후를 대비한다. 자신이 벌어서 자신이 써야 하기에 재벌가를 제외하면 자식 세대가 부모 세대에게 전적으로 의존하는 경우는 드물다.

　이와 달리 『중용』이 쓰인 시대에는 '내'가 스스로 노력해서 지금의 지위를 누리는 것이 아니라 부모 세대나 더 먼 조상에게 그대로 물려받은 것이다. 따라서 나는 지금의 나를 있게 해준 다양한 존재에게 감사의 예식을 치르지 않을 수 없다. 만약 제사를 지내지 않는다면 자신을 있게 해준 존재에 대한 고마움을 모르는 인물이 된다. 그래서 고대 사회에서 제사를 지내는 것은 개인적으로나 사회적으로 아주 중요한 문제였다. 왕가나 뼈대 있는 가문이라면 제사를 지내다가 한 해가 다 간다고 할 정도로 제사가 많았다.

종묘나 사당에 올리는 제사는 이해가 가지만 왜 하늘, 땅, 곡식, 계절 등을 대상으로 제사를 지내야 할까? 하늘과 땅은 사람이 먹고살 수 있는 자원과 터전을 제공할 뿐 아니라 권력의 정통성을 부여하니 소중히 제사를 지내지 않을 수 없다. 곡식과 계절도 사람이 살아가는 데 필수적인 요소이므로 고마움을 표시하지 않을 수 없다.

그렇다면 제사가 중요하다고 하면 되지 치국과 치천하의 결정적 요소라고 강조하는 걸까? 내가 지금의 지위를 누리도록 해준 하늘과 조상 등은 내가 제때에 적절하게 제사를 지낸다면 나에 대한 지지와 보호를 거두지 않을 것이다. 하늘을 이기는 사람이 없다면 나는 제사를 지내는 한 정통성을 인정받게 된다. 그래서 제사를 치국과 치천하를 손쉽게 하는 결정적인 요소로 보는 것이다. 제사를 지내지 않으면 고마움도 모르는, 사람답지 않은 사람이 된다. 계속 제사를 지내지 않으면 그 자리에 있을 자격을 잃게 된다.

이제 우리가 제사를 힘겨워하는 이유를 조금 알게 되었다. 즉 후손이 부모나 조상으로부터 물려받은 것이 많지 않은데 제사를 지낸다고 하니 보은보다 고통의 측면에 주목하는 것이다. 길게 보면 제사는 점점 간소화되다가 몇몇 집안을 제외하면 사라지게 될 것이다. 개인주의 시대에 제사가 설 땅이 점점 줄어들기 때문이다.

11강 감응

진실하면
이루어지는 것들

11강에서는 중용과 진실을 따르면 어떻게 되느냐라는 문제를 다룬다. 사람은 보통 유아기가 끝나면 학습기를 보낸다. 고등학교에서 마치든 대학교를 가든 기나긴 학습의 시기를 거친다.

학습기에 갖춘 실력과 능력을 바탕으로 세상에 나선다. 학업學業에서 취업就業으로 나아가는 것이다. 요즘에는 학습기에 열심히 준비했지만 마음에 맞는 일자리를 찾지 못하고 실업失業 상태로 지내는 사람도 적지 않지만 말이다. 이렇게 취업하여 정년을 맞이하고 노년을 보내게 된다.

이러한 인생의 주기는 나라마다 문화마다 다르다. 학습기가 좀 더 길거나 짧은 차이가 있다. 학습기에 나름 준비를 한 사람에게 취업의 기회가 주어지면 좋다.

그러나 현실은 그렇게 녹록하지 않다. 특히 선출직에 도전하는 사람이라면 사람들의 대표로 선출되기가 생각만큼 쉽지 않다. 열심히 준비한다고 해도 실패의 쓴잔을 맛볼 수 있다.

『중용』에서는 천과 사람의 관계에서 천이 이 세상에 참여하는 방식에 대해 이야기하고 있다. 사람이 중용과 진실을 뜻하는 성誠대로 살아가면 천은 그에 상응하는 배려를 한다는 것이다. 이것이 바로 감응感應론이다. 과거의 감응론에는 오늘날에도 그럴듯하게 들리는 이야기도 있고 허무맹랑하게 들리는 이야기도 있다.

먼저 천은 세상의 모든 만물과 관련을 맺는다.

이것이 바로 천이 땅과 함께 만물의 어버이로 간주되는 이유이기도 하다. 이 천은 무한한 사랑을 펼칠까, 그렇지 않을까?

천은 만물에게 각자 자신의 기량을 펼칠 수 있는 기회를 제공한다. 만물은 이 기회를 살릴 수도 제대로 살리지 못할 수도 있다. 이때 천은 쑥 쑥 자라는 것을 북돋워주지만 쓰러지고 시든 것은 넘어뜨린다. 이것은 천의 특성을 잘 보여준다. 천은 세계를 창조하고 심판하는 절대자가 아니라 만물이 잘 자라도록 도와주는 역할만을 한다.

『중용』이 쓰일 때는 선거가 아니라 혁명과 추대를 통해 지도자가 탄생했다. 천은 지상세계를 관찰하다가 덕망이 있는 사람을 발견하면 그 사람에게 세상을 통치할 권한을 준다. 명령을 받은 이가 천자天子, 즉 하늘(하느님)의 자식이 된다. 이렇게 보면 우리는 중용과 진실을 뜻하는 성대로 살면서 주위 사람들에게 덕을 베풀고 쌓아가면 각자 자신이 살아가는 곳을 책임질 수 있는 기회를 갖게 된다.

요즘은 선거에 너무 공학적으로 접근하여 당락에만 너무 집중한다. 도대체 후보자가 평소에 무엇에 관심이 있었고 무엇을 하려고 하는지 자연스럽게 알려지지 않는다. 어느 날 갑자기 나타나서 자신을 대표로 뽑아달라고 호소하는 꼴이다.

이렇게 보면 정치는 결국 신이 아니라 사람이 하기에 달려 있다. 이것은 동아시아 사람들이 신에 의존하지 않고 자신의 운명과 미래를 스스로 개척해야 한다고 생각했음을 보여준다.

정치도 예외일 수 없다.

이렇게 한 세대가 이룩하고 사라지면 다음 세대가 이어받아서 자신의 미래를 설계하고 꾸려나가게 된다. 이때 이전의 결실과 성취는 다음 세대가 참조해야 할 자원이 된다.

사람이 전적으로 자신의 운명을 개척하면 사람은 자신의 역량을 키우게 된다. 최종적으로는 천지의 자식으로 수혜만 바라지 않고 천지와 함께 세상을 운영하는 일원이 된다.

51 생물

각자의 자질에 따라 생명력을 북돋우다

인재이독因材而篤(17장)

입문　지금은 결혼해도 아이를 낳지 않거나 아이를 낳아도 한두 명에 그친다. 50~60대는 형제자녀가 많다. 당시 부모님들은 없는 살림에 자식을 키우면서 맘껏 먹이지도 입히지도 못한 것을 늘 안타까워했다. 자라다 보면 자매형제끼리 서로 많이 먹으려고 싸우기도 하고 서로 새 옷을 입으려고 아우성을 치기도 했다. 이때 싸우고 아우성치는 아이들에게 "열 손가락 깨물어서 안 아픈 곳이 없다"는 말을 주문처럼 외웠다.

　천은 땅과 함께 사람만이 아니라 이 세상의 모든 존재를 낳고 기른다. 천지는 만물의 부모라고 할 수 있다. 농업이 생활 자원을 생산하던 시대에 비는 생명과도 같았다. 비가 제때 내리면 풍년이 되겠지만 내리지 않아 가뭄이 들면 사람의 가슴이 타들어간다. 또 추수를 앞두고 태풍이 찾아오면 일 년 농사를 망칠 수도 있다.

　사람의 입장에서 보면 천이 왜 나 또는 우리에게 가혹하냐고 한탄할 수 있다. 사람이라면 많은 자식에게 다 잘해주지 못한다고 해도 천이 왜 그렇게 못하느냐고 울분을 터트릴 수 있다. 이에 대해 『중용』에서는 어떻게 생각하는지 살펴보도록 하자.

승당　하늘(하느님)이 만물을 생겨나게 할 때 반드시 개별적인 자질에 따라 생명력을 두텁게 했다. 이 때문에 제대로 잘 자란 것은 자라게 북돋워주고 시들어 기운 것은 죽도록 뒤엎어버린다.

天之生物, 必因其材而篤焉. 故栽者培之, 傾者覆之.
천 지 생 물 필 인 기 재 이 독 언 고 재 자 배 지 경 자 복 지

입실   인因은 인하다, 유래라는 뜻이다. 재材는 재목, 자질을 뜻한다. 독篤은 도탑다, 굳다, 돈독하다는 뜻이다. 재栽는 심다, 가꾸다는 뜻이다. 경傾은 기울다, 뒤집히다는 뜻이다. 복覆은 뒤집히다, 무너지다는 뜻이다.

여언   사람의 역사는 잉여를 두고 전체적으로 조망할 수 있다. 잉여는 쓰고 남는 부분을 가리킨다. 인류의 원시 사회는 대부분 공산共産 사회의 특성을 보인다. 먹고 생활하고 남는 것이 없으니 잉여를 두고 더 차지하기 위해 싸움을 벌일 일이 없었다. 또 혼자보다 여럿이 공동으로 채취하고 수렵해야 그나마 혹독한 자연의 시련을 이겨내고 생존하기에 유리했다.

하지만 철기를 농기구로 이용하면서 사람은 자연에 대해 늘 불리한 약자의 입장에서 조금 벗어날 수 있었다. 자연이 주는 대로 먹고사는 것이 아니라 농사를 지어 먹고 생활하는 것보다 더 많이 생산하게 되었다. 잉여가 생기자 사람들은 어떻게 나눌 것인지 고민하기 시작했다. 크게 두 방향이 있다. 하나는 공정하게 나눠서 함께 잘살자고 생각하는 방향이고, 다른 하나는 '내'가 더 많이 가져서 떵떵거리며 살자고 생각하는 방향이다.

전자가 문명의 길이고, 후자가 독재의 길이다. 독재를 꿈꾼 이들은 철기를 무기로 만들어 지배자로 등극하여 피지배자에게 자신의 요구를 강요했다. 독재자에게는 피지배자의 입에 들어가는 것보다 자신의 손에 조금이라도 더 쥐는 것이 중요했다. 잉여가 축복임에도 그 잉여로 인해 갈등과 대립이 진행된다면 인류에게 재앙이다. 문명은 축복으로서 잉여를 인류가 함께 더 잘사는 데 이용할 수 있도록 이성을 발휘하자는 것이다.

전 지구적으로 살펴보면 독재와 문명의 길이 나뉘기도 하고 어느 정도씩 뒤섞이기도 했다. 인류의 역사는 잉여를 조금이라도 더 공정하게 나누기 위한 제도와 틀을 만들어온 역사라고 할 수 있다. 아직도 독재자가 국가의 이름으로 잉여를 대부분 독점하는 경우도 있고, 몇몇 자본가들은 통제받지 않고 국경을 넘나들며 잉여를 키우고 있다. 이러한 차이로 인해 '부익부빈익빈富益富貧益貧'의 문제가 심각하게 되었으니 그 연원이 멀고 넓다고 하지 않을 수 없다.

이제 천이 자신의 권능을 어떻게 나누는지 살펴보자. 원칙은 두 가지다. 하나는 '인재이독'이고 다른 하나는 '재배경복栽培傾覆'이다.

'인재이독'은 천이 세상의 만물이 재질과 역량을 발휘하는 것을 보고 더 잘되도록 도와준다는 맥락이다. 이렇게 보면 천은 만물에게 똑같은 사랑을 골고루 나눠 주지 않는다는 뜻이다. 이 말을 천이 특정한 사물을 편애한다는 뜻으로 오해할 필요는 없다. 이는 천이 무조건적인 사랑을 무한하게 나누는 것이 아니라는 뜻일 뿐이다.

'재배경복'은 '인재이독'을 더 구체화한 주장이라고 할 수 있다. '재배경복'은 제대로 잘 자라서 잘될 사물은 더 자라게 북돋워주고 자라다가 시들어 기운 사물은 죽도록 뒤엎어버린다는 뜻이다. 얼핏 보면 천이 잔인하고 냉정하다는 생각이 든다. 일단 낳은 것이 시들면 다시 살리는 기적을 부리지는 않더라도 살리기 위해 끝까지 포기해서는 안 된다고 생각하기 때문이다.

하지만 천은 일찍 결론을 내린다. 살릴 사물은 살리고 죽일 사물은 내버려둔다. 이는 결국 천이 무한한 힘을 가진 존재가 아니라는 자기 고백이라고 할 수 있다. 천이 모든 것을 할 수 없으니 할 수 있는 것에만 집중하자는 맥락이다. 달리 말해서 천은 신적 존재이기는 하지만 세상을 창조하고 심판하는 절대신은 아닌 것이다.

과거 부모님들이 입버릇처럼 하던 말이 있다. "돈 한번 원 없이 써봤으면 좋겠다." 늘 쪼들리며 생활하기에 당신이 자신을 위해 옷을 사고 싶어도 하지 못했고 자식에게 맛있는 것을 먹이고 싶어도 그러지 못했다. 어쩔 수 없이 부모님들도 천처럼 '인재이독'과 '재배경복'을 했던 것이다. 천이 한계가 있는 만큼 사람이 보충할 부분이 남게 된다. 그래서 바로 사람이 천지와 협업하는 삼재三才가 필요한 것이다.

52
수명
덕이 높은 자는 하늘의 부름을 받는다
대덕수명大德受命(17장)

입문 사람이 무슨 일을 하다가 힘에 부쳐서 그만두고 싶을 때가 있다. 일 자체가 끝이 없어서 그럴 수 있다. 이 경우 조금 쉬면 다시 일을 시작할 수 있다. 하지만 자신이 일을 하더라도 누구도 알아주지 않으면 견디기가 쉽지 않다. 특히 일신의 행복과 이익을 꾀하지 않고 자신을 희생하면서 자신이 속한 단체와 공동체를 위해 일하는 사람이라면 주위의 무관심은 더더욱 견디기 어렵다.

『중용』은 순임금을 소재로 이야기를 이끌어간다. 그는 도대체 어떤 사람이길래 하늘로부터 인정을 받게 되었을까? 약간의 설명과 함께 『중용』

의 원문을 살펴보자.

승당   순임금은 위대한 효자이구나! 덕스러움은 성인이 되고, 존귀함은 천자가 되고, 부는 온 세상의 것을 가지고, 종묘에서 조상신들은 흠향하고 자손들은 순의 영광을 보존하는구나! 위대한 덕은 반드시 어울리는 자리를 얻으며, 반드시 어울리는 보상을 받으며, 반드시 어울리는 명예를 누리며, 반드시 어울리는 생명을 살게 된다. …… 그러므로 위대한 덕의 소유자는 반드시 하늘의 명령을 받게 된다.

子曰:舜其大孝也與,德爲聖人,尊爲天子,富有四海
자왈   순기대효야여 덕위성인 존위천자 부유사해
之內.宗廟饗之,子孫保之,故大德必得其位.必得其
지내 종묘향지 자손보지 고대덕필득기위 필득기
祿,必得其名,必得其壽.……故大德者必受命.
록 필득기명 필득기수   고대덕자필수명

입실   여與는 주다, 베풀다, 무리라는 뜻으로 많이 쓰인다. 여기서는 특정한 의미를 나타내지 않고 문장의 제일 뒤에서 확신과 단정의 느낌을 나타낸다. 사해四海는 고대 중국에서 바다가 세상을 둘러싸고 있다고 생각하여 부른 이름으로 천하와 같은 뜻이다.

　종묘宗廟는 중국 제왕의 위패를 두던 사당을 가리키는데, 주나라 이후 천자는 7묘, 제후는 5묘를 두었다. 조선 시대에 종묘는 역대 임금과 왕비의 위패를 모시던 왕실의 사당을 가리키는데, 지금 종로 3가 근처에 남아 있다. 1985년 1월 8일에 국보 제227호로 지정되었으며, 1995년 12월에 유네스코 세계 문화유산으로 지정되었다. 다른 이름으로 궁묘宮廟, 대묘大廟, 침묘寢廟, 태묘太廟로 부르기도 한다.

향饗은 흠향하다로 풀이되지만 그 의미가 낯설다. 흠향은 천지의 신령이 제물을 받고 실제로 먹을 수 없어서 그 기운을 먹는다는 맥락이다. 그냥 제물을 받아먹는다로 풀이하면 좀 쉽게 이해할 수 있다. 수壽는 목숨, 장수, 오래 살다는 뜻이다.

여언 순은 신화 전설의 시대에 훌륭한 군주로 알려진다. 그는 왕족 출신이 아니라 농사꾼이었다. 오늘날 중국 산동성의 성도인 지난濟南 천불산千佛山 정상에 오르면 순임금의 사당을 만날 수 있다. 그럼 농사꾼이 어떻게 군주가 되었을까?

순의 어머니는 일찍 세상을 떴다. 그의 아버지 고수瞽瞍가 재혼했는데, 새어머니가 이복동생 상象을 데리고 왔다. 새어머니는 동아시아 문화에서 나쁜 계모의 시조에 해당할 정도로 아들 순에게 온갖 구박을 다 했다. 아버지도 새어머니와 함께 순에게 몹쓸 짓을 했다.

아버지와 새어머니는 상에게는 아무 일도 시키지 않고 순더러 가족을 먹여 살릴 농사를 짓게 했다. 심지어 두 사람은 순더러 지붕을 손질하게 해놓고 그가 타고 올라간 사다리를 치우고 지붕에 불을 지르기도 했다. 아버지의 이름 고수는 '둘 다 눈이 멀었다'는 뜻으로, 사람의 도리를 전혀 모른다는 이중의 의미를 나타낸다.

순은 온갖 박해를 받았지만 누구도 원망하지 않았다. 순이 지극정성으로 아버지와 새어머니를 모시자 결국 두 사람도 뉘우치고 동생 상도 새사람이 되어 행복한 가정을 꾸리게 되었다.

당시 군주였던 요堯는 자신을 이을 후계자를 찾다가 순의 이야기를 듣게 되었다. 이에 그는 농사꾼 순에게 딸을 아내로 짝지어주고 사위에게 국정을 보좌하게 한 뒤에 자신의 자리를 물려주었다. 오늘날의 관점에서 보면 순의 아버지와 새어머니는 작심하고 아들을 학대한 나쁜 부모로 법적 처벌을 받을 수 있다. 그러나 당시의 관점에서 보면 순은 부모를 지극 정성으로 모시는 효자였다. 이처럼 순은 임금이 되기 이전부터 동아시아 문화권에서 대표적인 효자였다.

요는 그의 부모를 선하게 변화시킨 순이기에 세상에 그 누구도 변화시킬 수 있다고 생각한 듯하다. 이러한 능력이 바로 덕德이라고 할 수 있다. 이러한 덕을 가진 사람은 땅 농사를 지을 일이 아니라 이 세상의 모든 사람을 가르치는 농사를 지을 만하다. 그러니 순 같은 사람은 농사꾼에서 왕의 자리로 나아갈 만하고, 급여를 받을 만하고, 명성을 얻을 만하고, 장수를 누릴 만하다.

순이 농사꾼에서 군주가 되어 공동체를 일군 영웅들이 잠든 사당에 제사를 지내자, 조상신들이 제물을 흠향하고 자손이 대대로 복록을 누릴 수 있도록 도와주었다. 이것은 순이 지상의 정치를 탁월하게 할 뿐만 아니라 조상신과 소통하여 미래 세대의 안전까지 책임질 수도 있음을 의미한다. 이렇게 보면 『중용』에서는 순의 사례를 통해 사람이 덕을 쌓으면 천天으로부터 새로운 운명을 부여받는다는 점을 강조하고 있다. 사람이 자신이 속한 지역과 세상을 위해 진심으로 진실하게 노력하면 주위 사람들은 모르더라도 반드시 천이 알아준다는 말이다.

이와 비슷한 이야기는 이미 『논어』에 나온 적이 있다. 바로 "고상함의 길은 외롭지 않다"는 '덕불고德不孤'다(『마흔, 논어를 읽어야 할 시간』 1강 2조목 참조). '대덕수명'과 '덕불고'를 믿는다면 남을 위해 봉사하면서 살더라도 덜 외로울 수 있다. 나를 알아줄 사람이 있으니까.

53 효과 | 정치는 사람에 달려 있다
위정재인 爲政在人(20장)

입문 김영삼 전 대통령은 "인사가 만사다"라고 말하곤 했다. 실제로 인사에서 그렇게 되었는지는 사람마다 판단이 다르겠지만, 정치에서 인사의 중요성을 알린 말로 적실하다고 할 수 있다. 인사 청문회 제도가 도입되면서 고위 공직자의 도덕성과 자질을 검증할 기회가 생겼다. 현재 제도가 의도대로 실시되고 있지 않지만 후보자의 면면을 확인할 기회를 제공하고 있다.

요즘 정치 지도자들은 다들 마치 상품을 홍보하듯이 자신의 가치를 짧은 구절로 표현하려고 한다. 과거에는 민주주의, 통일 등을 많이 썼고 요즘에는 일자리, 정의, 공정 등을 선호한다. 이런 말을 내세우면 자신이 그것에 관심과 능력이 있는 것처럼 보인다고 생각하는 모양이다. 그렇다면 일자리를 내세우는 사람을 뽑으면 실업률이 줄어들고 취업률이 늘어날까? 꼭 그렇지 않다.

개인의 의지로 일자리를 창출할 수 있다면 그것은 마법과도 같은 일이다. 국내외 경기, 경제 동향, 원자재 가격, 정치 환경 등이 모두 일자리에 영향을 미치는 만큼 '일자리'를 언급하기만 한다고 일자리가 늘어나지는 않는다. 일자리 창출을 가능하게 하는 구체적 계획과 실행 방안이 없으면 아무리 좋은 약속과 포부도 물거품에 지나지 않는다.

정치인을 비롯하여 사람들이 점점 말을 혼과 마음을 담아 자신을 대변하는 방식으로 쓰지 않고 일종의 구호나 슬로건처럼 쓴다. 대중이 선호하는 말을 내걸어 관심을 받으면 그것으로 충분하고 그다음은 관심을 갖지 않는다. 물가만 인플레이션이 있는 것이 아니라 말의 인플레이션이 심각하다. 말만의 성찬으로 문제를 해결할 수 있다면 세상에 문제가 생길 리 없다. 듣기 좋게 떠드는 구호가 아니라 현실을 바꿀 수 있는 개념과 말을 복원할 때다.

『중용』에서는 정치가 제대로 된 성과를 내려면 어떻게 해야 한다고 했는지 살펴보도록 하자.

승당 노나라의 애공이 정치에 관해 물었다. 공자가 대답했다. 주나라 문왕과 무왕의 정치는 목간과 죽간, 즉 역사책에 기록되어 있다. 두 분과 같은 인물이 있으면 그와 같은 훌륭한 정치가 살아날 수 있고, 두 분과 같은 인물이 없으면 그와 같은 훌륭한 정치가 움츠러들게 된다. 사람의 도리는 정치를 통해 빠르게 나타나고 땅의 도리는 나무를 통해 빠르게 나타나기 마련이다. 두 분의 효력이 정치로 나타나는 것은 어디에서나 잘 자라는 갈대와 비슷하다. 정치는 인재를 얻는 데 달려 있다. 자기 수양에 의거해서 인재를 선발하고, 도리에 의거해서 자기 수양을 하고, 사랑(연대)에 의거해서 도리를 배양한다.

哀公問政. 子曰: 文武之政, 布在方策. 其人存, 則其政擧. 其人亡, 則其政息. 人道敏政, 地道敏樹. 夫政也者, 蒲盧也. 故爲政在人, 取人以身, 修身以道, 修道以仁.
애공문정 자왈 문무지정 포재방책 기인존 즉기정거 기인망 즉기정식 인도민정 지도민수 부정야자 포로야 고위정재인 취인이신 수신이도 수도이인

입실 애공哀公은 공자가 활약할 때 만난 노나라의 제후를 가리킨다.

방책方策은 합쳐서 일을 하는 방법과 꾀를 가리킨다. 기인其人에서 기는 원래 '그'라는 지시어로 쓰이지만 여기서는 무엇에 어울린다는 어감을 나타내므로 기인은 어울리는 사람, 합당한 사람, 훌륭한 사람을 나타낸다. 거擧는 들다, 오르다, 움직이다는 뜻이다. 민敏은 재빠르다, 민첩하다, 애쓰다는 뜻이다.

포蒲는 부들, 창포, 왕골 등을 가리킨다. 로盧는 로蘆와 같이 갈대를 가리킨다. 주희는 포로蒲盧에 대해 당시 최고의 자연학자이자 박물학자인 심괄沈括이 포위蒲葦로 보는 점을 받아들인다. 갈대는 빨리 자라는 식물로 널리 알려져 있다(『중용장구』).

여언 '위정재인'은 예나 지금이나 공감이 가는 주장이다. 이 구절은 그 자체로도 의미가 분명하다. 하지만 주희는 이 구절이 『공자가어』 「애공문」에 '위정재어득인爲政在於得人'으로 되어 있는데 후자가 의미가 더 잘 전달된다는 점을 밝히고 있다(『성학집요』 「용현用賢」에도 인용된다).

국가와 기업은 혼자 힘으로 관리할 수 없다. 말만으로 현실이 바뀌지 않는다. 아무리 반짝이는 좋은 생각이 있어도 바로 정책이 되지 않는다. 먼저 현실의 다양한 위험 요소와 가능성을 고려하여 생각을 정책으로 가다듬어야 한다. 그런 다음 정책을 입안하고서 내외부 집단의 반응을 점검하고 실행 시점을 조율해야 한다. 이 모든 과정에 인재가 필요하다.

좋은 사람을 어떻게 얻을 수 있을까? '좋은 사람'이라고 사람의 이마에 글자로 쓰여 있는 것은 아니다. 또 그렇게 글자가 쓰여 있다고 해서 그 사람이 실제로 인재인지 알 도리도 없다. 인류는 기나긴 역사를 통해 이 문제를 풀 합리적인 방법을 찾고자 했다. 가장 먼저 자신의 주위에서 사람을 찾았다. 함께 생활하고 어울리면서 '저 사람이면 잘할 것 같다'는 생각이 들면 그 사람을 썼다.

주위 사람을 뽑는 것도 한계가 있다. 인재 풀이 좁기 때문이다. 주위에 아무리 사람이 많다고 하더라도 국가와 기업처럼 큰 규모의 단체를 이끌다 보면 쓸 사람이 부족하기 마련이다. 두 번째로 생각해낸 것이 추천제다. 인재 풀을 넓혀서 '내'가 모르더라도 다른 사람이 추천하는 사람을 쓰는 방식이다. 이것은 초기 연맹 형태의 국가에서 선택할 수밖에 없는 방식이기도 했다. 연맹은 한 집단이 권력을 독점할 수 없으므로 다양한 집단에서 인재를 뽑을 수밖에 없었다.

추천자가 대상자의 실력만 보고 추천하면 추천제를 통해 인재를 광범위하게 활용할 수 있다. 반면 추천자가 자신의 관계와 청탁에 따라 추천한다면 추천제는 '그들만의 리그'를 만들어내는 제도로 전락할 수 있다. 시대가 흘러 자격을 갖춘 인재가 늘어나자 과거를 비롯하여 시험이 광범위하게 실시되었다. 시험도 공정성과 관련해서 시비가 있지만 아직 이를 완전히 대체할 방법이 없다.

54 모범 — 사상적 근원을 전하고 시대의 문법을 세우다
조술헌장祖述憲章(30장)

입문 시대마다 위대한 업적을 이룬 사람이 있다. 창조적 영웅이라고 할 수 있다. PC시대를 연 빌 게이츠, 스마트폰 시대를 연 잡스, 전자 상거래의 장을 연 마윈 등은 현대 문명의 틀을 제공한 인물로 널리 평가받는다. 이들은 언론의 화려한 조명을 받는다. 이들은 조명을 받을 자격이 충분하지만 혼자 힘으로 모든 성취를 일구어냈다고 할 수는 없다.

사상사의 큰 별은 철학 사상의 역사를 기록할 때 빠지지 않고 페이지를 장식한다. 이들도 역사적 조명을 받을 자격이 충분하다. 하지만 이들도 자신 앞에 기틀을 놓은 선배의 성과를 자양분으로 삼거나 기틀로 삼아 큰 별로 떠오르게 된 것이다. 또 문제를 함께 고민하고 끊임없이 질의응답을 나눈 제자들의 공로도 잊어서는 안 된다.

공자는 어떻게 동아시아 유교 문화의 기틀을 마련할 수 있었을까? 『중용』에서 이 점을 확인해보도록 하자.

승당   중니(공자)는 요임금과 순임금을 모범으로 삼아 두 분의 뜻을 다음 세대에 넘겨주었고, 문왕과 무왕을 기준으로 삼아 두 분의 정신을 밝게 빛냈으며, 위로는 하늘의 때를 본받았고 아래로는 각 지역의 다양한 풍토(지역 문화)를 그대로 좇았다. 비유하면 하늘과 대지가 실어주지 않는 것이 없고 덮어주지 않는 것이 없는 것과 같았다. 또 사계절이 번갈아 바뀌고 해와 달이 바꾸어가며 빛을 비추는 것과 같았다.

仲尼祖述堯舜, 憲章文武, 上律天時, 下襲水土. 辟如
중니조술요순 헌장문무 상률천시 하습수토 벽여
天地之無不持載, 無不覆幬. 辟如四時之錯行, 如日
천지지무부지재 무불복도 벽여사시지착행 여일
月之代明.
월지대명

입실　률律은 법령, 비율, 따르다는 뜻이다. 습襲은 잇다, 계승하다, 받다는 뜻이다. 수토水土는 사전적으로 물과 흙을 가리키지만, 요즘 풍토에 대응하는 말로 환경을 나타내는 맥락으로 쓰인다. 벽辟은 비譬와 같은 글자로 깨우치다, 비유하다는 뜻이다. 재載는 싣다, 실어서 옮기다는 뜻이다. 도幬는 덮어주다, 가리다는 뜻이다. 착錯은 바꾸다, 교대하다는 뜻이다. 대代는 번갈아, 바뀌다는 뜻이다.

여언　오늘날 공자는 동아시아 유교 문화를 창조한 인물로 평가받는다. 그는 혼자 모든 것을 성취한 인물일까? 아니면 누구의 도움을 받았을까? 공자를 성인聖人으로 간주하면 독불장군의 특성을 부각시키게 된다. 이와 관련해서 『중용』은 나름의 뚜렷한 주장을 제시한다. 두 구절에 주목해서 이야기를 풀어가고자 한다.

첫째가 '조술요순祖述堯舜'이고 둘째가 '헌장문무憲章文武'이다. 요순은 황하 문명을 건설한 영웅 중 한 명이다. 역사적 인물로서 특징과 신화 전설의 주인공으로서 특징을 동시에 가지고 있다. 두 영웅은 부족 연맹의 우두머리로서 권력을 세습하지 않고 현자끼리 선양禪讓한 사례로 주목을 받아왔다.

사실 이때 공동체의 우두머리는 훗날 중앙 집권적 관료 국가가 성립되고서 우월적 지위와 권력을 행사하던 제왕과 다르다. 후대의 제왕은 의무만큼이나 특권을 가지고 있었지만 요순시대의 우두머리는 권리보다 엄중한 의무와 막대한 책임을 져야 했다. 예컨대 요순시대에 가뭄이 들면 우두머리의 책임이기 때문에 자신의 목숨을 담보로 천신에게 기우제를 지내야 했다.

『서경』에 따르면 요순은 물리적 힘을 앞세우지 않고 문화와 감동의 힘을 중시하는 덕德의 정치를 펼쳤다. 『논어』를 보면 공자는 제자 및 동시대 인물과 나눈 대화에서 요순을 본받을 위인으로 제시하고 있다. 이는 공자도 요순의 언행을 바탕으로 자신이 생각하는 '바람직한 정치' 또는 '이상 사회'의 밑그림을 그렸음을 보여준다.

그리고 공자는 요순에 이어서 문무文武로부터 커다란 영향을 받았다. 문무는 은殷나라가 천자의 나라로 있을 때 오늘날 시안 지역에서 활약한 주周나라의 제후다. 은나라 마지막 왕인 주왕紂王이 폭정을 일삼을 때 문왕文王은 전국에서 주나라의 선한 영향력을 키우며 미래를 기다렸다.

그의 아들 무왕武王은 문왕이 다져놓은 정치적 자산을 바탕으로 목야牧野에서 전쟁을 벌여 주왕의 폭정을 끝장냈다. 무왕은 주나라를 천자의 나라로 세우고 요순이 말했던 덕의 정치를 펼친 인물로 널리 알려졌다. 공자는 『논어』에서 문무도 요순과 마찬가지로 자신의 시대가 모범으로 삼아야 할 인물로 높이 평가했다. 공자는 요순과 문무를 이상 정치를 이룩하기 위해 반드시 본받아야 할 인물로 설정하면서 '조술'과 '헌장'이라는 용어를 사용했다. 둘은 모두 모범으로 삼는다는 공통점이 있으면서도 어감이 좀 다르다.

조술에서 조는 조상으로 여긴다는 뜻으로 여기서는 자신의 사상적 근원으로 간주한다는 맥락으로 쓰인다. 즉 공자가 자신이 일군 사상적 기틀의 뿌리를 찾아 소급해가면 최종적으로 요순에 이른다는 뜻이다. 조술은 요순을 자신의 사상적 근원으로 삼아 그들의 언행을 자신과 다음 세대로 전달하고 풀이한다는 뜻이다. 헌장에서 헌은 법, 틀, 기준을 뜻하고 장은 문장, 문법이라는 뜻이다. 합쳐서 어떠한 사실에 대하여 이상으로서 규정한 원칙을 선언한 규범을 가리킨다.

'조술요순'과 '헌장문무'는 시대적으로 멀고 가까운 차이가 있지만 공자가 자신의 사상적 근원과 모범을 나타내는 말이다. 조술과 헌장의 대상이 되는 것이 아주 영광스러운 일이라면, 조술과 헌장의 대상이 있는 것은 무한히 다행스러운 일이라고 할 수 있다. 공자도 사상적 빚쟁이로서 자신을 일구어냈으니 우리도 누군가에게 빚을 지고 있는 게 틀림없다.

55 확장

하늘과 짝이 되다

배천配天(31장)

입문 과거 학창 시절에 선생님은 학생들에게 장래 뭐가 되고 싶은지 희망을 묻곤 했다. 이때 학생들은 대부분 직업 또는 유명인의 이름을 제시했다. 군사 정권 시절에 장군이 되고 싶다고 말하는 친구들도 있었고 의사(슈바이처)나 과학자(노벨)처럼 전문가가 되고 싶다는 친구들도 많았다. 요즘 같으면 운동선수라면 류현진이, 가수라면 BTS가 되고 싶다고 할 것이다. 구체적인 삶의 영역으로 들어서면 단순히 이러한 질문과 대답으로 끝을 맺을 수는 없다. 의사와 과학자가 된다는 것은 그 직업에 어울리는 활동을 한다는 대답이 들어 있다. 이는 운동선수와 가수도 마찬가지다. "그 직업으로 활동하면서 다시 무엇을 이루고 싶은가?"라는 질문이 남게 된다.

의사나 과학자, 운동선수와 가수가 이 세상에 얼마나 많은가? 많은 사람 중에 자신만이 독특하게 하고 싶은 것이 있다. 그것은 의사를 할 때 이룰 수도 있고 직업으로 의사를 마치고 나서 이룰 수도 있다. 특히 운동선수라면 체력과 기량이 늘 같지 않으므로 현역일 때 기록을 이루는 것만큼이나 은퇴 이후에 무엇을 할 것인지가 중요하다. 의사라면 봉사 활동을 할 수 있고 운동선수라면 재단을 설립하여 자신이 하던 운동을 활성화하는 데 이바지할 수 있다.

『중용』을 쓴 지은이를 비롯하여 유학자들에게 "무엇을 하고 싶은가?"라고 물을 수 있다. 과거에 급제하여 지방관으로서 선정善政을 베풀고 싶다고 할 수 있고, 중앙에서 중책을 맡아 외교 현안을 탁월하게 처리하겠다고 할 수 있다. 이러한 포부는 앞서 이야기한 의사와 전문가, 운동선수와 가수 등이 이루고자 하는 것과 크게 다를 바 없다. 수많은 사람이 자신이 평소에 했던 일을 바탕으로 스스로 잘할 수 있는 일을 맡으려고 하기 때문이다. 그들의 바람을 모으면 '배천配天'이라고 할 수 있다. 이 '배천'의 의미를 좀 더 깊이 살펴보도록 하자.

승당　이렇기에 그의 성명(이름)이 중원 지역에 널리 퍼지고 그의 은혜가 주위의 이민족까지 미치게 된다. 배와 수레가 닿은 곳마다 사람의 힘이 미치는 곳마다 하늘이 덮어주고, 대지가 실어주는 곳마다 서리와 이슬이 내리는 곳마다 한곳도 빠짐없이 혈기(지각)가 있는 존재는 모두 그를 존경하고 친밀하게 좋아한다. 그러므로 성인이 하늘과 짝이 된다.

是以聲名, 洋溢乎中國, 施及蠻貊, 舟車所至, 人力所
시 이 성 명　양 일 호 중 국　이 급 만 맥　주 차 소 지　인 력 소

通, 天之所覆, 地之所載, 日月所照, 霜露所隊, 凡有血
통　천지소부　지지소재　일월소조　상로소대　범유혈
氣者, 莫不尊親, 故曰配天.
기자　막부존친　고왈배천

입실　양洋은 바다로 쓰이지만, 여기서는 가득 차서 넘치다는 뜻으로 쓰인다. 일溢은 가득 차다, 넘치다는 뜻이다. 施는 베풀다, 행하다, 널리 전해지다는 뜻으로 쓰이면 '시'로 읽고, 뻗치다는 뜻으로 쓰이면 '이'로 읽는다. 만맥蠻貊은 고대 중국에서 오늘날 한족과 뒤섞여 살거나 주위에 살던 이민족을 가리킨다. 이전 사전에서는 '오랑캐'라고 풀이했지만, 이는 인종 차별의 어감을 나타내므로 더는 통용되지 않아야 한다. 주차舟車는 당시 교통수단으로서 배와 수레를 가리킨다.

　覆는 뒤집히다, 넘어지다, 망하다는 뜻이면 '복'으로 읽고, 덮다는 뜻이면 '부'로 읽는다. 재載는 탈것, 싣다는 뜻이다. 조照는 햇빛, 비추다는 뜻이다. 상로霜露는 일기를 나타내는데 각각 서리와 이슬을 가리킨다. 존尊은 높다, 우러러보다는 뜻이다. 배配는 짝, 짝지어주다, 어울리다는 뜻이다.

여언　왜 유가가 자신들의 이상을 '배천'으로 표현했을까? 이 물음에 답하려면 천의 의의와 한계를 알 필요가 있다. 예나 지금이나 천은 농사를 짓는 생활에 결정적인 역할을 한다. 아무리 기계와 기술이 발달했다고 하더라도 비가 오지 않고 일조량이 적으면 농사를 지을 수 없다. 영양분을 받아들여 생명에 필요한 에너지를 만들 수 없기 때문이다. 특히 고대에 천은 인간의 생활과 생명에 직접적으로 큰 영향을 미쳤다. 이로 인해 세계적으로 하늘 신앙이 골고루 발달하게 되었다.

　고대의 정치 질서도 천과 관련이 깊다. 천은 지상의 수많은 인물 중에 특정한 사람에게 세상을 통치할 기회와 권능을 부여했다. 그래서 최고 통치자는 하늘(하느님)의 자식, 즉 천자天子로 불렸다. 천과 정치 질서는 한 몸을 이루었다. 하지만 현행의 정치 질서가 사람들이 살아갈 수 있는 최소한의 생계를 책임지지 않고 사회 문제를 해결하지 못하면 통치자에 대한 지지를 철회했다. 이를 맹자는 역성易姓 혁명이라 불렀다. 이처럼 천은 인간 사회에 막대한 영향을 끼치므로 없어서는 안 되는 존재로 제사와 숭배의 대상이 되었다.

하지만 천은 권능의 측면에서 무제한이 아니었다. 비가 제때 내리지 않을 수 있고 너무 많이 내려 홍수가 날 수 있다. 또 태풍이 불어 결실을 앞둔 농가의 희망이 사라질 수도 있다. 혹한과 혹서 같은 이상 기온이 나타나면 인간은 속수무책으로 당할 수밖에 없다. 어떻게 해야 할까?

누군가가 서리와 이슬이 내리고 해와 달이 비추고 땅이 모든 사물을 제 몸에 실어주고 하늘이 모든 사물을 남김없이 비춰주는 역할을 대신해야 한다. 즉 서리와 이슬이 내리지 않는 곳에서 그 역할을 대신하고, 해와 달이 비추지 않는 곳에서 그 역할을 대신하고, 하늘과 땅이 모든 사물을 덮어주고 실어주지 않는 곳에서 그 역할을 대신해야 한다.

이러한 이야기가 현실적으로 다가오지 않을 수 있다. 요즘 상황에 맞춰 번역하면 이렇다. 아이들이 먹을 것이 없어 굶주리는 곳에 식량을 가져다주고, 우물이 없어 병이 걸리는 사람들에게 우물을 파주고, 전염병으로 고생하는 지역에 진료를 나가 치료하는 사람이 필요하다. 요즘에는 의인이라고 하지만 유학에서는 성인聖人이라고 했다. 성인과 의인은 하늘과 땅이 다 하지 못하는 역할을 대신하여 세상에 어둠을 몰아내고 빛을 가져온다. 이것이 바로 '배천'이라고 할 수 있다.

12강 포용

가장 평범한 것이
가장 소중한 것이다

12강에서는 중용과 진실을 뜻하는 성誠을 바탕으로 50대에서 60대로 넘어가면서 필요한 지혜를 살펴보고자 한다. 공자는 열 살 단위로 그 나이에 초점을 두어야 할 사항을 말했다.

30대가 사회에서 자신의 자리를 잡는 이립而立이라면, 40대는 여러 길 중에 헷갈리지 않고 자신의 길을 찾는 불혹不惑이다. 50대가 무엇을 할 수 있는지 없는지 한계를 인지하는 지천명知天命이라면, 60대는 다양한 목소리를 듣더라도 차분히 듣고 좋은 점을 받아들이는 이순耳順이다.

공자가 나이마다 이러하다 저러하다고 말했지만 그 말대로 되기는 쉽지 않다. 50대가 지천명이라지만 이런저런 이유로 눌러놓았던 것을 꼭 하고 싶은 나이기도 하다. 지금 하지 않으면 도무지 할 수 없을 것 같은 모험에 나설 수도 있다.

60대의 이순도 마찬가지다. 나이가 들수록 지위가 올라가는 만큼 자신과 같은 목소리에 귀가 솔깃하고 다른 목소리에 발끈 화를 내기 쉽다. 모든 목소리에 귀가 편한 '이순耳順'이 아니라 자신과 다른 목소리에 흥분하는 '이역耳逆'이 될 수 있다.

이런 측면에서 50대에서 60대로 넘어가는 즈음에는 포용이 중요한 덕목이다. 포용은 다른 것만을 받아들이고 나를 버리는 것이 아니다. 포용은 다양한 조합이 가능하다. 즉 나를 비우고 남을 받아들일 수도 있고, 나를 세우고 남을 버릴 수도 있고, 나와 남을 모두 버릴 수도 있고, 나와 남을 모두 담을 수도 있다. 포용은 나와 남을 비슷하게 생각할 수 있는 것이다. 나만 옳은 것도 아니고 남만 그른 것도 아니니까.

포용하려면 결국 주위를 편하게 둘러보며 다양한 일을 배우려는 자세가 필요하다. 남이 없으면 내가 직접 이것저것 모든 일을 다 해야 한다.

남이 있으면 내가 다른 것에 집중할 수 있다. 이처럼 주위에 사람이 있는 것은 고마운 일이다. 나와 다른 것도 내가 달리 생각해볼 수 있는 기회가 된다.

추사 김정희가 태어난 예산의 고택이나 말년을 보낸 과천 주암동 과지초당瓜地草堂에 가면 기둥에 대련對聯이 걸려 있다.

    대팽두부과강채大烹豆腐瓜薑菜
    가장 좋은 반찬이란 두부, 오이, 생강, 나물이고
    고회부처아녀손高會夫妻兒女孫
    가장 좋은 모임이란 부부, 아들딸, 손주라네.

김정희가 71세 때 쓴 예서체 대련이다.

71세라면 세상에서 맛있다는 음식 다 먹어보고 세상에서 이름난 모임에 다녀보았을 터이다. 노년에 다시 돌이켜보니 늘 곁에 두고 먹는 일상의 소박한 음식이야말로 가장 맛있는 음식이고, 아무런 긴장 없이 있는 그대로 즐길 수 있는 가족이야말로 가장 좋은 만남이란 사실을 새삼 알게 된 것이다.

평범한 일상의 발견이다.

『중용』에도 김정희의 발견과 비슷한 이야기가 많이 나온다. 솔개가 하늘을 한가롭게 날고 물고기가 물속에서 유유히 헤엄치고 있다. 편안하지 않는가? 안에 어떤 옷을 입어도 밖에 홑옷을 겹쳐 입는다. 신중하지 않는가? 혼자 있어도 소란스럽지도 우울하지도 않다. 차분하지 않는가?

56 생동

솔개가 하늘을 날고 물고기가 연못에서 헤엄치다
연비어약鳶飛魚躍(12장)

입문 사람은 언제 부자연스럽고 불편하게 느낄까? 일상적으로 늘 하던 것을 하지 못하면 그렇게 느낀다.

지금은 다르지만 과거에 여성들이 결혼하고서 명절날 시댁에 가던 것을 생각해보라. 신혼집에서는 편하게 하던 것도 시댁에 오면 모든 게 눈치가 보인다. 심지어 화장실 가는 것도 눈치가 보인다. 명절을 마치고 신혼집이 눈에 보이면 그것만으로 어깨가 가벼워지고 집에 들어서자마자 옷을 갈아입고 침대에 벌렁 누울 것이다. "아, 좋다"라는 말과 함께.

남성에게는 군대가 그렇다. 요즘에는 형제자매가 한두 명이니 일단 신병훈련소의 내무반이나 자대 배치 받은 뒤의 동기반에서 여럿이 함께 생활하는 것 자체가 쉽지 않다. 생활 방식이 다른 사람들과 함께 24시간을 보내다 보니 마음대로 하지 못하는 일이 많다. 그래서 휴가를 받아 집에 오면 아무것도 하지 않으려 한다. 정해진 대로 해야 하는 생활을 벗어나 그냥 쉬고 싶은 것이다.

이렇게 시댁에서 군대에서 '하늘 나는 솔개와 물속에서 헤엄치는 물고기'를 보면 무슨 생각이 날까? 아무 생각이 없어 눈에 들어오지 않거나 억압되어 있다고 볼 것이다. 반면 신혼집으로 돌아오거나 휴가를 받아 집으로 와서 집 주위를 거닐다가 '하늘 나는 솔개와 물속에서 헤엄치는 물고기'를 보면 매인 곳에서 풀려나 자유롭게 노니는 일상으로 보일 것이다. 늘 하던 것을 그냥 할 수 있다는 것, 평범함이 주는 행복감이다.『중용』에서는 이 평범함이 주는 행복감을 『시경』에서 찾아내서 부연 설명하고 있다.

승당   자기주도적인 군자의 도리는 그 작용이 더없이 넓지만 그 본모습이 드러나지 않아 알기 어렵다. …… 『시경』에서 읊었다. "솔개가 하늘 높이 날고 물고기가 연못에서 헤엄친다." 이는 위의 하늘과 아래의 물에서 도리가 잘 드러나고 있는 것을 말한다.

君子之道, 費而隱. …… 詩云: 鳶飛戾天, 魚躍于淵,
군 자 지 도 비 이 은   시 운   연 비 려 천   어 약 우 연
言其上下察也.
언 기 상 하 찰 야

입실   비費는 쓰다, 널리 쓰이다, 빛나다, 넓다는 뜻이다. 은隱은 숨기다, 가리다, 희미하다는 뜻이다. 연鳶은 솔개, 연을 뜻한다. 비飛는 날다, 오르다, 빨리 가다는 뜻이다. 려戾는 어그러지다는 뜻으로 많이 쓰이지만, 여기서는 이르다는 뜻이다. 약躍은 뛰다, 뛰어오르다는 뜻이다. 연淵은 못, 소沼를 뜻한다. 찰察은 살피다, 알다는 뜻이다.

여언   '연비어약'은 글자 그대로 솔개가 하늘을 날고 물고기가 연못에서 헤엄치는 장면을 나타낸다. 하나도 신기할 것도 없고 특별한 것도 없는, 평범하기 그지없는 장면이다. 누구라도 보았던 일이고 어디서라도 관찰할 수 있는 일이다.

    유학에서는 '연비어약'을 단순히 물리적인 사건으로 취급하지 않고 형이상학적 의미가 담긴 중요한 사건으로 본다. 이 구절은 사람이 가장 평

온하게 생각하고 세상의 모든 것이 각자 제 길을 찾아가는 상황을 읊고 있다. 세상의 이치를 압축한 탁월한 시로 간주되었다. 그 덕분에 '연비어약'은 평온한 일상을 가장 잘 나타내는 말로 유학자들의 입에 즐겨 오르내렸다.

도대체 왜 이렇게 되었을까? 예컨대 전쟁 상황을 생각해보자. 전쟁을 수행하다 보면 생각지도 않은 전략이 나오고 물자가 필요하다. 전쟁이 원래 사람 사이의 일인지라 동물과 관련이 없을 것 같지만 그렇지 않다. 연일 포성이 들리고 전투가 벌어지는 곳에서 사람만 일상을 누리지 못하는 것이 아니다. 솔개와 물고기도 맘껏 하늘을 날 수 없고 유유히 물속을 헤엄칠 수 없다. 모든 게 비상非常이기 때문이다.

전쟁이 끝나면 사람은 일상日常으로 돌아가고 솔개와 물고기도 평소하던 대로 하늘을 날고 물속을 헤엄칠 수 있다. 이러한 장면은 모든 것이 있어야 할 자리에 있고 그 자리에서 할 수 있는 것을 하는 시간을 나타낸다. 이러한 시간에는 번뇌와 불안이 없고 평화와 안도감이 느껴진다. 평화와 안도감 속에서 동질감을 느끼며 할 일 없이 어슬렁거리거나 이전에 즐겨 했지만 잊었던 취미를 즐기거나 무뎌졌던 심장이 새로운 일을 찾아서 두근거릴 수 있다.

나는 '연비어약'의 구절을 읽으면 두 영화가 생각난다. 좀 오래되었지만 많은 사람이 보았으리라 생각되고 명절이면 TV에서 한 번씩 방영하는 영화다. 〈내 마음의 풍금〉(1999)과 〈흐르는 강물처럼〉(1992)이다. 나이 많은 학생(전도연 분)이 젊은 선생님(이병헌 분)이 가진 LP판을 보고 궁금해하는 장면이나 동생(브래드 피트 분)이 형과 다른 길을 가다 어린 시절 아버지와 낚시하던 곳을 찾아 형제가 낚시하는 장면이 떠오른다.

행복감은 꿈에 그리던 일이 이루어졌을 때도 느낄 수 있다. 그렇지만 사실 살면서 이런 행복감은 몇 번밖에 느끼지 못한다. 대부분 일에 치여 허둥지둥 살아간다. 한 번씩 아련해진 과거를 떠올리지만 돌아갈 수도 없다.

이럴 때 별로 힘든 일도 아니지만 그동안 마음을 내지 못해 할 수 없었던 일을 하면 바쁘게 돌아가던 시간이 멎는다. 물건을 만지면 추억이 떠오른다. 추억이 떠오르면 그 시절로 돌아간다. 현실의 특정한 시간 속에 있으면서 그 시간의 영향을 받지 않고 다른 시간 속으로 옮겨갈 수 있다. 이런 체험은 지극히 평범한 시간이고 언제라도 맞이할 수 있는 시간이다. 이 체험을 하고 현실의 시간으로 돌아오면 사람은 스스로 삶이 더 여유롭고 느긋해졌다는 느낌을 받는다. 이러한 체험은 사람이 예술을 창작하고 향유할 때 자주 겪을 수 있다. '연비어약'은 그런 시간을 시적으로 나타내고 있다.

57 중정 | 위엄 있고 점잖고 곧고 바르니 존경받는다
재장중정齋莊中正(31장)

입문 방탄소년단BTS은 자신들의 활동을 팬들과 공유한다. 시상식에 가면 일반 팬들이 볼 수 없는 장면을 담아 유튜브에 올린다. 궁금해하는 팬들에게 큰 선물을 주는 셈이다. 비활동 시즌에는 평소 자신들이 하고 있는 작업이며 일상을 동영상으로 담아서 팬들과 공유한다. 그러니 팬들은 방탄소년단과 떨어져 있어도 떨어져 있지 않고 늘 함께한다는 생각이 든다.

요즘에는 연예인만이 아니라 대중의 관심을 받는 많은 사람이 대중과 일상을 공유함으로써 친밀감을 높이려고 노력한다. 그래서 정치인들도 TV에 출연하는 활동으로만 자신을 홍보하지 않고 다양한 소식을 유튜브나 인터넷 방송으로 알린다. 시민과 접촉면을 넓히려는 것이다. 중요한 정책만이 아니라 사소한 일상을 공유하면서 시민과 밀착도를 높이고 있다.

유학에서 성인은 사람이 도달할 수 있는 최고의 단계다. 그래서 유학은 '성인이 되는 학문'이라는 뜻에서 달리 성학聖學으로 불린다. 성인이 유튜브나 인터넷 방송을 할 리 없으니 성인의 특성을 묘사하는 설명을 살펴보지 않을 수 없다. 성인은 도대체 어떤 사람일까?

승당　오직 세상에서 최고의 성인만이 총명과 예지를 제대로 발휘할 수 있으므로 어떠한 방식으로든지 백성을 마주할 수 있고, 관대하고 부드러울 수 있으므로 어떠한 사람(일)이든지 포용할 수 있고, 강인하고 굳건하므로 지켜야 할 것을 굳게 잡을 수 있고, 위엄 있고 점잖으며 곧고 바르므로 함께 어울리며 존경받을 수 있고, 제도의 조리를 세밀하게 따질 수 있으므로 시비를 분별할 수 있다.

唯天下至聖, 爲能聰明睿知, 足以有臨也. 寬裕溫柔,
유천하지성 위능총명예지 족이유림야 관유온유
足以有容也. 發强剛毅, 足以有執也. 齊莊中正, 足以
족이유용야 발강강의 족이유집야 재장중정 족이
有敬也. 文理密察, 足以有別也.
유경야 문리밀찰 족이유별야

입실　임臨은 임하다, 자리하다, 맞이하다는 뜻이다. 관寬은 너그럽다, 넓다는 뜻이다. 유裕는 넉넉하다, 너그럽다는 뜻이다. 온溫은 따뜻하다, 온화하다, 원만하다는 뜻이다. 유柔는 부드럽다, 순하다는 뜻이다. 용容은 받아들이다, 담다, 조용하다는 뜻이다. 강剛은 굳세다, 든든하다, 단단하다는 뜻이다. 의毅는 굳세다, 발끈하다는 뜻이다. 집執은 잡다, 지키다, 처리하다는 뜻이다.

　재齊는 재齋와 같이 공경하다, 엄숙하다는 뜻으로 쓰이고 발음도 '재'다. 장莊은 엄숙하다, 씩씩하다, 꾸미다는 뜻이다. 문文은 무늬, 문장, 꾸미다, 아름답다는 뜻이다. 리理는 조리가 있다, 다스리다, 바루다는 뜻이다. 밀密은 자세하다, 상세하다, 촘촘하다, 고요하다는 뜻이다. 찰察은 살피다, 자세히 살피다, 조사하다는 뜻이다.

여언　『중용』을 비롯하여 유학에서는 보통 사람이 덕행을 가리키는 중용과 진실을 뜻하는 성誠을 통해 사士, 현인賢人을 거쳐서 성인으로 상승할 수 있다고 본다. 이처럼 성인은 사람이 인격이 높아져서 도달하는 최후의 단계다. 성인이 더 노력한다고 해서 신이 되는 것은 아니다. 유학에서는 결코 사람이 신이 되기를 바라지 않았다.

　그렇다면 우리는 "범인이나 성인이나 모두 사람인데 무슨 차이가 있는가?"라고 물을 수 있다. 여기서 『중용』은 성인을 다섯 가지 측면에서 설명하고 있다. 한마디로 말하면 좋을 텐데, 다섯 가지라니 좀 복잡하다고 생각할 수 있다. 복잡할 수밖에 없는 것이 성인은 신이 아니기 때문이다. 성인이 신이라면 절대자, 전지전능 등으로 간명하게 규정할 수 있다. 성인은 신이 아니지만 범인과 다르다. 이런 성인의 특성을 설명하자니 이런 면도 있고 저런 면도 있다는 식으로 설명할 수밖에 없다.

첫째는 '총명예지聰明睿知'다. 네 글자는 어감이 조금 다르지만 공통적으로 앎과 관련이 있다. 성인의 첫 번째 특징으로 앎을 내세우고 있다. 알아야 판단을 할 수 있고, 판단을 해야 선택할 수 있고, 선택해야 실행할 수 있다. 알지 못하면 사람은 당면한 문제를 어떻게 풀어가야 할지 몰라 우두커니 그냥 있을 수밖에 없다. '총명예지'가 있어서 성인은 어떠한 문제에 닥치더라도 풀어갈 수 있으니 누구를 만나더라도 조금도 꿀리지 않고 제대로 대응할 수 있다.

둘째는 '관유온유寬裕溫柔'다. '관유온유'도 '총명예지'와 마찬가지로 네 글자의 어감이 조금 다르지만 공통점이 있다. 그것은 바로 부드러움이다. 사람이 부드럽지 않으면 자신과 다른 생각에 맞서려고 하지 찬찬히 들여다보려고 하지 않는다. 반면 부드러우면 설혹 상대의 태도가 거칠다고 하더라도 주장의 합리성을 쳐다볼 수 있다. '관유온유'가 있으니 성인은 누가 무슨 말을 하더라도 내치지 않고 끝까지 들으면서 좋은 말은 받아들일 수 있다.

셋째는 '발강강의發强剛毅'다. 네 글자에서 뒤의 강강의强剛毅는 공히 '굳세다'는 의미를 나타낸다. 다만 발發은 주로 동사로 쓰이지 형용사로 쓰이지 않으므로 나머지 세 글자와 잘 호응이 되지 않는다. 그렇지만 발을 기백이 있다, 활발하다는 뜻의 발潑로 보면 나머지 세 글자와 비슷한 의미를 나타낼 수 있다. '발강강의'가 있으니 성인은 상황에 끌려가지 않고 전체적으로 장악할 수 있다.

넷째는 '재장중정齊莊中正'이다. 성인은 위엄이 있고 점잖으며 곧고 바르다. 기품이 넘치고 공정하다. 틈이 있어야 시비를 걸 텐데 바늘만 한 허

점도 보이지 않는다. 누구도 시비를 걸 수 없다. 그냥 존경하는 수밖에 없다.

다섯째는 '문리밀찰文理密察'이다. '문리밀찰'은 독수리의 눈과 같다. 독수리는 공중에서 빙빙 돌다가 먹이를 포착하면 한 치의 오차도 없이 쏜살같이 날아와 먹이를 덮친다. 성인도 '문리밀찰'하여 조리가 있고 디테일에 강하니 사태를 차근차근 구분하여 잘 풀어갈 수 있다.

이처럼 성인은 다섯 가지 덕목을 갖추고 있으니 사람이 노력 끝에 이른 최고의 단계라고 할 수 있다.

58
은은

비단옷 입고 홑옷을 걸치네
의금상경衣錦尙絅(33장)

입문　중국을 20여 년 다니다 보니 사람들의 패션이 참으로 많이 바뀐 것을 느낄 수 있다. 2000년 초만 해도 중국 사람들은 어두운 색깔에다 개성이 없는 옷을 주로 입었다. 또 군청색 옷을 제복으로 많이 입고 중국 사람들이 선호하는 붉은색 옷을 많이 입었다. 요즘은 하얀색만이 아니라 밝은색 옷과 개성을 살린 옷을 많이 입는다. 중국 거리를 걸으며 보아도 차림새가 한국이며 다른 나라랑 별반 차이가 나지 않는다.

우리나라는 사정이 또 다르다. 중장년은 정복처럼 잘 차려입은 단정한 멋을 강조하지만, 젊은 세대는 찢어지고 짧고 몸에 달라붙어 활동하기

편한 옷을 즐겨 입는다. 젊은 세대는 중장년의 패션에 대해 목까지 단추를 채우면 답답하지 않느냐고 생각하고, 중장년은 젊은 세대가 입는 몸을 훤히 드러내는 옷을 못마땅하게 생각한다.

사실 옷뿐 아니라 생활 태도며 가치관이며 많은 것이 달라졌다. 중국의 기성세대는 당과 이념을 중시하지만 신세대는 실용과 개성에 신경을 쓴다. 우리도 기성세대는 전통과 예의를 강조하지만 신세대는 개성과 자유에 예민하다. 이처럼 시대에 따라 세대가 나뉘고 세대마다 각자의 특성을 보이게 마련이다.

『중용』에서도 『시경』을 인용하면서 옷 이야기를 끄집어낸다. 엄숙한 고전에서 옷 이야기를 하다니 다소 의외라고 생각할 수 있지만, 그러한 생각 역시 선입견이라고 할 수 있다. 유학은 일상과 인륜에 바탕을 두고 있으므로 옷만이 아니라 음식, 운동 등 사람이 살면서 벌이는 세세한 활동에 관심을 두고 있다. 아니나 다를까 『중용』에서는 옷 자체에서 입은 옷의 의미로 논의를 확대하고 있다. 이야기가 어떻게 전개되는지 원문 속으로 한 걸음 더 들어가보자.

승당　『시경』에서 읊었다. "비단옷을 입고서 그 위에 홑옷을 걸쳤구나!" 비단옷의 화려한 무늬가 다른 사람들의 눈에 드러나는 것을 싫어하기 때문이다. 그러므로 자기주도적인 군자의 도리는 은은하지만 나날이 빛이 나고, 이기적인 소인의 도리는 선명하지만 나날이 줄어든다(없어진다).

詩曰:衣錦尙絅, 惡其文之著也. 故君子之道, 闇然而
시 왈　의 금 상 경　오 기 문 지 저 야　고 군 자 지 도　암 연 이

日章. 小人之道, 的然而日亡.
일장 소인지도 적연이일망

입실   의衣는 옷이라는 뜻으로, 여기서는 입다는 동사로 쓰인다. 금錦은 비단으로 만든 옷을 가리킨다. 상尙은 오히려, 더하다, 높이다는 뜻으로, 여기서는 옷을 겹쳐 입다는 맥락이다. 경絅은 한 겹으로 된 홑옷을 가리킨다. 문文은 옷에 새긴 수, 무늬를 가리킨다. 암闇은 어둡다, 어렴풋하다는 뜻이다. 장章은 문장, 빛나다는 뜻으로 창彰(밝다, 뚜렷하다, 무늬)으로 바꿀 수 있다. 적的은 과녁, 선명하다, 뚜렷하다는 뜻이다.

여언   먼저 『시경』의 문맥을 살펴보자. 시속時俗의 사람은 먼저 비단으로 만든 예쁜 겉옷을 입고 그 위에 한 겹으로 된 가벼운 홑옷을 덧입는다. 왜 그럴까? 체온을 유지하기 위해서? 아니면 비싼 옷을 잘 간수하기 위해서? 그럴 수도 있다.

하지만 『중용』에서는 이와 달리 풀이한다. 『중용』에서는 옷의 무늬를 감추는 것에 주목한다. 비단옷만 입으면 비단에 새겨진 문양이나 장식이 그대로 드러난다. 그대로 드러나면 사람들이 쳐다볼 수 있다. 비단옷을 입고 홑옷을 겹쳐 입는다. 그러면 비단옷의 무늬는 있는 대로 드러나지 않고 보일락 말락 하게 된다. 현대판 시스루 패션에 해당된다.

이제 『중용』의 풀이가 뭘 말하고자 하는지 분명하다. 옷을 비롯해서 자신을 꾸미는 것이 그대로 드러나게 해서는 안 된다는 말이다. 『시경』과 『중용』에서 소인의 옷차림새를 직접 말하지는 않는다. 군자와 상반되는 점을 고려하면 겉옷의 화려한 무늬를 가리는 옷을 입지 않고 그대로 노출하리라 짐작할 수 있다.

『중용』에서는 지금까지의 이야기를 바탕으로 자기주도적인 군자와 이기적인 소인의 특성을 확연하게 구분한다. 군자가 걸어가는 길은 겉으로 뚜렷하게 드러나지 않고 아슴푸레하며 흐릿하고 또 맛이나 냄새가 진하지 않고 약하다. 즉 은은하다고 할 수 있다. 이러한 은은함은 드러난 것이 전부가 아니고 드러나지 않은 다른 것이 있음을 암시한다.

이러한 은은함에는 다시 두 가지 특성이 있다. 하나는 깊이를 더하는 맛을 준다는 것이다. 드러난 것 이외에 다른 것이 있기 때문이다. 다른 하나는 있는 듯 없는 듯하니 쉽게 물리지 않고 오래간다는 것이다. 이것이 바로 은은함의 미학이라고 할 수 있다. 『중용』은 이를 '은은하지만' 역설적으로 '나날이 빛이 난다'고 포착하고 있다. 물론 반대로 생각하면 뭐가 뭔지 분명하지 않고 애매하다는 느낌을 준다.

반면 소인이 걸어가는 길은 겉으로 뚜렷하다. 누가 봐도 뭐가 뭔지 분명하게 드러나서 다른 것과 헷갈리지 않는다. 보는 즉시 그 정체가 환하게 밝혀지기 때문이다. 눈에 보이는 것 이외에 더 있지 않으니 남겨진 여백이 없다. 즉 선명하다고 할 수 있다.

이러한 선명함은 다시 두 가지 특성이 있다. 하나는 시선을 확 끌어당긴다는 점이다. 선명한 만큼 다른 것보다 먼저 시선을 잡아끌 수 있기 때문이다. 다른 하나는 감각을 강하게 자극하는 만큼 그 효과가 오래가지 않고 쉽게 피로를 느낀다는 것이다. 이는 또 새로운 것으로 주의를 옮기게 만든다. 『중용』에서는 이를 '선명하지만' 역설적으로 '나날이 줄어든다'고 포착하고 있다.

극단의 시대에 태어난 『중용』은 자극적이고 색다른 것이 주는 즐거움에서 일상적이고 평범한 것이 주는 평안함의 가치를 되돌아보자고 제안하고 있다. 여기서는 옷, 색감, 미의식의 측면에서 피로감을 주는 선명함에는 없는 은은함의 깊이와 여백이 주는 맛을 일깨워주고 있다.

59 신중   방구석에서조차 부끄럽지 않네
불괴옥루不愧屋漏(33장)

입문   사람이 집에 돌아오면 밖에서 입던 옷부터 편하게 갈아입는다. 이어 소파에 앉았다가 조금 뒤에 누워서 TV를 본다. 이러한 차림새와 모습은 밖에 있을 때와 상당히 다르다. 집 밖에서는 주위의 시선을 의식해야 하고 상황에 맞는 행동을 해야 하기에 아무래도 지켜야 할 것이 많다. 반면 집 안에서는 주위를 신경 쓰지 않아도 되니 세상에서 가장 편하게 있을 수 있다.

집 안에서 편하게 생활하는 것을 두고 오늘날 뭐라고 할 사람은 없다. 자신의 집에서 편하게 지내겠다는데 뭐가 문제가 되느냐고 생각할 수 있다. 하지만 공자를 비롯하여 유학에서는 관점이 조금 다르다.

공자는 사람이 언제 어디서나 흐트러지지 않고 단정하게 생활해야 한다고 생각했다. 주위에 사람이 없다고 느슨하고 지나치게 편하게 생활하면 밖에 나가서도 실수를 할 수 있다고 보았기 때문이다. 우리 속담에도 이와 관련해서 "안에서 새는 바가지 밖에서도 샌다"는 말이 있다. 평소 주의하고 조심하지 않으면 바람직하지 않은 행동과 처신이 은연중에 나타나는 것을 경계하는 말이다.

　근래에 이르러 실내복과 외출복의 경계가 허물어지고 있다. 집에서나 입는 옷으로 학교에 등교하기도 하고 직장에 출근하기도 한다. 이에 대해 옷을 가려 입어야 한다는 견해와 내가 편하면 되지 무엇을 고려해야 하느냐고 반문하는 견해가 맞선다.

　특히 레깅스 차림에 대해서는 우리나라만이 아니라 미국에서도 찬반이 뚜렷하게 나뉜다. 옷은 개인의 취향이므로 다른 사람이 개입할 사안이 아니라고 보는 견해와 보는 사람을 불편하게 한다는 견해가 팽팽하게 맞서고 있다. 이와 관련해 『중용』에서는 어떤 주장을 펼치고 있는지 살펴보자.

승당　『시경』에서 읊었다. "네가 혼자 방 안에 있을 때를 살펴보니 방 구석에서조차 부끄럽지 않네!" 그러므로 자기주도적 군자는 움직이지 않아도 잡도리하고 말하지 않아도 믿는다.

　　　　詩云:相在爾室, 尙不愧于屋漏. 故君子, 不動而敬, 不
　　　　시 운　상 재 이 실　상 불 괴 우 옥 루　고 군 자　부 동 이 경　불
　　　　言而信.
　　　　언 이 신

입실　상相은 서로, 바탕, 점치다, 다스리다는 뜻으로 많이 쓰이지만, 여기서는 보다는 맥락으로 쓰인다. 이爾는 이인칭 대명사로 쓰인다. 실室은 집, 방, 건물, 거처라는 뜻으로 쓰인다. 상尙은 여전히, 역시를 뜻한다. 괴愧는 부끄러워하다, 부끄러움을 뜻한다.

　루漏는 새다, 비밀이 드러나다, 구멍, 틈이라는 뜻으로 많이 쓰이지만,

여기서는 구석, 귀퉁이를 가리키는 맥락으로 쓰인다. 옥루屋漏는 주희에 따르면 집에서 가장 어두운 서북쪽 방구석을 가리킨다(『중용장구』). 나아가 옥루를 아무도 모르는 자기 마음에 대한 비유로 풀이하기도 한다. 옥루는 그 집에서 가장 깊어서 다른 사람이 접근하기 어려운 곳을 가리킨다. 실室과 옥루는 다른 사람이 출입하기 어려운 사적인 공간을 가리킨다. 동動은 다음의 언言과 함께 언동言動으로 많이 쓰인다. 언은 말하는 것이고 동은 행동하는 것을 가리킨다.

여언 비슷한 내용이 2강 7조목 '신독'에 나온다. 『중용』에서는 사람이 홀로 있는 사적 공간을 공적 공간과 마찬가지로 주의하라며 '신기독愼其獨'을 요구했다. '신기독'과 『시경』에 나오는 구절을 비교해보면 전자가 훨씬 더 추상적이며 정교하다.

그럼에도 『시경』의 내용과 이에 대한 풀이는 '신기독'에서 말하지 않은 새로운 내용을 말하고 있다.

첫째, '상재이실相在爾室'에서 누군가 나를 주시하고 있다는 의미를 뚜렷하게 하고 있다. 사람은 아무도 자신을 보는 사람이 없다면 편안하게 느껴서 흐트러지기 쉽다. 반면 누군가 자신을 바라보고 있다면 상대를 의식하여 불편해하고 단정하게 처신하게 된다.

둘째, 완전한 비밀 공간이 없다는 점을 말하고 있다. 이실爾室과 옥루는 집에서 외부로부터 가장 멀리 떨어진 곳이므로 주위의 시선이 미치지 않는 곳이다. 외부 사람만이 아니라 집 안의 사람조차 접근하기 어려운 곳이다. 따라서 사람은 이실과 옥루를 나만의 사적 공간으로 생각할 수 있다. 그렇지만 『시경』에서는 이곳도 바라보는 상相의 시선에서 벗어날 수 없다는 점을 말하고 있다. 여기서 우리는 '옥루'만이 아니라 세상 그 어디에도 비밀 공간이 없다는 생각을 하게 된다.

셋째, 『시경』에서는 언제 어디서나 바라보는 시선이 존재함을 암시하고 있고, 『중용』에서는 바라보는 존재가 언동言動을 하지 않더라도 군자는 스스로 자신을 규율한다는 점을 밝히고 있다. 『시경』의 내용에 충실하면 바라보는 존재가 무엇인지 정확하게 밝혀야 한다. 그러면 유학은 신적 존재를 요청하는 방향으로 나아가게 된다.

『중용』에서는 바라보는 존재가 언동으로 어떤 메시지를 나타내지 않더라도 군자라면 스스로 규제한다고 말하고 있다. 이로써 『중용』은 유학이 신에 의존하지 않고 사람이 스스로 자신을 완성시켜야 한다는 과제를 명확하게 제시하고 있다.

넷째, 『중용』에서는 사람이 자신을 스스로 규제하는 방향으로 이끌기 때문에 사람이 자신을 믿고 의지할 수 있는 근원을 필요로 한다. 이와 관련해 『중용』에서는 논의를 명확하게 진행하지 않는다. 그래서 훗날 이 문제를 심성론의 중요한 주제로 다루게 되었다. 이는 2강 7조목 '신독'에서도 마찬가지다. "숨은 것보다 더 잘 드러나는 것이 없고 미약한 것보다 더 두드러진 것은 없다. 그러므로 자기주도적인 사람은 혼자 있는 상황에서 삼간다." 숨은 것과 미약한 것보다 더 잘 드러나는 것이 없고 두드러진 것이 없다면 '마음'을 상정하지 않을 수 없다.

다른 사람이 보느냐는 문제는 부차적이다. 이처럼 내가 한 일이 어딘가에 분명하게 남아 있어야 한다. 그래야 내가 한 일이 확실하게 인지되고 기억되어 사실로 분명하게 있게 된다. 그 역할을 신이 하지 않는다면 마음이라도 해야 하지 않을까?

60 비교

덕은 새털처럼 가볍다

덕유여모德輶如毛(33장)

입문   『중용』의 제일 마지막 구절이다. 이 책도 마지막에 이르렀다. 두 마지막이 맞물렸다.

『중용』의 저자는 마지막 주제를 덕德으로 골랐다. 이것은 아주 적실하다. 사람은 하늘이 명령한 제1의 천성에 디디고 서서 덕행을 가리키는 중용과 진실을 뜻하는 성을 배양하여 제2의 천성을 우뚝 세워야 한다. 제2의 천성이 바로 덕이다. 한 번 시도하고 뜻대로 되지 않으면 다시 시도하고 그렇게 되풀이하여 결국 제2의 천성을 일구어내야 한다.

제1의 천성이 사람다움이라면, 제2의 천성은 제1의 천성을 나에 맞게 일구어내는 나다움이다. 사람다움이 나다움과 만나는 제2의 천성을 빚어내는 일은 실패의 연속일 수밖에 없다. 실패에 넘어지지 않고 일어서서 다시 시작한 끝에 나다움이라는 제2의 천성을 만나게 된다. 이것이 공자가 『논어』에서 힘주어 역설한 '실패의 존재론'이다(신정근, 『공자의 인생 강의』, 휴머니스트, 2016 참조).

함석헌도 3·1운동의 실패를 실패로만 보지 말라면서 실패의 의미를 흥미롭게 밝힌 적이 있다(함석헌, 『하나님의 발길에 채여서』, 한길사, 2009).

실패는 섭섭하지만 실패처럼 값진 것은 없습니다. 사람으로 하여금 생각하게 합니다. 만세를 부르면 독립이 될 줄 알았다가 그대로 아니 되는 것을 본 다음에야 한국의 씨올은 생각하기 시작했습니다. 생각함은 곧 울듦입니다. 3·1운동 이후 우리 민족이 허탈감에 빠지지 않고 자라기 시작한 것은 깊이 생각했기 때문입니다.

승당 『시경』에서 읊었다. "나는 밝은 덕을 품을 뿐 들리는 호통 소리와 보이는 얼굴빛을 대수롭지 않게 여긴다네!" 공자가 말했다. 감각으로 느껴지는 호통 소리와 얼굴빛이 백성들을 감화(변화)시키는 데 부차적인 방법일 뿐이다.

『시경』에서 읊었다. "덕은 새털처럼 가볍다." 터럭이 아무리 가볍다고 하더라도 감각적으로 견줄 만한 것이 있다. "하늘의 일은 아무런 소리도 나지 않고 아무런 냄새도 나지 않는다"라고 하는데, 이런 하늘이야말로 더 말할 나위 없이 지극한 것이다.

詩云: 予懷明德, 不大聲以色. 子曰: 聲色之於以化民,
시 운 여 회 명 덕 부 대 성 이 색 자 왈 성 색 지 어 이 화 민
末也. 詩云: 德輶如毛, 毛猶有倫, 上天之載. 無聲無
말 야 시 운 덕 유 여 모 모 유 유 륜 상 천 지 재 무 성 무
臭, 至矣.
취 지 의

입실 회懷는 품다, 안다, 생각하다는 뜻이다. 성聲은 소리라는 뜻으로, 여기서는 소리를 내서 사람에게 이래라저래라 하는 활동을 가리킨다. 화민化民은 사람을 변화시키다, 감동시키다는 맥락으로 쓰인다.

유輶는 가볍다는 뜻이다. 윤倫은 무리, 차례라는 뜻으로, 여기서는 비교의 대상을 가리킨다. 유륜有倫은 비교의 대상이 있다는 맥락이고, 무륜無倫은 비교의 대상이 없다는 맥락이다. 재載는 싣다는 뜻으로 많이

쓰이지만, 여기서는 일, 임무, 사업을 뜻하는 맥락으로 쓰인다. 취臭는 냄새를 뜻한다.

여언   윤리학은 제2의 천성을 기르는 길을 말한다. 달리 말하면 덕德을 닦는 과정이다. 사람은 덕을 길러 제2의 천성을 넓고 깊게 갖추는 만큼 인격을 쌓게 된다. 이렇게 덕의 탑을 높이 쌓으면 그 향이 하늘과 땅 그리고 동서남북으로 뻗어나가게 된다.

『중용』에서는 이런 사람이 하늘(하느님)로부터 임무를 부여받는다고 말한다. 요즘으로 말하면 이런 사람이 삶의 구석구석에 빛을 밝히는 작은 영웅들이라고 할 수 있다.

사람과 어울리며 서로 닮아가는 방식에는 다양한 길이 있을 텐데 『중용』은 왜 덕을 골랐을까? 아니나 다를까 『중용』은 『시경』을 인용하면서 소리의 길이 있고 색의 길이 있다고 소개하고 있다. 소리의 길이란 사람이 낼 수 있는 온갖 소리를 도구로 삼아 "나를 따르라!"라고 외치는 것이다. 선거철의 확성기를 생각해도 좋다. 색의 길이란 사람이 곳곳에 얼굴을 들이밀며 미소를 짓는 것이다. 선거철에 어린이집과 노인정을 방문해서 밥 짓고 빨래하며 사진 찍는 장면을 떠올려도 좋다. 『중용』에서는 그러한 소리와 색의 길은 덕에 한참 미치지 못한다고 말한다.

소리와 색은 한계가 있다. 소리와 색은 사람이 이곳저곳 옮겨 다니며 다른 사람에게 전달해야 한다. 소리와 색으로 실어 나르는 것이 중용인지 진실인지 알 수 없다. 자신이 보여주고 들려주고 싶은 것을 그냥 일방적으로 전달하는 것일 뿐이다.

하지만 덕은 하루아침에 이룰 수 없다. 사람이 '천명지위성'(5강 21조목)을 바탕으로 제2의 천성을 내 것으로 일구어내려면 무수한 시간이 필요하다. 주위 사람에 뒤처지더라도 수천 배 노력하는 '인십기천'(9강 45조목)의 시도가 필요하다. 이런 과정에서 내가 쌓아 올린 덕의 탑이 다른 사람에게 알려진다. 바로 그 자리에서 전달되고 사라지는 소리와 색의 길에 비해 덕의 길은 얼마나 고단하고 위대한가! 그래서 천도 자신을 만나려면 덕을 쌓아야 한다고 했던 것이다.

사람의 입장에서 보면 덕 쌓기보다 더 큰일은 없다. 천이 덕을 쌓은 사람을 만나고 땅과 함께 이 세상을 다스리는 방식을 생각해보라. 천은 땅과 함께 해가 비추고 비가 내리고 별이 빛나게 하지만 아무런 소리도 없고 아무런 냄새도 없다. 천은 아무런 소리도 냄새도 없이 이 세상으로 깊숙이 파고드는 것이다.

사람들은 다 안다. 자신이 일군 사업과 누리는 혜택이 자신만이 아니라 천지와 더불어 협업한 결과라는 사실을 말이다. 그러면서도 사람은 끊임없이 소리와 냄새를 풍겨가며 "나를 봐달라!"고 외친다.

『중용』은 제일 마지막에 반전을 시도한다. 사람도 고생하며 덕의 길을 걸어왔지만 이제 '무성무취無聲無臭'의 길을 가면 어떠냐고 말이다. 나는 여기에 전적으로 동의한다. 그렇게 모든 것을 하고서 오히려 가지지 않으니 우러러볼 수밖에 없다.

사람이 덕의 길을 다하고 나면 마지막에 천의 길 입구에 다다를 뿐이다. 지천知天을 요구하는 것이다. 이로써 『중용』은 천명에서 시작하여 지천으로 끝내는 시종일관의 구조를 보여주고 있다. 극단을 보편의 시야로 바꾸자고 제안한다. 참으로 아름답다고 할 수밖에 없다.

감사의 글

'저자의 글'을 쓸 때는 의욕이 넘친다. 계획을 세우고 집필을 해야 하니 그럴 수밖에 없다. '감사의 글'을 쓸 때는 담백해진다. 글이 끝났다는 안도감과 홀가분 때문에 그런 것만은 아니다. 마지막 페이지에 이르니 생각이 멈추고, 나를 비우고 나니 더 할 말이 없기 때문이다.

『중용』은 과거의 숱한 선현들이 어렵다고 말했고 나에게도 어렵기 그지없었다. 이 어려움의 막막함을 조금이라도 풀기 위해 나는 읽고 또 읽는 수밖에 없었다. 처음 읽었던 책은 앞표지와 뒤표지도 떨어져나가 페이지 곳곳이 덜렁덜렁하여 책 전체를 스테이플러로 여러 곳을 찍어두었다. 그렇게 읽은 덕분에 『중용, 극단의 시대를 넘어 균형의 시대로』(사계절, 2015)를 펴낼 수 있었다. 책을 내는 과정에서 담당 편집자가 어렵다고 몇 차례나 쉽게 풀이해달라고 요구했다. 그때도 나로서는 최선을 다해 쉽게 말하고자 했지만 첫 번째 독자인 편집자에게는 어려웠던 것이다.

그렇게 『중용』을 읽으며 주희며 정약용이며 캉유웨이를 만났고 그 결과를 전문 학술지에 논문으로 실었다. 그런 노력의 결실이 『오십, 중용이 필요한 시간』으로 이어졌다. 앞으로 그간에 쓴 학술지 논문을 모으고 생각을 보태서 『중용이란 무엇인가?』라는 책을 내려고 한다. 다음에는 『중용』의 대표적인 주석을 모아 '중용독본'을 펴내려고 한다. 이 책에는 조선 시대 학자들의 주석을 많이 포함하려고 한다. 이렇게 나와 『논어』의 인연이 자연스레 『중용』으로 이어지는 셈이다.

『마흔, 논어를 읽어야 시간』을 펴내면서 독자들의 과분한 사랑을 받았다. 과분한 사랑을 받으니 책의 내용과 나의 삶을 견주지 않을 수 없다. '나는 그렇게 살았는가?' 그렇게 살려고 했지만 그렇게 살았다고 단언할 수는 없다. 나는 평소에도 "까칠하다" "어렵다"는 말을 듣고, 요즘에는 학교에서 여러 보직을 한꺼번에 맡으면서 "소통에 문제가 있다" "회신이 늦다" "밀어붙인다"는 말을 듣는다. 스스로 생각해도 나는 참 나약하고, 정돈할 줄 몰라 어지럽히고, 자기중심적이다. 다른 사람보고 뭐라 할 것이 아니라 스스로 고칠 점이 많다. 따라서 나를 책의 내용처럼 그렇게 살았다고 생각하는 분들에게 미안하기 그지없다.

이번에 『오십, 중용이 필요한 시간』을 쓰면서도 비슷한 생각이 들었다. 아직 50대를 다 산 것도 아니고 중간을 겨우 넘긴 시점이다. 내가 50대의 앞부분을 살면서 어떻게 살려고 했던 것 중에 제대로 된 것도 모자란 것도 있다. 이 책도 내가 그렇게 살았다고 주절주절 떠드는 소리가 아니다. 모자란 것은 50대의 뒷부분을 살면서 숙제로 삼고자 한다. 숙제를 얼마나 했는지는 예순이 되면 조금 알게 될 것이다. 또 지금 맡은 일에서 물러나 자신을 돌아보는 것이 중용대로 사는 길이다. 그렇게 하리라 다짐한다.

독자분이 책에 서명을 요청하면 이름에다 '애심원견愛深遠見'을 덧붙인다. '사랑이 깊으면 멀리 내다본다'라는 뜻이다. 사랑이 얕으면 자꾸 "지금 당장"을 외칠 뿐 함께 살아갈 앞날을 보지 못한다. 사랑이 깊어도 하나에 빠져서 헤어나지 못하면 먼 날을 모른다. 사랑도 깊고 멀리 내다볼 수 있으면 얼마나 좋을까 하는 바람을 나타낸다.

  마지막으로 나와 함께 책을 읽으며 지혜의 빛을 밝히는 분들과 내 할 일을 함께 나누는 분들에게 감사드린다. 『논어』에 이어 『중용』으로 인연을 이어가는 21세기북스 김영곤 사장님과 무딘 글을 가다듬어준 윤홍 님께도 감사드린다. 제 시간만 귀한 줄 아는 이기적인 사람을 늘 응원해주는 가족이 고맙다.

2019년 12월 수어재에서

여여 신정근 씁니다.

KI신서 8828

오십, 중용이 필요한 시간

1판 1쇄 발행 2019년 12월 11일
1판 7쇄 발행 2024년 7월 10일

지은이 신정근
펴낸이 김영곤
펴낸곳 (주)북이십일 21세기북스

인생명강팀장 윤서진 **인생명강팀** 최은아 심세미 황보주향 이수진 유현기
디자인 표지 디자인규 본문 제이알컴
출판마케팅영업본부장 한충희
마케팅2팀 나은경 정유진 백다희 이민재
출판영업팀 최명열 김다운 김도연 권채영
제작팀 이영민 권경민

출판등록 2000년 5월 6일 제406-2003-061호
주소 (우 10881) 경기도 파주시 회동길 201(문발동)
대표전화 031-955-2100 **팩스** 031-955-2151 **이메일** book21@book21.co.kr

(주)북이십일 경계를 허무는 콘텐츠 리더

21세기북스 채널에서 도서 정보와 다양한 영상자료, 이벤트를 만나세요!
페이스북 facebook.com/jiinpill21 **포스트** post.naver.com/21c_editors
인스타그램 instagram.com/jiinpill21 **홈페이지** www.book21.com
유튜브 youtube.com/book21pub

서울대 가지 않아도 들을 수 있는 명강의! 〈서가명강〉
유튜브, 네이버, 팟캐스트에서 '서가명강'을 검색해보세요!

ⓒ 신정근, 2019

ISBN 978-89-509-8484-7 04320
978-89-509-8485-4 (세트)

책값은 뒤표지에 있습니다.
이 책 내용의 일부 또는 전부를 재사용하려면 반드시 (주)북이십일의 동의를 얻어야 합니다.
잘못 만들어진 책은 구입하신 서점에서 교환해드립니다.